독자의 1초를
아껴주는 정성을
만나보세요!

세상이 아무리 바쁘게 돌아가더라도 책까지 아무렇게나 빨리 만들 수는 없습니다.
인스턴트 식품 같은 책보다 오래 익힌 술이나 장맛이 밴 책을 만들고 싶습니다.
땀 흘리며 일하는 당신을 위해 한 권 한 권 마음을 다해 만들겠습니다.
마지막 페이지에서 만날 새로운 당신을 위해 더 나은 길을 준비하겠습니다.

파이썬으로 배우는 포트폴리오
Portfolio with Python

초판 발행 · 2021년 3월 15일

지은이 · 곽승주
발행인 · 이종원
발행처 · (주)도서출판 길벗
출판사 등록일 · 1990년 12월 24일
주소 · 서울시 마포구 월드컵로 10길 56(서교동)
대표 전화 · 02)332-0931 | **팩스** · 02)323-0586
홈페이지 · www.gilbut.co.kr | **이메일** · gilbut@gilbut.co.kr

기획 및 책임편집 · 이원휘(wh@gilbut.co.kr) | **디자인** · 장기춘 | **제작** · 이준호, 손일순, 이진혁
영업마케팅 · 임태호, 전선하, 차명환, 지운집, 박성용 | **영업관리** · 김명자 | **독자지원** · 송혜란, 윤정아

교정교열 · 전도영 | **전산편집** · 여동일 | **출력 및 인쇄** · 북토리 | **제본** · 신정문화사

▸ 잘못 만든 책은 구입한 서점에서 바꿔 드립니다.
▸ 이 책은 저작권법에 따라 보호받는 저작물이므로 무단전재와 무단복제를 금합니다. 이 책의 전부 또는 일부를 이용하려면 반드시 사전에 저작권자와 (주)도서출판 길벗의 서면 동의를 받아야 합니다.

ISBN 979-11-6521-486-9 93000
(길벗 도서번호 080227)

정가 26,000원

독자의 1초를 아껴주는 정성 길벗출판사

길벗 | IT실용서, IT/일반 수험서, IT전문서, 경제실용서, 취미실용서, 건강실용서, 자녀교육서
더퀘스트 | 인문교양서, 비즈니스서
길벗이지톡 | 어학단행본, 어학수험서
길벗스쿨 | 국어학습서, 수학학습서, 유아학습서, 어학학습서, 어린이교양서, 교과서

페이스북 · www.facebook.com/gbitbook
예제 소스 · https://github.com/gilbutITbook/080227

파이썬으로
배우는
포트폴리오

PORTFOLIO
WITH PYTHON

곽승주 지음

추천사

PORTFOLIO WITH PYTHON

이 책은 금융과 IT에 입문하고자 하는 사람들에게 매우 적절한 길을 제시하고 있다. 또한, 금융의 기초와 파이썬 기초를 유효적절하게 연결해 상호보완적으로 이해를 돋우고 있다. 단지 기초만이 아니라 포트폴리오 구축, 블랙-리터만 및 파마-프렌치 요인 분석의 고급 이론을 소개하고, 다양하고 심도 있는 재무 데이터를 어떻게 추출해 사용할 수 있는지 예시를 통해 살펴보며, 머신 러닝을 소개하면서 어떻게 전략에 활용할 수 있는지도 보여준다. 많은 그림과 관련 인물들을 소개함으로써 내용을 충분히 이해하도록 도울 뿐 아니라 독자들의 흥미를 지속적으로 고양하고 있다.

이 책은 겁이 나서 금융에 손을 못 대고 있는 사람들이나 어떤 식으로 파이썬 학습에 접근해야 할지 고민하는 사람들에게 당장 실행할 수 있는 해결책을 제시한다. 이들에게 이론과 실무를 적절히 조합한 최적의 책이 될 것이다.

이기홍
(피츠버그 대학교 Finance Ph.D, CFA, FRM, 금융투자 전문가)

지은이 서문

이 책은 현재 포트폴리오 이론을 공부하고 있거나, 나처럼 아주 오래전에 공부한 뒤 잊고 사는 사람들을 위한 것이다. 따라서 포트폴리오 이론을 위한 기초 지식, 여러 포트폴리오 이론, 이론을 만든 학자들 이야기, 그 이론들을 파이썬으로 조립해보는 내용으로 구성돼 있다. 게다가 지루한 활자에 눈이 지치지 않도록 설명을 보조하는 그림도 잔뜩 담았다. 이 책에서는 포트폴리오 이론과 파이썬 프로그래밍을 다루지만, 책을 처음 기획하고 저술할 때 '학교에서 사용할 교과서'로서의 기능은 염두에 두지 않았다. 그저 공부가 취미인 사람들을 위해, 책 속의 이론을 살아있는 생물처럼 움직이게 만들어보고 싶은 사람들을 위해 정리된 무언가를 손에 쥐어주고 싶었다.

그런데 '프로그래밍이라는 걸 한 번도 해보지 않았거나 적성이 맞지 않다고 생각해서 파이썬을 배우는 게 어렵지 않을까?'라는 의구심을 가진 사람도 있을 것이다. 그러나 현대 사회에서 프로그래밍은 그다지 특별한 기술이 아니다.

2013년 12월 9일 오바마 미국 대통령은 컴퓨터과학 교육 주간(Computer science education week)을 기념한 연설에서 코딩 교육을 강조했다.

Don't just buy a new video game -- make one.
Don't just download the latest app -- help design it.
Don't just play on your phone -- program it.

현재 미국은 'Hour of Code' 캠페인을 추진하면서 초중등학생들이 컴퓨터를 활용해 창의적으로 문제를 해결하는 '컴퓨팅적 사고력(Computational Thinking)'을 갖도록 하고 있다. 이러한 움직임은 코딩 교육이 장차 국가의 경쟁력을 높이는 데 큰 힘이 될 것이라고 판단했기 때문이다.

"Everybody in this country should learn how to program a computer…because it teaches you how to think."
_Steve Jobs

빌 게이츠(마이크로소프트 창업자), 마크 주커버그(페이스북 설립자), 드류 휴스톤(드롭박스 설립자), 잭 도시(트위터 창업자) 등 전 세계를 무대로 활동하는 미국의 유명 IT 기업 창업자들은 초등학생일 때부터 코딩을 배워 프로그래밍을 하던 사람들이다.

프로그래밍을 이용한 교육을 통해 개인은 문제 해결에서 더 논리적이고 효율적인 사고 체계를 가

PORTFOLIO WITH PYTHON

질 수 있다. 주어진 문제를 프로그래밍하듯 나누고 정복하는 능력을 갖출 것으로 기대한다. 또한, 국가는 우수한 SW 인재를 육성해 미래의 국가경쟁력을 높임으로써 경제를 발전시키는 효과를 기대할 수 있다.

오바마 대통령의 연설 이후 국내에서도 '생활코딩'이라는 용어를 심심치 않게 볼 수 있다. 프로그래밍이 전문 교육을 받은 일부 사람들만 하는 게 아니라 넥타이를 매고 사무실에서 문서 작업을 하는 일반인도 관심을 갖고 노력하면 배울 수 있으며 이렇게 배운 프로그래밍 스킬을 업무에 활용하자는 것이 생활코딩의 취지라고 생각한다.

책에 사용할 파이썬 코드를 만들면서 가장 중점을 둔 부분은 코드 실행을 위한 준비를 줄이는 것이다. 자칫하면 준비하다가 진이 빠질 수도 있기 때문이다. 프로그래밍을 해본 적이 없는 사람의 컴퓨터에는 파이썬이 없을 것이다. 구글에서 파이썬 설치를 검색해 설치하고, 코드를 실행하다가 라이브러리가 없다는 에러 메시지가 나타나면 다시 검색해 pip로 라이브러리를 설치하고, 데이터 파일 문제(파일 이름, 파일 위치 등이 예제 코드와 달라서 생기는)로 발생하는 에러를 몇 번씩 수정하다 보면 지치게 된다.

그러나 프로그래밍을 내 컴퓨터에서만 하는 시기는 지나고 있다. 프로그래밍 언어를 설치하지 않아도 웹 브라우저에서 코드를 작성한 후 실행해 결과를 바로 확인하고 공유할 수도 있는 서비스가 있다. 바로 마이크로소프트 애저 노트북(Microsoft Azure Notebooks)(notebooks.azure.com/)과 구글 코랩(Google Colaboratory)(colab.research.google.com/)이다. 이 책의 파이썬 코드는 구글의 코랩에서 작성하고 실행한 것이다. 구글 계정만 있다면 파이썬을 설치할 필요 없이 무료로 활용할 수 있다. 사용하는 OS(윈도, 맥OS, 리눅스 등), 디바이스(스마트폰, 태블릿 등)에 상관없이 웹 브라우저에서 접속하면 이용할 수 있기 때문이다. 또한, 파이썬과 함께 사용하는 다양한 라이브러리(Numpy, Pandas, Matplotlib 등)가 미리 준비돼 있고, 머신 러닝이나 딥러닝에 필요한 GPU 문제도 어느 정도 해결해준다.

이 책을 계기로 독자 여러분이 프로그래밍과 포트폴리오 이론에 관심을 갖게 된다면 매우 기쁠 것이다. 이 책의 집필을 마치는 시점에서 문득 '나만의 포트폴리오 이론을 하나 만들어보면 어떨까?' 하는 생각 또는 상상을 해본다.

곽승주

이 책의 활용법

PORTFOLIO WITH PYTHON

예제 파일 내려받기

이 책에서 사용하는 예제 코드는 길벗출판사 웹 사이트에서 도서명으로 검색해 내려받거나 아래 깃허브 저장소에서 내려받을 수 있습니다.

- 길벗출판사 웹 사이트
  http://www.gilbut.co.kr

- 길벗출판사 깃허브
  https://github.com/gilbutITbook/080227

- 저자 깃허브
  https://github.com/jimsjoo

예제 파일 구조

이 책에서 사용하는 예제 파일은 주피터 노트북 파일을 장별로 제공합니다.

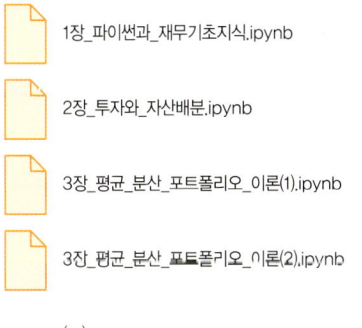

1장_파이썬과_재무기초지식.ipynb

2장_투자와_자산배분.ipynb

3장_평균_분산_포트폴리오_이론(1).ipynb

3장_평균_분산_포트폴리오_이론(2).ipynb

(…)

베타테스터 실습 후기

최근 매스컴을 보면 투자를 하는 사람이 많아진 것 같습니다. 투기가 아닌 투자를 하려면 충분한 지식이 필요한데, 금융 지식을 어려워하는 사람이 많습니다. 그러한 분들께 이 책을 강력하게 추천하고 싶습니다. 투자나 금융에 관련된 책은 수학적인 개념이 잡혀 있지 않으면 이해하기가 쉽지 않습니다. 하지만 이 책은 파이썬과 금융을 함께 다루므로 이해하기 쉽습니다. 파이썬과 금융이 참 좋은 조합이라는 생각이 들었습니다.

이 책은 금융 지식을 설명하고 파이썬을 이용해 계산합니다. 금융 지식 부분이 잘 이해되지 않더라도, 파이썬을 보면서 차근차근 이해할 수 있습니다. 예를 들어 Σ(시그마)를 사용해 계산한 것을 이해하지 못한다 해도 파이썬에서 하나씩 더해지는 코드를 보고 그 계산식을 이해할 수 있습니다. '컴알못'(컴퓨터를 잘 알지 못하는 사람)이라도 겁먹지 않아도 됩니다. 파이썬은 직관적인 언어이며, 1장에서 기초를 알려주므로 충분히 이해할 수 있습니다. 또한, 구글 코랩(Google Colab)을 활용한다면 손쉽게 개발 환경을 구성할 수 있습니다. 천천히 실습하면서 따라 하다 보면 금융 지식을 정확히 학습할 수 있습니다. 이 책의 내용은 본인이 원하는 바를 모두 담고 있는 자신만의 멋진 포트폴리오를 만들기 위한 토대가 될 것입니다.

- **실습 환경** Windows 10 / Google Colab

전은영_삼양그룹 보안 담당자

최근 퀀트나 시스템 트레이딩의 수요가 늘어남에 따라 경제/금융 분야와 소프트웨어 분야의 경계가 허물어지고 있는 추세입니다. 금융공학 아키텍처 기반의 소프트웨어를 개발하는 입장에서 볼 때, 이 책은 그 경계에서 참고하기에 적합한 초기 입문 서적이라고 생각합니다.

이 책은 시스템 트레이딩에 관련된 내용은 다루지 않습니다. 이 책의 장점은 그 근저에 있는 내용들, 즉 금융공학적 측면에서 이론적인 경제 모델을 알아보고 테스트해본다거나 포트폴리오를 체계적으로 운용할 수 있는 방법을 알아보는 것 등을 살펴볼 수 있다는 점입니다.

또한, 소프트웨어 개발에 대해 잘 모르는 다른 분야의 전문가들도 쉽게 이해할 수 있도록 파이썬 코드를 설명하고 있으므로 해당 내용에 관심이 있다면 누구나 볼 수 있다는 것도 큰 장점입니다.

- **실습 환경** Windows 10, Ubuntu 20.10 x64

송재훈_디블랩(D*BLOCK LAB) 트레이더

요즘 인공지능 금융공학이 유행이라 퀀트 관련 서적이 많이 나오는데, 다른 책과 달리 이 책은 금융공학을 기초부터 알려주면서 직접 구현해볼 수 있으므로 데이터 애널리스트, 퀀트가 꿈인 학생들에게 권하고 싶습니다. 이 책은 투자를 위한 책이 아니라 자본자산가격결정 모델, 블랙-피셔만 모델, 파마 프렌치 모델 등 여러 금융공학 모델을 이해하고 파이썬으로 구현하는 책입니다. 요즘 ETF 시장이 점점 커지고 있는데, 그런 ETF를 이해하기 위해 ETF

의 기초인 펀드를 이해하고 싶다면 이 책을 강력히 추천합니다. 입문자도 알기 쉽게 파이썬 구문을 해설해주고, 경제학에 문외한인 저도 이해할 수 있도록 금융공학을 친절히 설명해주며, 펀드가 어떻게 자산을 배분하는지 수식과 경제학 지식을 바탕으로 정확히 알려주기 때문입니다. 또한, 금융 데이터를 불러와서 인공지능 알고리즘을 통해 주식 거래를 결정하는 과정도 맛보기로 살펴볼 수 있습니다.

개인적으로 매우 만족스러웠습니다. 1장과 부록에서 파이썬 문법을 친절히 알려주므로 파이썬 입문자라도 실습을 따라 하기에 버겁지 않습니다. 특히 다른 파이썬 책과 달리 코드 한 줄 한 줄의 의미를 주석으로 자세히 알려줘서 실습 코드를 이해하기가 수월했습니다. 저는 대학교 1학년 1학기에만 파이썬을 접해보고 주로 C++와 자바를 이용하는 파이썬 초보자입니다. 학교에서 머신 러닝을 공부할 때도 코드를 베끼기만 했을 뿐, 코드의 의미는 이해하지 못했습니다. 하지만 이 책을 보며 코드를 쉽게 이해할 수 있었고 파이썬과 파이썬 라이브러리를 활용하는 능력이 상당히 향상됐습니다. 그리고 Numpy, Scipy, Matplotlib, Pandas 등의 패키지를 활용하는 법, 파이썬으로 주가 데이터를 읽고 활용하는 법 등도 배울 수 있습니다.

이 책의 1장을 읽은 후 먼저 부록을 읽고, 이어서 2장부터는 순서대로 읽는 것을 권합니다. 부록을 선행해 읽을 것을 권하는 이유는 2장 이후의 코드를 해석할 때 부록 내용을 알고 있으면 코드 독해가 좀 더 수월해지기 때문입니다. 또한, 각 장의 내용이 연결돼 있고 특히 4장과 5장의 내용은 유기적으로 연결돼 있으므로 서로 비교해서 보면 좋습니다.

저는 이 책을 읽고 난 후 파생상품에도 관심을 갖게 돼서 블랙 숄즈 옵션 공식, 변동성 지수(VIX) 등도 공부했는데, 이 책에서 다루는 경제학에 관한 기초 지식이 파생상품을 이해하는 데도 큰 도움을 줬습니다. 기초 재무관리 경제학을 학습하고 이것이 실무에서 어떻게 활용되는지 알고 싶은 분들에게 이 책을 강력히 추천합니다.

- **실습 환경** Google Colab

나영준_연세대학교 의과대학 의학과 1학년

목 차

1장 파이썬과 재무 기초 지식 ····· 017

1.1 파이썬 시작하기 019
1.1.1 파이썬 도구의 선택 019
1.1.2 구글 코랩 020
1.1.3 구글 코랩 시작하기 021
1.1.4 파이썬의 여섯 가지 핵심 사항 028

1.2 현금흐름, 이자율과 시간 가치 042

1.3 NPV와 IRR 049
1.3.1 NPV 049
1.3.2 IRR 051

1.4 수익률 대 수익률 053
1.4.1 수익률과 할인율의 개념 053
1.4.2 기간 수익률의 평균, 산술평균과 기하평균 053
1.4.3 지배원리 057

1.5 자주 사용하는 통계량: 기댓값, 분산, 공분산, 상관계수 059
1.5.1 평균과 기댓값 059
1.5.2 이동평균 062
1.5.3 가중(산술)평균 064
1.5.4 분산과 표준편차 066
1.5.5 정규분포에서 표준편차와 평균 069
1.5.6 자유도 070
1.5.7 공분산과 상관계수 072

PORTFOLIO WITH PYTHON

2장 투자와 자산배분 ····· 079

2.1 자산배분과 포트폴리오　080

2.2 포트폴리오 성과의 결정 요인들　081

2.3 포트폴리오 성과 측정 삼총사　082

　2.3.1 샤프지수　083

　2.3.2 젠센알파지수　083

　2.3.3 트레이너지수　084

　2.3.4 정보비율　085

　2.3.5 최대 낙폭　086

3장 평균-분산 포트폴리오 이론 ····· 097

3.1 포트폴리오의 기대수익률과 위험　099

　3.1.1 두 개 주식으로 구성된 포트폴리오　100

　3.1.2 n개 주식으로 만든 포트폴리오　109

3.2 최소분산포트폴리오　116

3.3 체계적 위험과 비체계적 위험　117

3.4 무위험자산과 최적 자산배분　120

　3.4.1 효율적 포트폴리오　121

　3.4.2 기대효용과 무차별곡선　123

　3.4.3 최적 포트폴리오의 선택　123

　3.4.4 무위험자산+위험자산　124

　3.4.5 무위험자산+위험자산+효율적 투자선(자본배분선)　127

　3.4.6 최적 포트폴리오 선택　128

4장 자본자산가격결정모델 ····· 135

4.1 기본 가정   137
  4.1.1 동일한 기대와 시장포트폴리오, 그리고 자본시장선   138
  4.1.2 포트폴리오 베타   140

4.2 증권시장선과 자본시장선   150
  4.2.1 증권시장선과 자본시장선   150
  4.2.2 위험프리미엄   153

4.3 포트폴리오 최적화   154
  4.3.1 최적화 패키지 scipy.optimize 알아보기   154
  4.3.2 간단한 최적화 알아보기   155
  4.3.3 최적화 알고리즘 SLSQP   158
  4.3.4 포트폴리오 최적화(최소분산포트폴리오 및 샤프비율)   159

4.4 현실에 응용하기   163

5장 블랙–리터만 모델 ····· 167

5.1 피셔 블랙과 블랙–리터만 모델   170

5.2 간단히 알아보는 베이지안 확률   172

5.3 역최적화로 구하는 균형기대수익률   178
  5.3.1 균형기대수익률(Π)   179
  5.3.2 위험회피계수(λ)   181
  5.3.3 자산의 공분산 행렬(Σ)   182
  5.3.4 자산시가총액 비중(W_{mkt})   184

5.4 투자자 전망   186

5.5 블랙–리터만 공식   190

5.6 위험조정상수(τ)   192

5.7 균형기대수익률과 투자자 전망 결합   193

5.8 세 가지 자산을 가정한 예시   194

5.9 블랙–리터만 모델 최적화   199

5.10 현업에서의 블랙–리터만 모델   207

PORTFOLIO WITH PYTHON

6장 파마-프렌치 3요인 모델 ····· 211

6.1 효율적 시장 가설과 유진 파마 **213**

6.2 베타는 죽었다 **215**

6.3 파마-프렌치 3요인 모델 **217**

6.4 프렌치 교수가 제공하는 요인 데이터 **219**

6.5 파이썬을 이용한 요인 데이터 구하기와 회귀분석 **224**
  6.5.1 요인 데이터 구하기 226
  6.5.2 펀드 수익률과 요인 데이터 회귀분석 230

7장 금융산업과 머신 러닝 ····· 237

7.1 머신 러닝 시작하기 **239**

7.2 머신 러닝 맛보기, 선형 회귀 **242**
  7.2.1 비용함수와 경사하강법 246
  7.2.2 K-최근접 이웃 알고리즘 251

7.3 K-최근접 이웃 알고리즘을 이용한 회귀 **255**
  7.3.1 라이브러리 임포트 256
  7.3.2 주가지수 데이터 가져오기 257
  7.3.3 예측변수 설정 257
  7.3.4 목표변수 설정 258
  7.3.5 데이터셋 분할 258
  7.3.6 KNN 모델 설정 260
  7.3.7 모델을 바탕으로 전략 실행 261
  7.3.8 샤프비율 계산 262

7.4 로지스틱 회귀 **263**
  7.4.1 라이브러리 임포트 265
  7.4.2 데이터 가져오기 265
  7.4.3 예측변수/독립변수 설정 266
  7.4.4 목표변수/종속변수 설정 267
  7.4.5 데이터셋 분할 267
  7.4.6 로지스틱 회귀 모델의 설정 및 훈련 267

7.4.7 클래스 확률 예측　268
7.4.8 모델 평가　268
7.4.9 매매 전략　271

8장 Yahoo_fin 패키지를 사용해 재무 데이터 가져오기 ····· 273

8.1 설치 및 업그레이드　274
8.2 stock_info 모듈　275
8.2.1 패키지 임포트　276
8.2.2 get_analysts_info(ticker)　277
8.2.3 get_balance_sheet(ticker)　278
8.2.4 get_cash_flow(ticker)　278
8.2.5 get_data( )　279
8.2.6 get_day_gainers( )　281
8.2.7 get_day_losers( )　281
8.2.8 get_day_most_active( )　281
8.2.9 get_holders(ticker)　282
8.2.10 get_live_price(ticker)　283
8.2.11 get_quote_table(ticker, dict_result = True)　283
8.2.12 get_top_crypto( )　284
8.2.13 get_stats(ticker)　285
8.2.14 get_stats_valuation(ticker)　285
8.2.15 종목 티커 관련 함수　286

8.3 재무 정보 가져오기(Yahoo_fin 패키지)　286
8.3.1 패키지 임포트　286
8.3.2 재무비율 구하기: 주가수익률 비율　287
8.3.3 한 번에 여러 종목의 재무비율 구하기　289
8.3.4 여러 종목의 기타 통계 구하기　290

8.4 재무제표 다루기　292
8.4.1 재무상태표 다루기　292
8.4.2 손익계산서 다루기　295
8.4.3 현금흐름표　297

부록 파이썬 라이브러리 삼총사 ····· 299

A.1 수학 및 과학 연산, NumPy와 SciPy 300
- A.1.1 배열과 행렬 만들기 300
- A.1.2 배열과 행렬의 속성 302
- A.1.3 연산 303
- A.1.4 인덱싱/슬라이싱 304
- A.1.5 난수 만들기 306

A.2 미술 담당, Matplotlib 308
- A.2.1 차트 도해 309
- A.2.2 라인 차트 310
- A.2.3 분산형 차트 314
- A.2.4 히스토그램 316

A.3 데이터 담당, Pandas 317
- A.3.1 데이터프레임 318
- A.3.2 데이터프레임 만들기: DataFrame 318
- A.3.3 데이터프레임 합치기: concat과 merge 319
- A.3.4 인덱스 새로 만들기: reset_index 324
- A.3.5 데이터프레임 컬럼 삭제: drop 325
- A.3.6 컬럼을 행으로 모으기: melt 325
- A.3.7 정렬하기: sort_values 326
- A.3.8 쿼리하기: query 327
- A.3.9 데이터프레임 컬럼명 바꾸기: rename 328
- A.3.10 중복된 데이터 지우기: drop_duplicates 328
- A.3.11 데이더프레임 앞부분, 뒷부분 살짝 보기: head, tail 329

참고문헌 330
찾아보기 334

memo

1장

파이썬과 재무 기초 지식

1.1 파이썬 시작하기

1.2 현금흐름, 이자율과 시간 가치

1.3 NPV와 IRR

1.4 수익률 대 수익률

1.5 자주 사용하는 통계량: 기댓값, 분산, 공분산, 상관계수

재무관리는 경영 활동에서 재정적인 측면, 즉 자금 조달, 자금의 효율적 운용 등과 관련된 이론을 연구하는 학문이다. 재무관리는 금융의 시작점으로 볼 수 있는데, 재무관리 관련 책들을 보면 이자율 계산부터 기업의 재무관리(조달, 활용), 포트폴리오 이론, 파생상품, 채권, 위험관리까지 여러 분야를 다룬다.

과거에는 재무관리를 배울 때 공학용 계산기나 재무계산기를 들고 문제를 풀었는데, 이제는 계산기의 자리를 파이썬이 대신하고 있다. 물론 파이썬은 계산기 이상의 역할을 하는 것이지만, 재무 이론을 학습하고 이론을 계산하거나 확인할 때도 쉽게 사용할 수 있다.

파이썬은 현업의 전문 개발자와 일반인 사이에서 인기 있는 프로그래밍 언어다. 그럼 인기의 비결은 무엇일까? 문법이 비교적 쉽기도 하지만 Pandas, Numpy, Matplotlib 등과 같은 훌륭한 라이브러리를 사용할 수 있기 때문이다. 특히 금융과 관련해 참조할 만한 도서, 라이브러리, 예제 소스, 프로그래밍 강의 등이 많다.

그러나 프로그래밍 초보자가 파이썬을 배우는 것은 걷는 것만큼 자연스럽지 않다. 특히 프로그래밍 초보자라면 간단한 파이썬의 기초에 익숙해지는 데도 다소 시간이 필요하다. 간단한 예제라도 그 안에는 변수, 연산, 흐름 제어, 출력 등 프로그래밍적인 요소들이 한꺼번에 나오기도 한다. 그러나 '나는 프로그래밍에 소질이 없어'라고 생각하면서 쉽게 포기하기에는 이르다. '영어는 공부하는 것이 아니라 그냥 하는 것'이라는 말처럼, 프로그래밍 역시 그냥 하다 보면 실력이 늘어나는 자신을 보게 된다.

1장에서는 재무 또는 금융 기초 지식을 파이썬으로 다뤄본다. 곱하기, 나누기 정도의 연산이 필요한 재무 기초 지식을 파이썬으로 옮겨 적는 과정을 통해 재무 기초 지식과 파이썬 기초를 익히는 것이다.

파이썬은 비교적 단순한 언어다. 단순하기 때문에 배우기 쉽고, 단순하기 때문에 남의 코드를 이해하기 쉽다. 또한, 단순하기 때문에 고치기 쉽고, 단순하기 때문에 코드보다 풀고자 하는 문제에 더 쉽게 집중할 수 있다.

1.1 파이썬 시작하기

1.1.1 파이썬 도구의 선택

파이썬을 즐기기 위한 여러 가지 도구가 있으며, 그 대부분은 PC에 설치하고 실행한다. 예를 들면 파이썬(python.org) 공식 배포본의 기본 개발 환경인 IDLE, 아나콘다(anaconda.com/products/individual)에서 제공하는 Spyder, 젯브레인즈(JetBrains)의 PyCharm(jetbrains.com/ko-kr/pycharm) 등과 같은 많은 파이썬 전용 개발 도구가 있다.

최근에는 스마트폰이나 태블릿PC에서도 파이썬을 사용할 수 있다. 스마트폰이 하나의 컴퓨터이고 파이썬은 여러 종류의 컴퓨터에서 사용할 수 있으므로 그리 놀라운 일은 아니다. 또한, 클라우드형 서비스(구글의 colab.research.google.com 또는 마이크로소프트의 notebooks.azure.com)를 이용해 파이썬을 사용할 수 있다.

▼ 그림 1-1 파이썬 IDLE

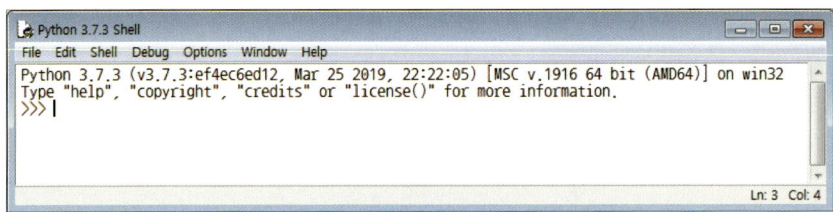

▼ 그림 1-2 파이썬 개발 환경 Spyder: 아나콘다에서 제공

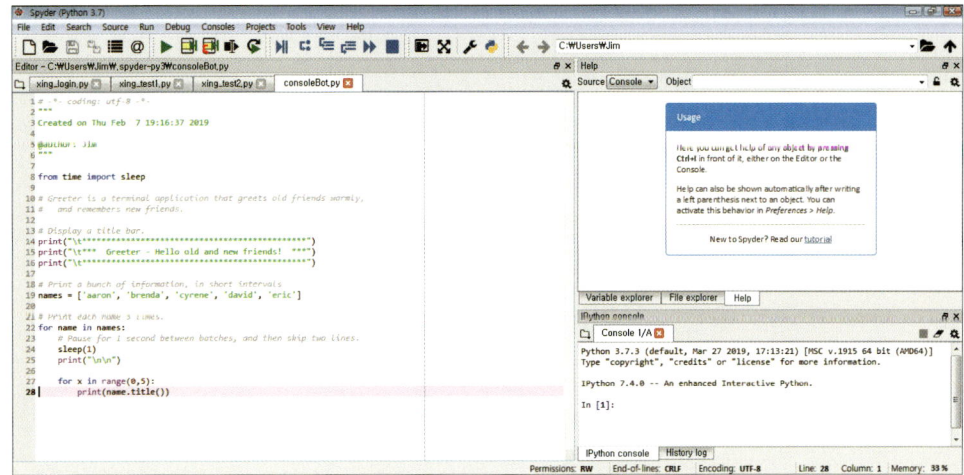

▼ 그림 1-3 Termux 스마트폰 앱: 파이썬이 포함돼 있는 리눅스 앱

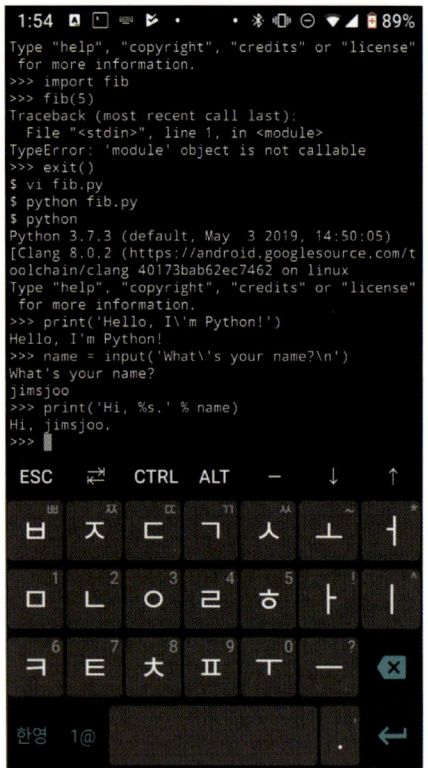

1.1.2 구글 코랩

이 책에서는 여러 가지 개발 환경 중 구글 코랩(Google Colaboratory)을 사용할 것이다.

구글 코랩은 클라우드 서비스로 파이썬을 설치하지 않고 웹 브라우저만 이용해 주피터 노트북을 이용할 수 있다. Scikit-learn, Tensorflow, Keras, Matplotlib, Pandas, Numpy 등 머신 러닝/딥러닝, 데이터 분석에 많이 사용되는 패키지가 미리 설치돼 있고, 머신 러닝이나 딥러닝에 필요한 GPU도 사용할 수 있다. 또한, 구글 드라이브(지메일 사용자에게 제공되는 데이터 저장용 클라우드)가 연동돼 구글 코랩에서 작성한 소스 코드나 데이터 파일을 구글 드라이브에 저장할 수 있고, 구글 오피스로 편집하거나 공유할 수도 있다.

> **Note 주피터 노트북**

구글 코랩은 주피터 노트북(Jupyter Notebook)을 자사의 클라우드 서비스에 도입한 것이다. 그럼 주피터 노트북이란 무엇일까?

과거 경제학이나 재무관리 수업에서는 수요–공급 곡선이나 효율적 포트폴리오 곡선을 화이트보드에 그려두고 공부했다. 만약 각자 자신의 노트북에서 프로그램을 열고 소스 코드나 입력값을 고쳐 실행한 뒤 값이 바뀌고 차트가 다시 그려지는 것을 볼 수 있다면 어떨까?

이러한 일을 가능하게 해주는 것이 주피터 노트북이다. 주피터 노트북은 친근한 웹 브라우저 인터페이스를 통해 프로그래밍 작업 내용을 보여준다. 또한, 여러 사람과 공유하거나 내가 참여할 수도 있게 해준다.

'노트북'이라는 이름에서 짐작하듯이 컴퓨터 화면이 하나의 공책이 된다. 그러나 단순한 공책이 아니다. 사용자의 입력에 반응하는 대화형 공책이다. '셀(cell)'이라고 불리는 칸에 코드와 글, 시각화 자료 등이 들어간다.

▼ 그림 1-4 주피터 노트북 실행 화면

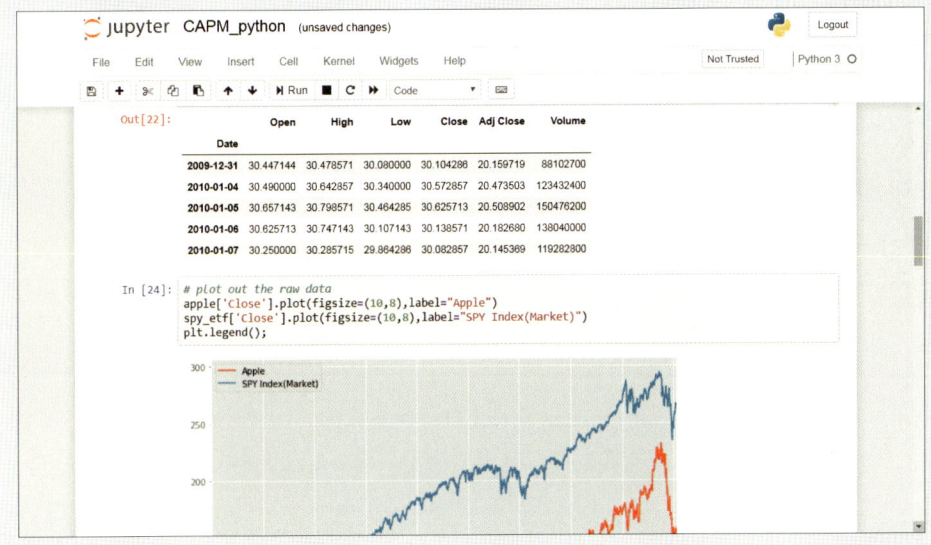

1.1.3 구글 코랩 시작하기

웹 브라우저를 열고 다음 웹 페이지 주소로 접속한다(여러 웹 브라우저 중에서 크롬 웹 브라우저를 사용하기를 권한다).

- colab.research.google.com

위 주소로 접속하면 다음과 같이 코랩을 사용할 수 있다.

▼ 그림 1-5 구글 코랩 리서치 홈페이지(colab.research.com)

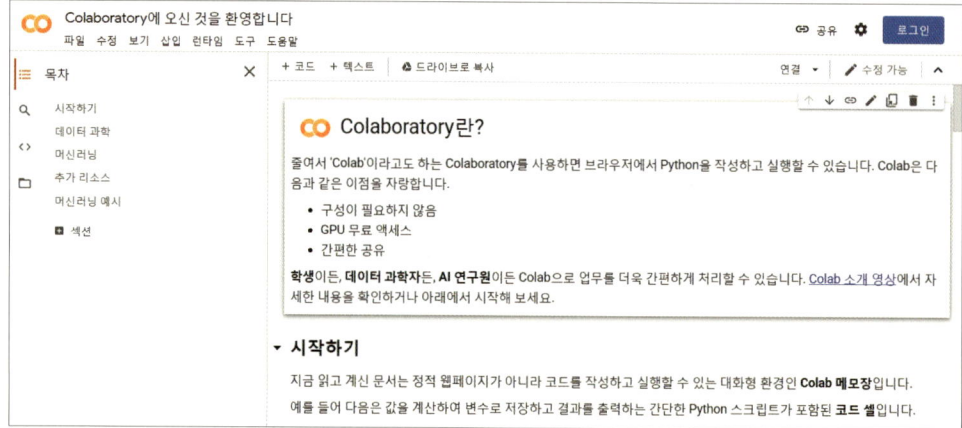

메뉴에서 **파일 - 새 노트** 명령을 선택하면 구글 로그인을 요구하는 화면이 나온다.

▼ 그림 1-6 코랩 사용 시 구글 로그인이 필요하다

로그인을 하면 다음과 같이 구글 코랩 안내 페이지가 나오는데, 안내 페이지를 한번 읽어보거나 같은 페이지에 있는 'Colab 소개 영상' 링크를 클릭해 참고해보기를 권한다.

▼ 그림 1-7 Colab 소개 영상

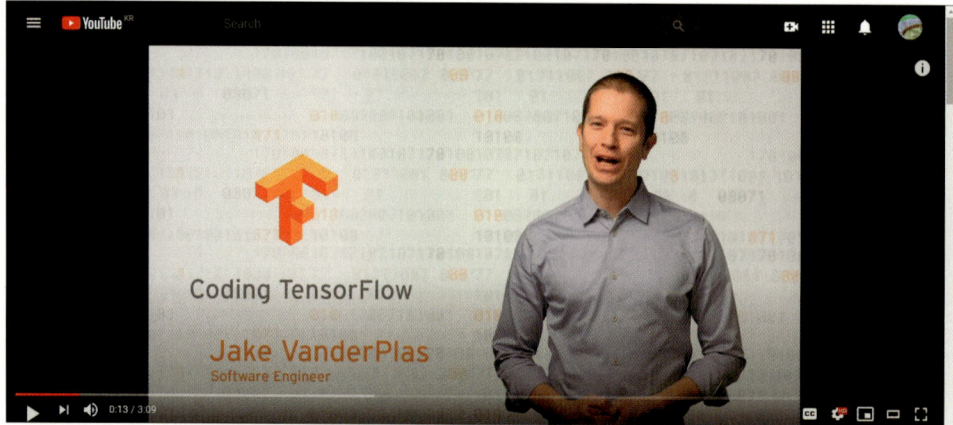

구글 로그인을 완료하면 새 노트북을 사용할 수 있다. **파일** 메뉴를 눌러보면 노트북을 새로 만들거나 열거나 저장할 수 있다.

▼ 그림 1-8 파일 메뉴

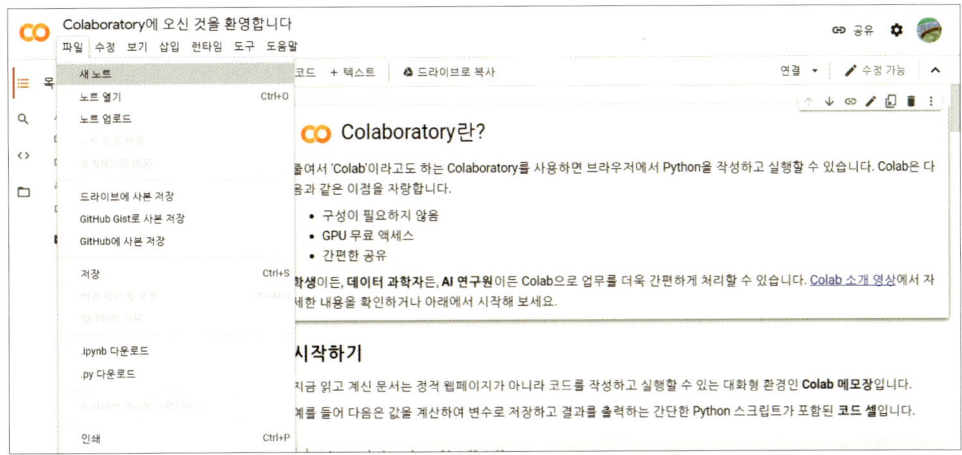

코드 셀 왼쪽에는 패널이 하나 있다. 이 패널은 '목차', '찾기 및 바꾸기', '코드 스니펫', '파일'로 구성돼 있다.

▼ 그림 1-9 코드 셀 왼쪽 패널

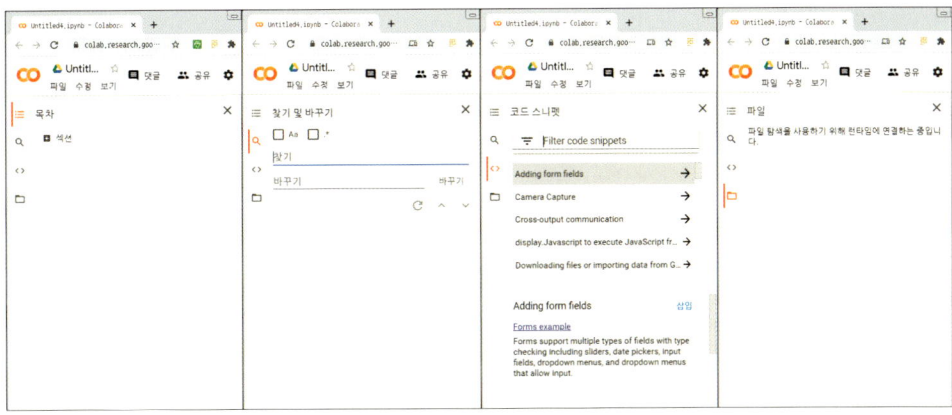

- **목차**: 노트북을 하나의 책처럼 목차로 만들어 쉽게 내용을 찾아볼 수 있다.
- **찾기 및 바꾸기**: 노트북의 내용을 찾고 수정할 수 있다.

- **코드 스니펫**: 다양한 입력(텍스트, 날짜 등)을 편리하게 입력하도록 해주는 폼필드, PC 웹캠을 이용한 이미지 프로세싱, 데이터 다운로딩, 코드 임포트, 클라우드에 파일 저장/읽기 등 여러 종류의 코드를 삽입할 수 있다.
- **파일**: 각종 데이터 파일을 저장하고 이를 읽거나 쓸 수 있다.

이미 구글에 로그인된 상태라면 다음과 같이 기존 파일이나 새 파일을 선택하라는 화면이 나온다. 하단의 **새 노트** 명령을 클릭하면 새 노트북이 열린다.

▼ 그림 1-10 기존 노트북을 열거나 새 노트 생성

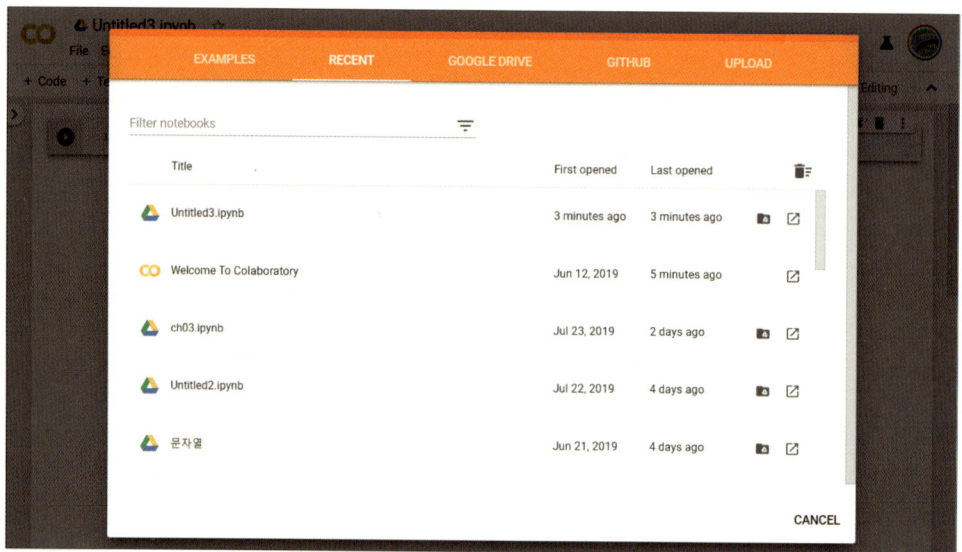

▼ 그림 1-11 새 노트북

코드는 텍스트 상자에 입력하는데, 이것을 셀이라고 한다. 엑셀에서도 데이터나 수식을 입력하는 곳을 셀이라고 하는데, 파이썬 노트북에서도 마찬가지다.

▼ 그림 1-12 노트북 셀

셀의 왼쪽에 있는 ▶를 클릭하면 실행된다. 오른쪽에는 셀을 위/아래로 바꾸거나 삭제할 수 있는 버튼이 있다.

이제 바로 코드를 입력한 후 실행해보고 싶을 것이다. Shift + Enter 키 또는 Ctrl + Enter 키를 입력하면 현재 셀의 내용을 실행한다. Shift + Enter 키는 실행 후 새로운 셀을 하단에 추가하고, Ctrl + Enter 키는 실행만 한 후 프롬프트를 현재 셀에 그대로 둔다. 예를 들어 코드를 입력하고 실행하면 다음과 같이 결과가 나온다.

▼ 그림 1-13 코드 실행 시 결과

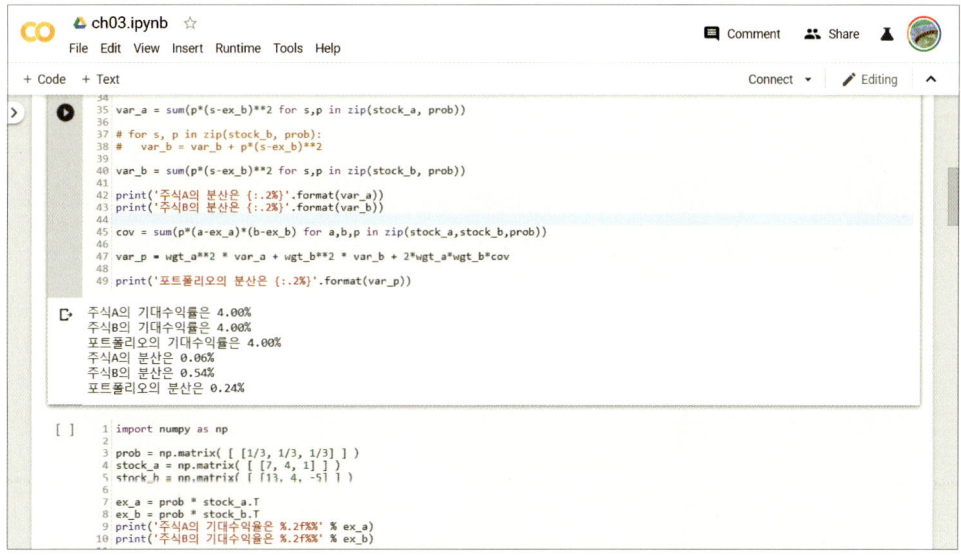

작성한 노트북은 구글 드라이브의 'Colab Notebooks'라는 폴더에 저장된다.

▼ 그림 1-14 작성한 노트는 구글 드라이브에 저장된다

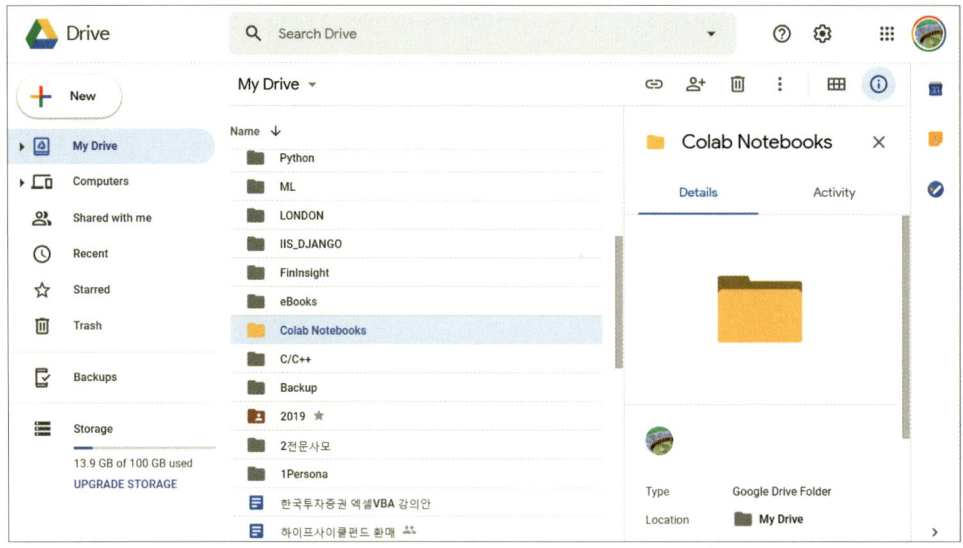

> **Note** 코랩 단축 키
>
> 다음은 코랩에서 사용하는 단축키다. +로 연결된 키는 동시에 누르고, 공백으로 연결된 키는 순서대로 눌러야 한다. 가령 셀을 삭제하는 단축키는 Ctrl + M D 인데, Ctrl 과 M 을 동시에 누르고 손을 뗀 뒤 바로 D 를 누르면 된다.

노트북 관련

Ctrl + O	노트 열기
Ctrl + P	노트 인쇄
Ctrl + S	노트 저장

셀 편집

Ctrl + M D	셀/선택 항목 삭제
Ctrl + M A	위에 코드 셀 삽입
Ctrl + M B	아래에 코드 셀 삽입
Ctrl + M -	현재 커서 위치에서 셀 분할
Ctrl + M Y	코드 셀로 변환
Ctrl + M M	텍스트 셀로 변환
Ctrl + M L	행 번호 표시/숨기기
Ctrl + Space	자동 완성(Tab 키도 가능)
Shift + Ctrl + H	현재 셀에서 모두 바꾸기
Shift + Tab	현재 행 들여쓰기 취소
Ctrl + /	현재 행 주석 처리하기

셀 이동

Ctrl + M P	이전 셀
Ctrl + M N	다음 셀
Ctrl + M K	선택된 셀을 위로 이동
Ctrl + M J	선택한 셀을 아래로 이동

셀 실행

Shift + Enter	셀을 실행하고 다음 셀 선택
Alt + Enter	셀을 실행하고 새 셀 삽입
Ctrl + F8	현재 셀 포함 이전 셀 실행
Ctrl + F9	노트의 모든 셀 실행
Ctrl + F10	현재 셀 포함 이후 셀 실행
Ctrl + Enter	초점이 맞춰진 셀 실행
Ctrl + Shift + Enter	선택 항목 실행
Ctrl + M I	실행 중단

기타

| Ctrl + Click | 클릭한 셀 선택 |
| Ctrl + M H | 단축키 도움말 |

구글 코랩은 파이썬 사용에 필요한 Numpy, Pandas 등과 같은 주요 인기 라이브러리를 따로 설치할 필요 없이 기본으로 제공하지만, 모든 라이브러리를 제공하지는 않으므로 필요한 라이브러리는 pip 또는 pip3 명령으로 직접 설치해야 한다.

그러나 pip 또는 pip3를 이용해 라이브러리를 설치해도 다음 날 설치 이전 상태로 돌아가 있을 수 있다. 이런 경우 다시 설치해야 한다.

가령 해외 증권 데이터를 제공하는 Quandl 라이브러리를 설치한다면 다음과 같이 pip 명령을 사용한다.

```
!pip3 install quandl
```

!는 파이썬 코드가 아니라 외부 명령을 의미하는 것이며, !로 시작해 리눅스 명령 등을 사용할 수 있다.

▼ 그림 1-15 !를 통한 외부 명령어 실행

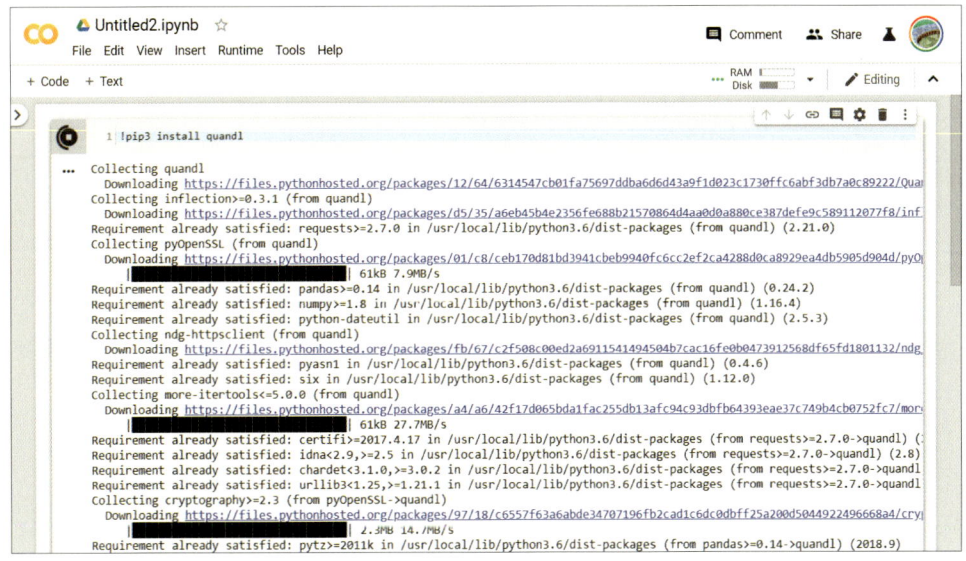

1.1.4 파이썬의 여섯 가지 핵심 사항

파이썬이 배우기 쉬운 프로그래밍 언어라고 하지만, 또 앞으로 할 프로그래밍이 간단하기는 하지만, 프로그래밍이 처음이라면 별도의 학습 시간이 필요하다.

그럼 대체 파이썬을 어느 정도 수준까지 알아야 할까? 우선 파이썬 코드를 읽어 무슨 일을 하는 코드인지 이해할 수 있어야 한다. 다음으로 남의 코드를 가져와 원하는 방향으로 수정하고, 장차 본인의 코드를 처음부터 작성할 수 있어야 한다.

이 절에서는 파이썬의 핵심적인 내용만 간단히 소개한다. 여기서 알아둬야 할 내용은 크게 여섯 가지로 변수, 데이터 객체, 연산자, 흐름 제어, 함수, 모듈이다. 그 외에 아주 중요한 요소는 아니지만, 주석과 들여쓰기가 있다. 이 부분도 마지막에 잠깐 살펴보자.

변수

변수는 숫자나 문자열 같은 값을 저장하는 프로그래밍 요소 중 하나다. 프로그램이 시작될 때 변수가 만들어지고 값이 입력되면 메모리가 할당된다. 그리고 프로그램이 종료되면 할당된 메모리가 시스템에 반환된다.

변수에 값을 입력할 때는 =을 사용한다. 변수의 이름은 알파벳 또는 언더스코어(_) 문자로 시작한다. 변수 이름에 1a처럼 숫자가 먼저 나오면 안 된다.

숫자형 변수

숫자는 실수, 정수를 사용하며 변수에 숫자만 지정하면 된다. 가령 a라는 변수에 실숫값 2020.24 또는 정숫값 2020을 입력한다면 다음과 같다.

```
a = 2020.24     # 변수 a는 실숫값 2020.24를 가리킨다
a = 2020        # 변수 a는 정숫값 2020을 가리킨다
```

문자열 변수

문자열은 작은따옴표('…') 또는 큰따옴표("…")를 이용해 만든다. a라는 변수에 숫자 2020을 입력한 후 다시 a 변수에 문자열을 입력한다면, 이미 입력된 숫자 2020 대신 새로 입력된 데이터를 가리키게 된다.

```
a = 'Portfolio'     # 변수 a는 문자열 Portfolio를 가리킨다
a = "Portfolio"     # 변수 a는 문자열 Portfolio를 가리킨다
a = '"Portfolio"'   # 변수 a는 큰따옴표가 포함된 문자열 "Portfolio"를 가리킨다
```

```
a = "'Portfolio'"    # 변수 a는 작은따옴표가 포함된 문자열 'Portfolio'를 가리킨다
a = '2020'           # 변수 a는 숫자가 아닌 문자열 2020을 가리킨다
```

즉, 따옴표 사이는 문자열이다. 2020은 숫자이지만 '2020'은 문자열이다. 숫자를 입력할 경우 평소처럼 사용하고, 문자열인 경우 작은따옴표 또는 큰따옴표 안에 문자열을 넣는다.

따옴표 없이 그냥 사용하면 문자열과 변수가 구분되지 않는다. portfolio는 변수이지만 'portfolio'는 문자열이다.

▼ 그림 1-16 변수와 문자열은 다른 존재다

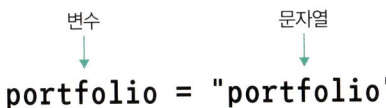

데이터 객체

파이썬은 데이터를 다루기 위한 여러 가지 데이터 객체를 제공한다. 데이터 객체는 하나 이상의 값을 다룰 때 편리하다. 리스트, 튜플, 딕셔너리 등 많이 사용하는 자료형을 살펴보자.

리스트

리스트(list)는 여러 종류의 데이터를 저장하는 데 사용하는 데이터 구조다. 리스트는 수정, 삭제, 추가 등과 같은 데이터 변경 작업을 할 수 있다. 리스트를 만들려면 [ ]를 사용하고 목록 내 원소는 콤마(,)로 구분한다.

```
# 비어있는 리스트 a를 만든다
a = [ ]

# 1, 2, 3, 4, 5라는 다섯 개 항목이 있는 리스트 a를 만든다
a = [ 1, 2, 3, 4, 5 ]

# 두 리스트 [ 1, 2, 3 ]과 [ 6, 5, 4 ]를 합쳐서 [ 1 ,2, 3, 6, 5, 4 ]를 만든다
a = [ 1, 2, 3 ] + [ 6, 5, 4 ]

# 리스트 [ 1, 2, 3 ]이 두 번 반복된 리스트를 만든다. 곱하기 2가 아니다
a = [ 1, 2, 3 ] * 2
```

인덱싱

리스트 속 각각의 항목은 0부터 시작하는 인덱스 번호를 가진다. 인덱스를 이용하면(즉, 인덱싱(indexing)을 하면) 일부 값만 얻거나 바꾸는 등의 작업도 가능하다.

인덱스 번호는 0부터 시작하지만 마이너스(-) 값을 갖기도 한다. -1은 리스트에 있는 마지막 항목의 인덱스다. 마찬가지로 -2는 리스트에 있는 마지막 두 번째 항목의 인덱스다. 인덱스가 없다면 리스트 내 항목의 개수를 세는 일이 불편할 것이다.

▼ 그림 1-17 문자열 내 각 문자는 0부터 시작하는 인덱스를 가지며, 음수는 반대 방향 인덱스다

0	1	2	3	4	5	6	7	8	9
H	E	L	L	O	W	O	R	L	D
-10	-9	-8	-7	-6	-5	-4	-3	-2	-1

```
a = [ 1, 2, 3, 4, 5, 6 ]

# 리스트 a에서 인덱스 값이 0인 첫 번째 항목 1을 출력한다
print( a[ 0 ] )

# 리스트 a에서 인덱스 값이 5인 첫 번째 항목 6을 출력한다
print( a[ 5 ] )

#리스트 a에서 인덱스 값이 -1인 마지막 항목 6을 출력한다
print( a[ -1 ] )

#리스트 a에서 인덱스 값이 -2인 마지막 두 번째 항목 5를 출력한다
print( a[ -2 ] )
```

슬라이싱

슬라이싱(slicing)은 인덱스를 이용해 리스트의 일부분을 떼어내는 것이다. 떼어낸다고 해서 원래 리스트의 내용이 변경되는 것은 아니다. 콜론(:)을 사용해 리스트의 일부분을 잘라내듯이 추출하는 것이다. [시작 인덱스 : 끝 인덱스] 형식으로 슬라이싱을 하는데, 끝 인덱스의 직전 항목까지 가져온다.

슬라이싱의 몇 가지 예를 살펴보자.

```
# [시작 인덱스 : 끝 인덱스]의 형식으로 사용한다
a = [ 1, 2, 3, 4, 5, 6 ]
```

```python
# 인덱스 0부터 2 이전까지의 항목을 슬라이싱한다
print( a[ 0:2 ] )

# 시작 인덱스가 생략되면 0으로 판단한다
print( a[ :2 ] )

# 끝 인덱스가 생략되면 마지막 인덱스로 판단한다
print( a[ 2: ] )
```

항목 변경과 삭제

리스트의 일부 항목을 변경하는 것도 인덱스를 이용해 할 수 있다. 리스트 또는 리스트 내 일부 항목을 삭제하려면 파이썬의 기본 함수인 del( )을 사용한다.

```python
# 리스트의 항목은 인덱스를 지정해 수정할 수 있다
a = [ 1, 2, 3, 4, 5, 6 ]

# 2번 인덱스 항목인 3을 4로 변경한다
a[ 2 ] = 4
print( a )

# 리스트 또는 리스트 내 항목을 지우려면 del 함수를 사용한다
# 1번 인덱스를 삭제한다. 리스트 내 2가 없어진다
del a[ 1 ]
print( a )

# 2번 인덱스부터 마지막까지 지운다
# 앞서 1번 인덱스를 지워 리스트는 [1, 4, 4, 5, 6]인데, 2번 인덱스부터 마지막까지 지워 [1, 4]
만 남는다
del a[ 2: ]
print( a )

# 리스트를 통째로 지정하면 리스트라는 객체 자체가 사라진다
# 따라서 리스트 a를 출력하면
# NameError: name 'a' is not defined
# 에러가 발생한다
del a
print( a )
```

리스트 내 항목의 개수를 얻으려면 파이썬 기본 함수 len( )을 사용한다.

```python
a = [ 1, 2, 3, 4, 5, 6 ]
length = len( a )
print( length )
```

튜플

튜플(tuple)은 리스트와 비슷한 성격을 가진 자료형 객체인데, 리스트와 달리 변경이 불가능하다. 리스트는 [ ]를 사용하지만 튜플은 ( )를 사용하며, ( ) 없이 콤마(,)로 값을 구분해둬도 튜플이 된다. 변경이 불가능하다는 것은 단점처럼 보이지만 장점일 수도 있다. 프로그램이 실행되는 동안 내용이 바뀌면 안 되는 목록이 있다면 튜플을 사용하는 것이 좋다.

```
a = ( )
a = ( 1, 2, 3, 4, 5, 6 )
a = 1, 2, 3, 4, 5, 6
```

튜플도 리스트와 마찬가지로 인덱싱, 슬라이싱이 가능하며, 튜플끼리 더하거나 곱하거나 len( ) 함수를 이용해 길이를 구할 수 있다.

딕셔너리

딕셔너리(dictionary)는 리스트나 튜플과 많이 다른 데이터 객체다. '사전'이라는 이름처럼 키(key)와 값(value), 한 쌍이 필요하다. 리스트나 튜플과 달리 숫자로 된 인덱스가 아닌 키를 갖고 값을 다루는 경우 편리하다. 다만 키는 중복되면 안 된다.

```
# 딕셔너리는 { } 안에 {키:값} 형식으로 만든다
a = { 'one':1, 'two':2, 'three':3, 'four':4, 'five':5, 'six':6 }
print( a )

# 딕셔너리에 새로운 {키:값}을 추가하려면 새로운 키를 딕셔너리에 넣고 값을 할당한다
a[ 'seven' ] = 8
print( a )

# 딕셔너리를 수정하는 경우 인덱스가 아닌 키를 사용한다. 키가 인덱스 역할을 한다고 보면 된다
a[ 'seven' ] = 7
print( a )

# 딕셔너리 항목을 삭제하는 경우에도 키를 사용한다
del a[ 'one' ]
print( a )

# 모든 항목을 지우려면 clear 함수를 사용한다
a.clear( )
print( a )
```

딕셔너리는 키와 값을 다루기 위한 몇 가지 함수를 제공한다.

```python
# 딕셔너리의 함수들
a = { 'one':1, 'two':2, 'three':3, 'four':4, 'five':5, 'six':6 }

# 딕셔너리의 키를 모두 얻으려면 keys 함수를 사용한다
keys = a.keys( )
for k in keys:
    print( k )

# 딕셔너리의 값을 모두 얻으려면 values 함수를 사용한다
values = a.values( )
for v in values:
    print( v )

# 딕셔너리의 키와 값을 모두 얻으려면 items 함수를 사용한다
items = a.items( )
for k,v in items:
    print( k, v )

# 딕셔너리 내에 키가 있는지 확인하려면 in을 사용한다
# 키가 있으면 True, 그렇지 않으면 False다
bln = 'six' in a
print( bln )

bln = 'seven' in a
print( bln )
```

연산자

연산이란 덧셈, 뺄셈 같은 계산을 말하며 산술 연산, 비교 연산, 논리 연산 등이 있다. 변수를 이용해 값을 저장하지만, 연산자가 없다면 아무 쓸모가 없을지도 모른다. 연산자는 할당 연산자, 산술 연산자, 논리 연산자, 비교 연산자 등이 있다.

▼ 표 1-1 연산자의 종류

연산자	기능	설명
=	할당	값을 변수에 입력한다.
+	덧셈	두 개의 수 또는 문자열을 더한다.
-	뺄셈	빼기

○ 계속

연산자	기능	설명
*	곱셈	두 개의 수를 곱하거나 문자열을 반복한다.
**	거듭제곱	지수 연산
/	나눗셈	나누기
//	나눗셈 몫	나눗셈의 몫을 돌려준다.
%	나눗셈 나머지	나눗셈의 나머지를 돌려준다.
<	작다	작으면 True, 그렇지 않으면 False
>	크다	크면 True, 그렇지 않으면 False
<=	작거나 같다	작거나 같으면 True, 그렇지 않으면 False
>=	크거나 같다	크거나 같으면 True, 그렇지 않으면 False
==	같다	같으면 True, 그렇지 않으면 False
!=	같지 않다	같지 않으면 True, 그렇지 않으면 False
not	부정	True를 False로, False를 True로
and	논리곱	모두 True일 때 True
or	논리합	하나라도 True이면 True

- 산술 연산자는 덧셈, 뺄셈, 곱셈, 나눗셈 계산을 하기 위한 연산자다.
- 비교 연산자는 두 개의 값을 갖고 크거나 작거나 혹은 같은지를 판단해 True 값이나 False 값을 돌려주는 연산자다.
- 논리 연산자는 논리 연산을 수행하는 연산자를 말한다. 논리곱이나 논리합 또는 부정 연산이 가장 많이 사용되며, 논리 연산의 결과는 True 또는 False가 된다.

흐름 제어

프로그램의 코드는 위에서 아래로 순서대로 실행된다. 그러나 조건을 판단해 True 또는 False에 따라 실행을 달리하는 경우도 있고 특정 코드를 반복해야 하는 경우도 있다. 이렇게 프로그램이 실행되는 물줄기를 흐름이라 하고, 코드의 진행 방향을 바꾸고 반복하게 만드는 것을 흐름 제어라고 한다.

if문

if문은 조건이 참 또는 거짓인 경우에 따라 코드를 다르게 실행하는 경우 사용한다. 조건은 변수, 비교 연산자, 논리 연산자 등을 사용해 결과가 True 또는 False가 나오는 식을 말한다. 즉, if문은 True 또는 False 값을 먹고 사는 구문이다.

간단한 if문은 다음과 같다. 조건이 True이면 if문 아래의 들여쓰기한 코드를 실행한다.

```
if 조건:
    조건이 True인 경우 실행할 코드
```

그러나 여러 개 조건에 따라 달리 실행할 필요가 있다면 다음 형태의 if문을 만들 수 있다. elif는 앞의 조건이 만족하지 않을 경우 다른 조건을 검사해 실행 여부를 정한다. 그리고 앞의 조건이 모두 True가 아니라면 else 이하에서 정한 코드를 실행한다. else는 위의 조건 중 어느 것도 만족하지 않을 때 실행되는 경우를 위한 것인데, 상황에 따라 생략할 수도 있다.

```
if 조건 1:
    조건 1이 True인 경우 실행할 코드
elif 조건 2:
    조건 2가 True인 경우 실행할 코드
else:
    조건 1과 2가 모두 True가 아닌 경우 실행할 코드
```

가령 total이라는 변수 값의 크기에 따라 다음과 같이 출력을 달리할 수 있다.

```
total = 512
if total > 100:
    print( 'total은 100보다 큽니다' )
elif total == 100:
    print( 'total은 100입니다' )
elif total >=50 and total < 100:
    print( 'total은 50 이상 100 미만입니다' )
else:
    print( 'total은 50 미만입니다' )
```

if와 콜론(:) 사이의 식, 즉 total < 100, total == 100, total >= 50 and total < 100 등이 조건이다. else는 위의 if문 조건이 모두 만족하지 않을 때 최종적으로 선택하는 분기 구조다. 반드시 있어야 하는 존재는 아니지만 필요한 경우가 생긴다.

for 반복문

for문은 정해진 횟수만 반복한다.

```
for 변수 in 범위:
    반복할 코드
```

다음은 1부터 9까지 반복하는 for문이다. range(시작, 끝)은 시작부터 끝 직전까지의 범위를 만들어낸다.

```
for x in range( 1, 10 ):
    print( x )
```

range(1, 10)은 1부터 9까지(즉 1, 2, 3, 4, 5, 6, 7, 8, 9)의 숫자 리스트를 만들어준다. 그리고 x는 처음에는 1이 됐다가 다시 반복할 때는 2가 되고, 다시 3이 된다. 결국 9가 돼서 마지막 반복을 하고 나면 for 루프를 빠져나와 그다음 코드를 실행한다.

리스트를 반복하는 경우에도 for 반복문을 사용한다. 다음은 리스트 내의 숫자를 모두 곱하는 예시 코드다.

```
# 다음은 2, 4, 6, 8이라는 네 개의 숫자를 곱하는 예다
# nums는 2, 4, 6, 8이라는 네 개의 숫자를 가진 리스트다
nums = [ 2, 4, 6, 8 ]

# 곱셈의 결과를 저장할 변수 p를 만들고 미리 1을 저장한다
p = 1

# 리스트를 반복하는 동안 n은 각 숫자를 가리킨다
for n in nums:
    # 미리 준비한 변수 p에 숫자 n을 계속 곱한다
    # 곱셈의 결과는 p가 되고 다시 반복하면
    # n과 곱셈을 할 p가 된다
    p = p * n

print( 'The product is:', p )
```

함수

애초에 컴퓨터를 사용하는 목적 중 하나는 반복 작업을 줄이는 것이다. 흐름 제어인 for문과 마찬가지로 함수도 그런 목적을 갖고 있다. 가령 자주 사용하는 계산이 있는데, 계산할 때마다 코드를 반복하지 않고 함수를 만들어 필요할 때 호출하면 전체 코드의 양도 줄이고 기능별로 정리된 체계적인 프로그램을 만들 수 있다. 마치 프로그램을 부품처럼 만들어 조립하는 것과 같다.

▼ 그림 1-18 함수: 프라모델의 부품처럼 조립해 하나의 완성품을 만든다

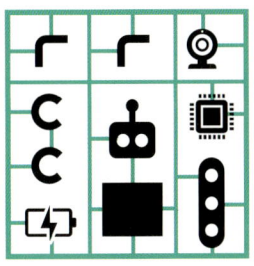
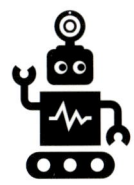

def

def는 함수를 만들 때 사용하는 파이썬 키워드다. 함수는 다음과 같은 형식으로 작성한다. 함수명 뒤의 변수는 함수에게 전달할 내용이며 경우에 따라 없어도 된다. 이런 역할을 하는 변수를 매개변수라고 부른다.

```
def 함수명( 매개변수 ):
    함수 본체
```

다음은 인사말을 돌려주는 간단한 함수다. HelloWorld( ) 함수는 'Hello World'라는 문자열을 돌려준다. HelloMessage( ) 함수는 'Hello'라는 문자열과 msg 변수(즉, 매개변수)에 담긴 내용을 합쳐 돌려준다.

```
def HelloWorld( ):
    return 'Hello World'

def HelloMessage( msg ):
    return 'Hello ' + msg
```

함수가 값을 돌려주면 변수나 다른 함수를 통해 돌려주는 값을 받는다. 다음 코드에서는 greeting 변수에 HelloWorld( ), HelloMessage( )의 결과를 돌려준다. 그리고 print(HelloWorld( )), print(HelloMessage('MARY'))와 같이 print( ) 함수에 결과를 바로 전달해 화면에 출력한다.

```
greeting = HelloWorld( )
print(greeting)

greeting = HelloMessage( 'MARY' )
print( greeting )

print( HelloWorld( ) )
print( HelloMessage( 'MARY' ) )
```

함수에서 값을 돌려주는 경우 return을 사용한다. 파이썬은 한 번에 여러 개의 값을 돌려줄 수 있다.

```
# return은 여러 개의 값을 돌려줄 수 있다
# 아래 함수 x( )는 네 개의 값을 돌려준다
# 돌려주는 값을 변수 네 개가 받는다

def x( ):
    return 1, 2, 3, 4

a, b, c, d = x( )

print( a, b, c, d )
```

기본 제공 함수

파이썬이 기본으로 제공하는 함수들이 있다. 앞서 사용한 print( ) 역시 파이썬의 기본 함수 중 하나다.

▼ 표 1-2 파이썬 기본 제공 함수

함수	설명	사용 예
abs(x)	절댓값	abs(-1), abs(1), abs(-0.5)
all(x)	x의 모든 값이 True이면 True	all([True,True,True])
any(x)	x의 어느 값이 True이면 True	any([True,False,False])
divmod(x, y)	x 나누기 y 결과(몫, 나머지) 리턴	div(5, 3)
eval(x)	수식을 읽고 연산해 리턴	eval('1+2'), eval('abs(-1)')
input(x)	사용자의 키 입력을 받아 문자열 리턴	a = input('Plz enter: ')

◐ 계속

함수	설명	사용 예
int(x)	x를 정수로 변환	int('3'), int(3.14)
float(x)	x를 실수로 변환	float(3)
bool(x)	x를 True 또는 False로 변환	bool(0), bool(1), bool(2)
len(x)	x의 길이 리턴	len('abc'), len([1,2,3])
list(x)	x를 리스트로 변환	list('abc'), list((1,2,3))
map(f, x)	함수 f에 x 값을 입력해 결과 리턴	list(map(abs,[-1,-2,-3]))
max(x)	x 값 중 최댓값	max([1,2,3])
min(x)	x 값 중 최솟값	min([1,2,3])
pow(x, y)	x의 y 제곱한 결과 리턴	pow(2, 3)
range(x, y, z)	x부터 y 이전까지 z만큼 증가한 값 목록 리턴	range(1,6), range(1,6,2)
round(x, y)	x를 y 자리에서 반올림	round(3.14159,2)
sorted(x)	x 값 정렬	sorted([42,10,23,37])
str(x)	x를 문자열로 리턴	str('3.14')
sum(x)	x 값 합산	sum([42,10,23,37])
tuple(x)	x를 튜플로 변환	tuple("abc"), tuple([1,2,3])
type(x)	x의 데이터형 리턴	type('abc'), type(3.14)
zip(x, y)	x와 y의 원소를 묶어 리턴	zip([1,2,3], [3,2,1])

모듈

모듈은 함수나 변수 또는 클래스를 모아둔 파일이며, 다른 파이썬 프로그램에서 불러와 사용할 수 있다. 파이썬의 기본 라이브러리도 모듈로 제공되고 있으며 Pandas, Numpy 같은 유명 라이브러리도 모듈 형태로 제공된다. 물론 개발자가 스스로 만든 것 역시 모듈 형태로 사용할 수 있다.

파이썬이 모듈을 사용하려면 모듈의 위치를 알아야 한다. 파이썬은 다음과 같은 순서대로 모듈을 찾아 불러들인다(이를 임포트(import)한다고 말한다).

1. 현재 디렉터리
2. 환경변수 PYTHONPATH에 지정된 경로
3. 파이썬이 설치된 경로와 그 밑의 라이브러리 경로

모듈을 사용하려면 import 또는 from … import를 사용한다. import는 모듈 전체를 불러들일 경우, from … import는 모듈 일부를 불러들일 경우 사용한다.

예시로 파이썬의 외장 함수 중 시간 관련 모듈 time과 달력 관련 모듈 calendar를 이용해보자.

```
import time        # time 모듈을 임포트한다
time.time( )       # 1970년 1월 1일 0시 0분 0초 이후 지난 시간을 초 단위로 리턴한다
time.ctime( )      # 항상 현재 시간만을 리턴한다
```

time.localtime은 time.time( )에 의해 반환된 실숫값을 '연도, 월, 일, 시, 분, 초'의 형태로 바꿔주는 함수다.

```
import time
time.localtime( time.time( ) )        # 연도, 월, 일, 시, 분, 초로 시간을 표시한다
time.asctime( time.localtime( time.time( ) ) ) # 튜플 형태로 연도, 월, 일, 요일, 시간을 표시한다
```

```
import calendar               # calendar 모듈을 임포트한다
calendar.calendar( 2020 )     # 2020년의 전체 달력을 출력한다
calendar.prmonth( 2020, 10 )  # 2020년 10월의 달력을 출력한다
calendar.weekday( 2020, 10, 27 )  # 2020년 10월 27일의 요일을 숫자로 출력한다
```

월요일은 0, 화요일은 1, 수요일은 2, 목요일은 3, 금요일은 4, 토요일은 5, 일요일은 6이다.

다음은 표준 라이브러리 중 math 모듈을 import해 factorial( ) 함수를 사용하는 예다.

```
import math                    # math 모듈을 임포트한다
print( math.factorial( 5 ) )   # 5!을 계산한다
```

위의 예를 from … import로 바꿔 'from 모듈명 import 함수명' 형식으로 만들 수 있다.

```
from math import factorial  # math 모듈에서 factorial 함수만 임포트한다
print( factorial( 5 ) )     # factorial( ) 함수를 불러온다. 모듈 이름 math를 붙이지 않아도 된다
```

as를 사용해 모듈명이나 함수명을 바꿔 사용할 수 있다.

```
from math import factorial as fact  # math 모듈에서 factorial 함수를 fact라는 이름으로 임포트한다
print( fact( 5 ) )                  # factorial이라는 이름 대신 fact로 사용할 수 있다
```

주석과 들여쓰기

주석

주석(comment)은 프로그램의 실행보다는 관리에 필요한 요소다. 간단히 말하면 코드에 대한 설명과 기록이다. 프로그램의 기능, 사용 방법, 작성일자나 수정일자, 개선할 점 등 향후 프로그램의 유지보수를 위해 남겨두는 기록이다. 기록이라는 기능 외에 코드 실행을 임시로 막아두는 역할을 하기도 한다. 이는 프로그래밍을 할 때 여러 가지 이유로 특정 행이 실행되지 않게 처리하는 데 유용하다.

주석은 다음과 같이 #으로 표시한다.

```
# i am a comment!
# single line!!!!
# print( 'hello world' ) - hello world를 출력하는 print( ) 함수 실행을 막아둔다
```

들여쓰기

들여쓰기(indent)란 조건문이나 반복문의 본체에 해당하는 일부 코드를 행의 첫 칸에 입력하지 않고 행에서 두 칸 또는 네 칸 정도 공백을 두고 시작하는 것을 말한다. 들여쓰기는 코드를 쉽게 이해하기 위해 필요하며, 파이썬에서는 들여쓰기를 지키지 않으면 에러가 발생한다.

들여쓰기한 경우

```
1. # Python 3: Fibonacci series up to n
2. def fib( n ):
3.     a, b = 0, 1
4.     while a < n:
5.         print( a, end=' ' )
6.         a, b = b, a+b
7.     print( )
```

들여쓰기하지 않은 경우

```
1. # Python 3: Fibonacci series up to n
2. def fib( n ):
3. a, b = 0, 1
4. while a < n:
5. print( a, end=' ' )
6. a, b = b, a+b
7. print( )
```

위 코드에서 3~7번 행이 들여쓰기된 부분이다. 시각적으로 3~7번 행이 2번 행 'def fib(n):'의 내용임을 알 수 있다. 그리고 5번과 6번 행은 4번 행 'while a < n:'의 하위 코드 블록이다.

들여쓰기를 하지 않은 경우를 보면, def fib(n)의 범위가 어디까지인지 알기 어렵다. while은 반복문인데, 몇 번째 행까지 반복해야 하는지도 알기 어렵다. 들여쓰기 덕분에 남이 만든 코드를 분석하거나 자신이 만든 코드를 몇 년 후에 다시 봐도 읽고 해석하기가 쉬워진다.

1.2 현금흐름, 이자율과 시간 가치

얼마 전에 어머니께 용돈을 드리려고 50만 원을 인출했다. 그런데 용돈 드리는 것을 깜박 잊고 집에 그냥 돌아왔다. 결국 은행계좌에서 돈을 인출해 화폐로 갖고 있는 셈이 된 것이다. 돈을 인출하지 않고 통장에 그대로 놔뒀다면 50만 원에 대한 이자가 생겼을 것이다.

이자율 또는 이율은 화폐를 보유하는 경우 생기는 일종의 기회비용이다. 화폐를 보유하지 않고 예금을 하면 이자가 생기지만, 그냥 보유한다면 그런 이자를 포기하는 셈이므로 일종의 기회비용이라 할 수 있다.

일반적으로 금리변동과 주가의 관계는 단기적인 효과보다 중장기적인 영향을 미치곤 하며, 경기 순환과 유기적인 관계를 맺으면서 통상 반대로 움직이는 경향이 있다. 단기적으로 이자율이 오르면 주가에 부정적인 영향을 주고, 이자율이 내리면 주가에 긍정적인 영향을 주는 것으로 알려져 있다. 그러나 항상 그런 패턴을 기계적으로 보여주는 것은 아니다. 국내에서는 이자율이 내리면 주식시장에 투자하는 대신 대출을 받아 부동산시장에 투자하는 경우가 더 현실적이다. 그러나 완만한 경기상승이라면 장기적으로 이자율도 오르고 주가도 오를 수 있다. 이자율은 실물경제에 큰 영향을 미치는데, 1980년대 초 미국 연방준비제도이사회가 단기금리를 급격히 올리는 바람에 미국을 더블딥 불황으로 몰아넣은 것을 보면 이자율이 중요하다는 것을 알 수 있다.

만일 회사에서 성과급을 내년 말에 지급한다고 하면 아무도 반가워하지 않을 것이다. 성과급을 지금 바로 받아 은행에 예금으로 예치하면 이자소득을 취할 수 있기 때문이다. 이와 같이 화폐는 시간에 따라 가치가 달라지며, 일반적으로 현재의 돈이 미래의 돈보다 가치가 크다는 개념을 우리는 실생활을 통해 이미 알고 있다.

'현금흐름'이란 말은 재무나 금융 분야에서 자주 사용하는 말이지만, 일상에서 보면 매월 납입하는 정기적금, 할부금 또는 매월 받는 연금 등 일정한 기간 동안 여러 번의 현금이 오고 가는 것을 의미한다. 수도꼭지에서 물이 졸졸 흐르는 모습이나 노래 또는 영화를 한 번에 내려받아 저장하는 대신 네트워크를 통해 감상하는 모습을 연상하면 된다.

현금흐름은 시간을 두고 일어나고, 우리는 그 현금흐름의 현재가치 또는 미래가치를 가늠해야 금융 또는 재무에 관한 의사 판단을 할 수 있다. 앞서 성과급을 나중에 받는 것보다는 지금 받는 것이 더 가치가 있다고 말한 것처럼 돈은 시간 가치를 가진다.

시간 가치를 만드는 동력은 이자율(또는 이율) 또는 할인율이다. 이자율은 미래가치를 계산하고, 할인율은 현재가치를 계산한다.

미래가치는 단리 또는 복리(연속복리 포함)로 계산할 수 있다. 단리는 최초의 금액을 대상으로 이율을 곱해 미래가치를 계산하고, 복리는 일정 기간마다 이자를 원금에 합쳐 그 합계 금액에 대한 이자를 다시 계산한다. 복리는 원금에 대해서만 이자를 계산하는 단리보다 이자가 더 많이 붙는다.

▼ 그림 1-19 단리와 복리의 차이

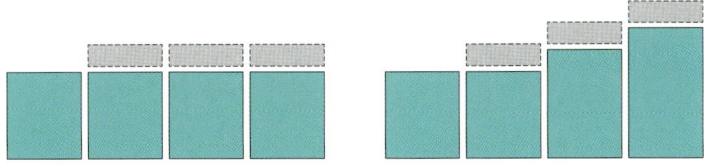

단리: 원금 × (1 + 이율 × 기간)

복리: 원금 × (1 + 이율)^{기간}

단리이자 계산

가령 은행에 1,000만 원을 예금하고 1년 후에 인출하기로 했다고 하자. 1년 후 받는 금액을 단리로 계산하면 다음과 같다.

원금 = 1,000만 원

이율 = (연간) 5%

기간 = 1년

1년 후 인출액 = 1,000만 원 × (1 + 5% × 1) = 10,500,000원

```
# 변수 a에 예금액을 입력한다
a=1000

# 1년간 이자 계산이 1회 이뤄지므로 변수 n에 1을 입력한다
n=1

# 이자율은 5%이므로 0.05를 입력한다
r=0.05

# 단리 계산이므로 원금액*(1+이자율*기간) 식에 따라 계산한다
s_simple = a*( 1+r*n )
```

```
# 계산된 결과는 변수 s_simple에 저장되며, print( ) 함수를 사용해 출력한다
print( s_simple )
```

위의 계산에서 주의할 점이 하나 있다. 이율과 기간의 단위가 같아야 한다는 점이다. 이자율은 보통 연 단위로 표시한다. 연간 5%의 이율은 1년간 5%의 이자를 주겠다는 의미다. 그리고 기간도 1년이므로 기간이 서로 일치한다. 만일 월 단위로 바꿔 계산한다면 이율은 12로 나누고, 기간도 년이 아니라 월이므로 '1'이 아니라 '12'가 된다.

단리 계산을 월 단위로 바꿔 해보자. 물론 인출액은 같다.

> 원금 = 1,000만 원
> 이율 = (월간) 5% ÷ 12
> 기간 = 12개월
> 1년 후 인출액 = 1,000만 원 × (1 + (5% ÷ 12) × 12) = 10,500,000원

```
# 변수 a에 예금액을 입력한다
a=1000

# 1년간 이자 계산이 12회 이뤄지므로 n=12다
n=12

# 1년간 이자율 5%를 12로 나눠 월간 이자율로 바꾼다
# 이자 계산도 월간, 이자율도 월간으로 일치시키는 것이다
r=0.05/n

# 이자율 계산 횟수가 늘어났지만 계산 방법은 종전과 같다
s_simple = a*( 1+r*n )
print( s_simple )
```

간단한 계산이라 파이썬의 연산자만 갖고 계산할 수 있지만, scipy 라이브러리의 fv 함수를 이용해 같은 계산을 할 수 있다.

```
# scipy 라이브러리를 임포트한다
import scipy as sp

# 미래가치를 계산하기 위한 변수들을 설정한다
a = 1000
n = 1
r = 0.05
```

```python
# fv( ) 함수를 이용해 미래가치를 계산한다
s_simple = sp.fv( r, n, 0, a )
print( s_simple )
```

다음 코드도 살펴보자.

```python
import scipy as sp

a = 1000
n = 12
r = 0.05

s_simple = sp.fv( r/n, n, 0, a )
print( s_simple )
```

복리 계산

이율과 기간의 단위가 같아야 한다는 것을 강조하는 이유는 복리 계산 때문이다. 가령 이율 5%를 월 복리로 계산한다면, 즉 월마다 생기는 이자에 대한 이자를 누적해 계산한다면 복리 공식에 따라 다음과 같다.

원금 = 1,000만 원

이율 = (월간) 5% ÷ 12

기간 = 12개월

1년 후 인출액 = 1,000만 원 × $(1 + (5\% \div 12))^{12}$ = 10,511,619원

```python
# 5% 이자율을 월 단위로 복리 계산하는 경우
a=1000

# 이자 계산 횟수는 12회이므로 n=12이다
n=12

# 이자율은 5%이므로 r=0.05이다
r=0.05

# 복리식에 따라 복리 계산을 한다
# r/n은 이자 횟수별 이자율을 계산하고 **는 제곱 연산자이며 n 제곱 연산을 한다
s_compound = a*( 1+( r/n ) )**n
print( s_compound )
```

복리 중에는 연속복리가 있다. 복리 계산에서 복리 횟수를 무한정 늘려놓은 것이 연속복리다. 복리의 횟수가 많을수록 복리 효과가 커져 수익률은 늘어난다. 따라서 일반적인 복리는 연속복리를 초과하지는 못한다. 연속복리 공식은 다음과 같다.

$$\text{연속복리} : \text{원금} \times e^r$$

연속복리 공식에서 e는 오일러상수 또는 자연상수 e 또는 자연로그의 밑 e의 값이다. 실제값은 대략 $\approx 2.71828182845904523536$이다.

복리 공식과 연속복리 공식은 다르지 않다. 복리 계산 공식 원금 $\times (1 + \text{이율})^{\text{기간}}$에서 기간은 사실 복리 횟수다. 복리 횟수를 늘려나가면 오일러상수에 근접하게 된다. 복리 횟수를 늘려가며 계산해보자.

원금이 1원이고 연간 이율이 100%라고 한다(오일러상수 근삿값 유도를 위한 비현실적인 이자율이다).

- 1년 후 이율이 100%, 기간은 1이므로
  원금은 $1 \times (1 + 100\%)^1 = 1 \times (1 + 1)^1 = 2$가 된다.
- 6개월 복리라면 이율은 100% ÷ 2, 기간은 2이므로
  원금은 $1 \times (1 + 50\%)^2 = 1 \times (1 + 0.5)^2 = 2.25$가 된다.
- 분기 복리라면 이율은 100% ÷ 4분기, 기간은 4이므로
  원금은 $1 \times (1 + 25\%)^4 = 1 \times (1 + 0.25)^4 = 2.4414$가 된다.
- 월 복리라면 이율은 100% ÷ 12개월, 기간은 12이므로
  원금은 $1 \times (1 + 8.33\%)^{12} = 1 \times (1 + 0.0833)^{12} = 2.61207\cdots$이 된다.
- 매주 복리라면 이율은 100% ÷ 52주, 기간은 52이므로
  원금은 $1 \times (1 + 1.92\%)^{52} = 1 \times (1 + 0.0192)^{52} = 2.688373\cdots$이 된다.
- 매일 복리라면 이율은 100% ÷ 365일, 기간은 365이므로
  원금은 $1 \times (1 + 0.27\%)^{365} = 1 \times (1 + 0.0027)^{365} = 2.7146\cdots$이 된다.
- 매시간 복리라면 이율은 100% ÷ 8,760시간, 기간은 8,760이므로
  원금은 $1 \times (1 + 0.0114\%)^{8760} = 1 \times (1 + 0.000114)^{8760} = 2.714432\cdots$이 된다.
- 매분 복리하면 이율은 100% ÷ 525,600분, 기간은 525,600이므로
  원금은 $1 \times (1 + 0.00019\%)^{525600} = 1 \times (1 + 0.0000019)^{525600} = 2.71458\cdots$이 된다.
- 매초 복리라면 이율은 100% ÷ 31,536,000초, 기간은 31,536,000이므로
  원금은 $1 \times (1 + 0.0000032\%)^{31536000} = 1 \times (1 + 0.0000000317)^{31536000} = 2.71828\cdots$이 된다.

복리 횟수가 늘어날수록 값은 어느 값(즉, 오일러상수)에 근접하게 됨을 알 수 있다.

```python
# 파이썬의 수학 모듈인 math는 오일러상수(e)를 제공한다. math 라이브러리(모듈)를 임포트한다
import math

# 앞서 살펴본 코드와 같이 연속복리에 따른 원금을 계산한다. amount는 원금, rate는 이자율이다. n은 기간이다
amount = 1
rate = 1.0

# 기간이 1인 경우, 즉 1년 복리라면
n = 1
c_compound = a*( 1+r/n )**n
print( c_compound )

# 기간이 2인 경우, 즉 6개월 복리라면
n = 2
c_compound = a*( 1+r/n )**n
print( c_compound )

# 기간이 4인 경우, 즉 분기 복리라면
n = 4
c_compound = a*( 1+r/n )**n
print( c_compound )

# 기간이 12인 경우, 즉 월 복리라면
n = 12
c_compound = a*( 1+r/n )**n
print( c_compound )

# 기간이 52인 경우, 즉 매주 복리라면
n = 52
c_compound = a*( 1+r/n )**n
print( c_compound )

# 기간이 365인 경우, 즉 매일 복리라면
n = 365
c_compound = a*( 1+r/n )**n
print( c_compound )

# 기간이 8760인 경우, 즉 매시간 복리라면
n = 8760
c_compound = a*( 1+r/n )**n
print( c_compound )
```

```python
# 기간이 525600인 경우, 즉 매분 복리라면
n = 525600
c_compound = a*( 1+r/n )**n
print( c_compound )

# 기간이 31536000인 경우, 즉 매초 복리라면
n = 31536000
c_compound = a*( 1+r/n )**n
print( c_compound )
```

쉬어가는 코너 — 레온하르트 오일러

▼ 그림 1-20 레온하르트 오일러(위키백과(https://bit.ly/3gHMHRG))

희대의 천재 수학자인 레온하르트 오일러(Leonhard Euler, 1707~1783년)는 1707년 스위스 바젤에서 개신교 목사의 6남매 중 장남으로 태어났다. 일찍이 당대 최고의 수학자이자 베르누이법칙을 만든 요한 베르누이에게 수학 영재로 발탁돼 제자가 됐고, 그대로 수학자의 길을 걷게 된다. 대단한 천재였던 그는 13살에 바젤 대학교에 입학한 이후 16살에 석사 학위를 받았고, 19살에 박사 학위를 받았다. 그리고 24살에 러시아 상트페테르부르크 과학아카데미 물리학과 교수로 임명됐다. 그는 1738년 지도 작성 연구에 몰두하다 열병으로 오른쪽 눈의 시력을 잃었는데, 그의 초상화도 오른쪽 눈이 일그러진 모습으로 그려져 있다. 나중에는 백내장으로 왼쪽 눈도 잃게 된다. 1741년 러시아의 정치 혼란과 검열, 외국인에 대한 적대적인 분위기 등이 심각한 위협으로 다가오자 베를린 아카데미(여기서 25년간 재직한다)로 자리를 옮겼다.

오일러상수(e)로 알려진 2.71828을 e라고 처음 표기한 것은 1736년 출판된 그의 책 『메카니카(Mechanica)』에서였다. 오일러상수는 당시 이미 존재가 알려져 있었지만 달리 표기하지는 않았는데, 오일러가 이를 e로 표기했다. 그 외에 우리가 알고 있는 여러 수학 기호(삼각함수 sin, cos, tan, 허수 기호 i, 원주율 π, 함수 기호 f(x) 등)도 명명했다.

1.3 NPV와 IRR

투자 세계에서 순현재가치(Net Present Value, NPV)와 내부수익률(Internal Rate of Return, IRR)은 그들만의 언어다. NPV나 IRR만 보고 투자 여부를 결정하는 것은 아니지만, 사업을 계획하거나 투자 제안을 받는 경우 가장 먼저 묻는 것이 NPV와 IRR이다.

둘은 모두 현금흐름을 할인하는 방법이다. 돈의 시간 가치를 자본 투자 프로젝트 평가로 인수분해하기 때문이다. NPV와 IRR 모두 일련의 미래 지급액(음의 현금흐름), 수입(양의 현금흐름), 손실(음의 현금흐름) 또는 무현금흐름에 기반을 두고 있다.

특히 IRR은 수익률을 정기적으로 유효하게 측정할 수 없는 대체투자(부동산이나 인프라 자산에 대한 투자)에서 많이 이용한다. 대체투자 펀드의 존속 기간 동안 실제로 발생하는 현금흐름을 근거로 하기 때문이다.

1.3.1 NPV

NPV는 현재의 액면가를 나타내는 현금흐름의 순가치다. 돈의 시간 가치로 인해 오늘 돈을 받는 것이 내일 돈을 받는 것보다 가치가 높다. NPV는 미래에 발생할 일련의 현금흐름을 현재가치로 계산한 것이다.

$$\text{NPV} = \text{SUM}(\text{현금흐름}/(1+\text{할인율})^i)$$

$$\text{NPV} = \sum \frac{C}{(1+rate)^i}$$

*C*는 현금흐름, *rate*는 할인율, *i*는 기간

현재 시점에서 70,000을 지출해 사업을 시작하고 나서 향후 5년 동안 다음과 같은 수익을 내는 사업이 있을 때 사업타당성을 검토해야 한다. 이번 경우 할인율이 1.5%이다. 만일 NPV가 0 이상이면 수익성이 있다고 판단해 투자안을 채택하고, 그렇지 않다면 투자안을 포기한다.

▼ 표 1-3 투자안의 기간별 현금흐름

	현재	1년 후	2년 후	3년 후	4년 후	5년 후
현금 유출	-70,000					
현금 유입		12,000	15,000	18,000	21,000	26,000
순현금흐름	-70,000	12,000	15,000	18,000	21,000	26,000

▼ 그림 1-21 현금흐름의 현재가치

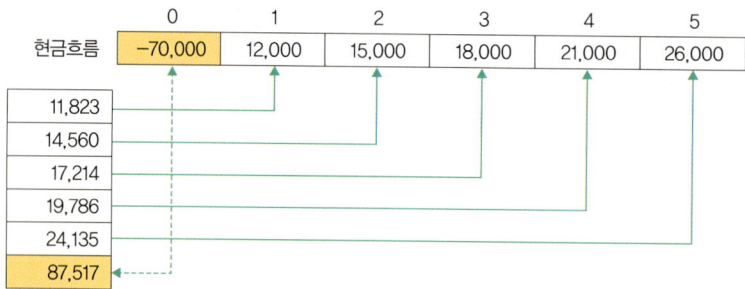

```
# 현금흐름을 cashflows 리스트에 저장한다
# i는 햇수, r은 이자율이다
cashflows = [ 12000 , 15000 , 18000 , 21000 , 26000 ]
i=0
r=0.015

# 최초 투자금액이며 현금 유출이므로 (-)로 표시
npv = -70000

# cashflows 리스트를 반복해 미래에 들어올 현금흐름을 할인함으로써 현재가치로 계산한 다음 npv 변
수에 누적
for c in cashflows:
    i = i+1
    npv = npv + c/(1+r)**i
print(npv)
```

scipy 라이브러리는 순현재가치를 계산하는 npv 함수를 제공한다.

```
# scipy 라이브러리를 이용한 계산
# scipy 라이브러리를 sp라는 이름으로 임포트한다
import scipy as sp
```

```
# 현금흐름을 리스트로 만든다
cashflows = [ -70000, 12000 , 15000 , 18000 , 21000 , 26000 ]
r = 0.015

# npv 함수로 순현재가치를 계산한다
npv = sp.npv( r, cashflows )
print( npv )
```

1.3.2 IRR

현재 시점의 가치를 미래 시점의 가치로 환산할 때 이를 '수익률'이라 부른다. 하지만 미래 시점의 가치를 현재 시점 가치로 환산할 때는 '할인율'이라 부른다. 수익률과 할인율은 장갑의 겉과 속으로 비유해 이해할 수 있다. 즉, 뒤집으면 할인율이고 다시 뒤집으면 수익률인 것이다.

NPV가 0인 경우의 할인율이 IRR이다. 현금 유입과 현금 유출의 현재가치를 일치시키면 NPV가 0이 되는데, 이때 할인율이 IRR이다.

앞에서 본 예제를 떠올려보자. 현재 시점에서 70,000을 지출해 사업을 시작하고 나서 향후 5년 동안 다음과 같은 수익을 내는 사업이 있을 때 사업타당성을 검토해야 한다. 이 경우에는 IRR을 구해 IRR > 기업의 자본비용(시장이자율)일 경우 그 사업을 채택하고, 그렇지 않으면 사업을 포기한다.

▼ 표 1-4 연도별 현금흐름

	현재	1년 후	2년 후	3년 후	4년 후	5년 후
현금 유출	-70,000					
현금 유입		12,000	15,000	18,000	21,000	26,000
순현금흐름	-70,000	12,000	15,000	18,000	21,000	26,000

IRR은 투자의 수익성을 측정하는 지표이지만, 이것만 갖고 의사결정을 하지는 않는다. 투자 기간이 짧고 초반 현금 유입이 클수록 IRR은 높을 수 있다. 그러나 장기적으로 현금 유입이 더 많은 경우에는 앞서 언급한 단기 투자안보다 가치가 높을 수 있기 때문이다.

IRR은 뉴튼랩슨 방법(Newton-Raphson method)을 통해 구하곤 하는데, 이 책에서 다루기에는 어려운 방법이므로 일단 엑셀을 이용해 쉽게 계산하는 방법을 소개한다. 엑셀의 워크시트 함수 IRR( )을 사용하면 된다.

= IRR(-70000, 12000, 15000, 18000, 21000, 26000)
= 8.7%

이번에는 scipy 라이브러리의 함수를 사용해 IRR을 구해보자.

NPV와 IRR의 관계

위의 예에서 구한 IRR 8.7%를 입력하면 NPV가 0이 된다. 즉, IRR은 NPV를 0으로 만드는 할인율인 셈이다. IRR을 구하는 방법은 간단하지 않다. NPV를 0으로 만드는 *rate*를 구할 때 다기간인 경우 단순한 식으로 표현하기 쉽지 않다. 수치적 방법으로 *rate*를 바꿔가면 NPV가 0에 근접할 때까지 시행착오를 거쳐야 한다.

$$IRR = NPV = \sum \frac{C_t}{(1+rate)^t} - C_0 = 0$$

위 수식에서 *rate*를 구하는 것인데, 수학 시간에 배운 방정식 풀이로는 해를 구하기 쉽지 않다. 그러므로 이번에는 scipy 라이브러리의 irr 함수를 이용해 IRR을 구하고, 이때 IRR이 과연 NPV를 0으로 만드는지 확인해본다.

```python
# scipy 라이브러리를 임포트한다
import scipy as sp

# 현금흐름을 cashflows 리스트에 저장한다
cashflows = [ -70000, 12000 , 15000 , 18000 , 21000 , 26000 ]

# scipy 라이브러리의 irr 함수를 사용해 내부수익률을 계산한다
irr= sp.irr( cashflows )

# 구한 IRR을 npv의 할인율로 사용해 NPV를 구한다. IRR이 정확하다면 NPV는 0이다
npv=sp.npv( irr, cashflows )

# 결과를 출력한다. 결과는 문자열의 서식 기능을 이용한다
print( 'IRR {0:.1%} makes NPV {1:.2f} '.format( irr, npv ) )
```

위 코드에서 format은 문자열의 출력 서식을 바꾸는 문자열 함수다.

1.4 수익률 대 수익률

1.4.1 수익률과 할인율의 개념

일반적으로 수익률과 할인율을 별개의 것으로 생각한다. 그러나 이것은 관점에 따라 달리 표현하는 것일 뿐 사실 같은 개념이다. 즉, 수익률이란 미래의 시점에서 발생하는 모든 현금(현금흐름이라고 부른다) 합계액과 현재의 가치를 일치시키는 할인율을 말한다. 현재의 시점에서 미래의 가치를 계산하는 데 사용되면 수익률이지만, 역으로 미래의 가치를 현재의 시점으로 되돌려 계산한다면 할인율이 된다. 즉, 할인율은 1주일 후 받을 100달러와 현재의 90달러가 같도록 만드는 숫자다. 시장에서 말하는 수익률은 만기수익률을 가리키는데 시장수익률, 최종수익률, 내부수익률과 같은 개념으로 사용된다.

1.4.2 기간 수익률의 평균, 산술평균과 기하평균

가장 익숙한 통계 자료는 평균이다. 평균은 여러 개의 자료를 대표하는 역할을 하며, 보통 평균이라 하면 '산술평균(arithmetic mean)'을 떠올린다. 산술평균은 회사 내 급여 수준, 학급별 시험 점수, 계절별 기온 등 광범위하게 사용된다. 그러나 산술평균 외에도 기하평균, 조화평균, 가중평균 등 익숙하지 않은 평균들이 있다.

산술평균은 수치의 합계를 수치의 개수로 나누고, 기하평균은 수치의 곱을 수치의 개수로 제곱근을 취해 구한다. 간단히 말해, 산술평균은 합의 평균이고 기하평균은 곱의 평균이다.

$$산술평균 = \frac{1}{n}(r_1 + r_2 + r_3 + \cdots + r_{n-1} + r_n)$$

$$기하평균 = \sqrt[n]{(1+r_1)(1+r_2)(1+r_3)\cdots(1+r_{n-1})(1+r_n)} - 1$$

1,000원을 투자하고 나서 수익률이 첫 해에는 10%, 두 번째 해에는 6%, 세 번째 해에는 5%라면 산술평균과 기하평균 수익률은 다음과 같다.

$$산술평균 = \frac{1}{3}(0.1 + 0.06 + 0.05) = 0.07 = 7.00\%$$

$$기하평균 = \sqrt[3]{(1+0.1)(1+0.06)(1+0.05)} - 1 = \sqrt[3]{1.2243} - 1 = 1.0698 - 1 = 6.98\%$$

기간별 수익률로 계산한 경우와 기하평균으로 계산한 경우를 표로 정리하면 다음과 같다.

▼ 표 1-5 기간별 수익률과 기하평균 수익률

	각 기간별 수익률로 계산한 경우			기하평균으로 계산한 경우		
연도	수익률	투자액	수익금	수익률	투자액	수익금
1	10%	1,100.00	100.00		1,069.78	69.78
2	6%	1,166.00	66.00		1,144.44	74.65
3	5%	1,224.30	58.30		1,224.30	79.86
최종	7%			6.98%		

다음은 각 기간별 수익률로 평균을 구하는 코드다.

```
# 기간별 수익률을 returns 리스트에 저장한다
returns = [ 0.1, 0.06, 0.05 ]

# 합계를 저장할 변수를 준비한다
sumOfReturn = 0.0

# 평균을 저장할 변수를 준비한다
arimean = 0.0
geomean = 1.0

# 기간별 수익률의 데이터 개수를 구한다
n = len(returns)

# returns 리스트를 for 루프로 반복한다. 반복하는 동안 각 수익률을 변수 r로 받는다
for r in returns:
    sumOfReturn = sumOfReturn + r

arimean = sumOfReturn /3
print( 'AriMean is {:.2%}'.format( arimean ) )
```

파이썬의 sum 함수를 사용하면 루프를 사용할 필요는 없다. 위 코드에서 for문은 다음과 같이 한 줄로 계산할 수 있다.

$$\text{arimean} = \text{sum(returns)} /3$$

이번에는 기하평균을 구하는 코드다.

```
# returns 리스트를 for 루프로 반복한다. 반복하는 동안 각 수익률을 변수 r로 받는다
for r in returns:
    geomean = geomean * ( 1+r )

# 기간 수익률로 변환한다
geomean = geomean ** ( 1/n ) - 1

# 기하평균을 출력한다. 문자열의 포맷(format)을 이용해 출력 양식을 만든다. { }는 geomean 변수
의 출력 위치인데, 그 안의 :.2%는 소수점 둘째 자리(.2)로 백분율(%)을 표현하라는 의미다
print( 'GeoMean is {:.2%}'.format( geomean ) )
```

기하평균은 곱의 평균인데, 곱의 평균을 이해하기 위해 재미있는 예를 하나 들어본다.

가로가 3, 높이가 2인 직사각형이 있다. 이 직사각형의 면적은 가로 × 세로 = 3 × 2 = 6이다. 그런데 면적을 그대로 유지하면서 이 직사각형을 가로와 세로의 길이가 같은 정사각형으로 변환하려면 가로와 세로의 길이를 얼마로 해야 할까?

▼ 그림 1-22 직사각형과 정사각형의 면적은 같다

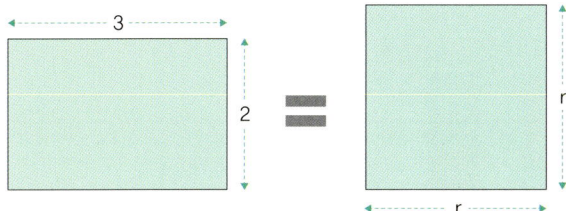

정사각형은 가로와 세로의 길이가 같으므로 면적을 구하는 공식은 (한 변의 길이)^{2}이다. 면적이 6이므로 다음과 같다.

$$6 = (한 변의 길이)^2$$

양변에 제곱근을 취하면, 다음과 같이 한 변의 길이를 구할 수 있다.

$$\sqrt{6} = 한 변의 길이$$

$$한 변의 길이 = 2.449489743$$

기하평균으로 3×2 직사각형의 가로세로 길이 평균을 계산하면 다음과 같다.

$$기하평균 = \sqrt{3*2} = 2.449489743$$

계산한 기하평균은 한 변의 평균 길이다. 이 한 변의 길이를 가진 정사각형의 면적을 구하면 다음과 같다.

$$2.4494897432^2 = 6$$

즉, 기하평균은 가로와 세로의 평균 길이가 된다. 그러므로 기하평균은 곱셈의 평균인 셈이다.

기하평균은 물가상승률, 매출증가율, 인구성장률, 투자이율 등 성장률의 평균을 산출할 때 사용한다. 기하평균의 대표적인 예가 CAGR(Compound Average Growth Rate)이다. CAGR은 국가의 GDP나 기업 매출액의 성장률을 나타내는 수치다.

앞에서 산술평균과 기하평균의 개념을 다뤘는데, 이번에는 기하평균이 산술평균보다 더 유용한 경우를 살펴보자.

대부분의 수익률은 자산의 변동분을 비율로 표시한다. −10%이면 원래 자산에서 1/10이 사라진 것이고, +25%이면 원래 자산의 1/4만큼 늘어난 것이다.

❤ 그림 1-23 T_1은 T_0 시점과 비교한다. T는 시점, R은 해당 시점의 수익률이다

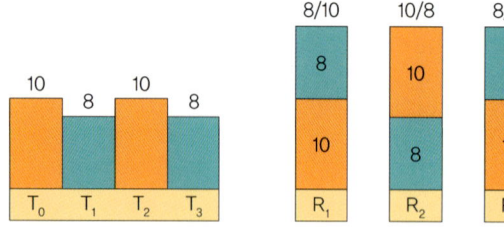

그런데 수익률을 변동분이 아니라 기존 자산 대비 현재 자산의 크기로 표현해볼 수 있다. 가령 원래 자산의 규모가 10인데, 현재 8이면 자산이 감소했다는 것을 알 수 있다. 다음 기간에 다시 10이 됐다면, 8과 10을 비교해 자산이 증가했다는 것을 알 수 있다. 기하평균을 이용한 수익률 또는 변화율은 이런 방식으로 계산한다.

다음은 어느 종목의 시점별 주가와 기간별 수익률이다. 그리고 이 기간별 수익률의 산술평균과 기하평균을 비교한 것이다.

T_0 시점에 주가는 10이다. 그리고 다음 시점 T_1에는 8로 떨어진다(10→8). 그러므로 수익률은 −20%가 된다. T_2 시점에서 다시 주가는 상승해 원래 수준인 10이 됐다(8→10). 이 단위 기간 동안 수익률은 +25%가 된다. T_3 시점에서 다시 주가가 10→8로 하락해 −20%가 된다. 즉, 세 개의 단위 기간 동안 주가의 변화율은 −20%, +25%, −20%이고 수익률의 산술평균은 −5%이다.

$$\text{산술평균} = (-20\% + 25\% - 20\%) / 3 = -5\%$$

이번에는 기하평균수익률로 계산해보면, T_0 시점에 주가는 10이다. 그리고 다음 기간 T_1에는 8로 떨어진다(10→8). 주가는 T_0 시점 대비 80% 수준이다. T_2 시점에서 다시 주가는 상승해 원래 수준인 10이 됐다(8→10). 이때 10은 T_1 시점 대비 125%가 된다. T_3 시점에서 다시 주가가 (10→8)로 하락해 T_2 시점 대비 80% 수준이 된다. 따라서 기하평균수익률은 다음과 같이 계산된다.

$$\text{기하평균수익률} = (0.8 \times 1.25 \times 0.8)^{1/3} - 1 = 0.928 - 1 = -0.072(-7.2\%)$$

▼ 표 1-6 산술평균과 기하평균의 비교

시점	주가	산술평균	기하평균
T_0	10		
T_1	8	= (8 − 10) / 10 = −0.20(−20%)	= 100% + (−20%) = 0.8
T_2	10	= (10 − 8) / 8 = +0.25(25%)	= 100% + (+25%) = 1.25
T_3	8	= (8 − 10) / 10 = −0.20(−20%)	= 100% + (−20%) = 0.8
		= (−0.2 + 0.25 + 0.2) / 3 = −5.0%	= (0.8 × 1.25 × 0.8)$^{1/3}$ − 1 = −7.2%

1.4.3 지배원리

금융시장의 여러 자산(주식, 채권, 파생상품 등)을 조합하면 무수히 많은 포트폴리오가 나올 것이다. 그중 하나를 고르려면 평가할 수 있는 기준이 있어야 한다. 기준이 너무 많아도 곤란하고 너무 복잡해도 곤란하다. 다행스럽게도 '기대수익률'과 '위험'이라는 기준으로 모든 포트폴리오를 재단할 수 있다.

포트폴리오로부터 얻는 기대수익률은 클수록 좋고, 표준편차 또는 분산으로 표현하는 위험은 작을수록 좋다. 위험회피형 투자자는 두 포트폴리오 기대수익률이 동일하다면 표준편차가 작은 포트폴리오를 선택할 것이다. 즉, 두 포트폴리오 수익률의 표준편차가 동일하다면 기대수익률이 상대적으로 큰 포트폴리오를 선택할 것이다. 이를 평균-분산 기준(mean-variance criterion) 또는 지배원리(dominance principle)라고 한다.

▼ 그림 1-24 지배원리

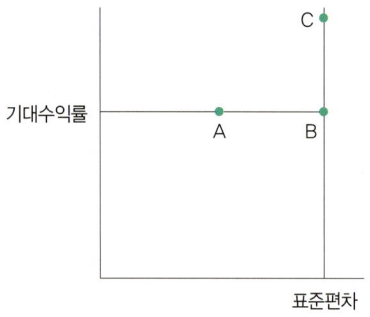

그림에서 A와 B는 기대수익률이 동일하지만 표준편차(위험)는 A가 더 작다. 따라서 A는 B보다 우위를 가진다. 반면 B와 C는 표준편차(위험)가 동일하지만 기대수익률은 C가 더 크다. 따라서 C는 B를 상대로 우위를 가진다.

그런데 A와 C 중 선택해야 한다면 어떨까? 이는 위험에 대한 투자자의 자세에 따라 다르다. 위험을 좋아하지 않는 투자자는 C 대신 A를 선택할 것이다. 그러나 위험을 마다하지 않고 기대수익률을 좇는 투자자라면 A 대신 C를 선택할 것이다.

다음 표를 보자. 네 개 포트폴리오의 기대수익률과 표준편차가 다음과 같다.

▼ 표 1-7 포트폴리오 A, B, C, D의 기대수익률과 수익률의 표준편차

투자 대상	기대수익률(%)	표준편차(%)
A	7.0	2.0
B	7.0	3.0
C	9.0	2.0
D	9.0	3.0

투자자가 합리적일 경우 위험이 동일하다면 기대수익률이 가장 높은 포트폴리오를 선택할 것이며, 기대수익률이 동일하다면 위험이 가장 낮은 포트폴리오를 선택할 것이다. 포트폴리오 A와 B는 기대수익률이 같지만 포트폴리오 A의 표준편차가 낮기 때문에 포트폴리오 B를 지배하게 된다.

또한 포트폴리오 C는 A와 표준편차가 같지만 투자자는 기대수익률이 높은 포트폴리오 C를 선택하게 된다. 포트폴리오 D는 포트폴리오 C와 기대수익률은 같지만 표준편차가 높다. 따라서 지배원리에 따라 포트폴리오 C에 밀려 선택받지 못할 것이다.

그러나 평균-분산 지배원리의 오류라는 것이 있다. 포트폴리오 A와 D는 지배원리만으로 선택할

수 없다. 포트폴리오 C는 A에 비해 기대수익률이 높지만, 위험을 가리키는 표준편차도 높다. 반대로 포트폴리오 A는 C에 비해 위험을 가리키는 표준편차는 낮지만 기대수익률 역시 낮다. 즉, 지배원리만 갖고 해결할 수 없는 것이다.

1.5 자주 사용하는 통계량: 기댓값, 분산, 공분산, 상관계수

금융 계산에서는 통계를 위해 기댓값(평균), 변동성, 상관계수, 공분산, 정규분포를 자주 사용한다. 이번 장에서는 이런 기본적인 통계량을 알아본다.

1.5.1 평균과 기댓값

평균은 어느 데이터를 대표하는 가상의 숫자다. '가상'이라고 하는 이유는 평균값이 실제 데이터의 값이 아니라 이를 모아서 계산한 값이기 때문이다.

보통 평균이라고 하면 산술평균을 가리키는데, 산술평균은 모든 자료 값을 더한 합계를 자료 개수로 나눈 값이다.

$$\text{average} = \frac{1}{n} \sum x_i$$

기댓값은 확률이 너해진 평균이나. 즉, 데이터 원소와 이에 대한 확률값을 곱해 디힌 것이다.

$$E(x) = \sum p_i x_i$$

정리하먼 평균은 확률을 특별히 고려하지 않은 것이고, 기댓값은 시간이 일어날 것으로 예상되는 확률값이다. 가령 어느 날 일기예보에서 '오늘 비가 올 확률은 25%입니다'라고 말해주는 것도 실제 비가 오기 전에 우리가 비가 오는 사건을 기대하는 확률값을 의미한다.

주사위 값의 평균과 주사위를 한 번 던졌을 때 기대되는 값을 구해보자. 주사위에는 1~6까지의 수가 있고, 각 수가 나올 확률은 1/6로 동일하다. 여기서는 산술평균을 사용하며 1부터 6까지의 합계를 숫자의 개수인 6으로 나눈다.

$$평균 = (1 + 2 + 3 + 4 + 5 + 6)/6$$
$$= 21/6$$
$$= 3.5$$

기댓값은 모든 값에 대해 나올 확률을 곱하면서 더하면 된다. 주사위를 던졌을 때 나올 수 있는 값은 1, 2, 3, 4, 5, 6이다. 이렇게 여섯 가지의 수에 각각에 대한 확률인 1/6을 곱하고 더하면 기댓값이 된다.

$$기댓값 = 1 \times 1/6 + 2 \times 1/6 + 3 \times 1/6 + 4 \times 1/6 + 5 \times 1/6 + 6 \times 1/6$$
$$= 1/6 + 2/6 + 3/6 + 4/6 + 5/6 + 6/6$$
$$= 21/6$$
$$= 3.5$$

모든 값의 확률이 동일한 경우 일반적으로 '평균'과 '기댓값'은 같은 값을 가진다. 정리하자면 '평균'은 확률적인 개념이 없을 때 쓰이고, '기댓값'은 각 사건이 일어날 확률이 있는 경우 그 기대되는 값을 표현할 때 쓰인다. 따라서 확률 개념이 들어가는 통계에서 대부분 '평균'이라는 표현으로 사용되기보다는 '기댓값'이라는 표현으로 사용된다.

파이썬으로 산술평균을 구하면 다음과 같다.

```
nums = [1, 2, 3, 4, 5, 6]        # nums 리스트에 값을 저장
print( sum(nums) / len(nums) )   # sum 함수로 합계를, len 함수로 데이터의 개수를 구한다
```

파이썬의 표준 함수 대신 numpy를 사용해 다음과 같이 계산할 수도 있다.

```
import numpy as np               # numpy 라이브러리를 임포트한다
a = np.array( [1, 2, 3, 4, 5, 6] ) # array( ) 함수로 리스트를 array 객체로 저장한다
print( a.mean( ) )               # 객체의 mean( ) 함수를 사용해 평균을 계산한다
```

기댓값을 계산하려면 사건과 사건이 일어날 확률을 가진 리스트가 각각 필요하다. 리스트를 반복하는 동안 두 리스트에서 사건과 확률을 하나씩 꺼내 곱하고 더하면 된다.

```
# 사건과 확률을 case와 prob 리스트에 저장한다
case = [ 1, 2, 3, 4, 5, 6 ]
prob = [ 1/6, 1/6, 1/6, 1/6, 1/6, 1/6 ]
```

```
# 사건과 확률 리스트를 zip 함수로 묶어 for 루프로 반복한다. 반복하는 동안 두 리스트에서 값을 받
아 변수 c와 p에 저장하고 곱한 결과를 ex 변수에 저장한다
ex = 0.0
for c, p in zip( case, prob ):
    ex = ex + c*p
print( ex ) # 결과를 출력한다
```

> 위 반복문은 다음과 같은 인라인 for 루프로 대체할 수 있다.
>
> ```
> ex = sum( c*p for c, p in zip( case, prob ) )
> ```

```
# 결과를 출력한다
print( ex )
```

▼ 그림 1-25 zip 함수로 묶어 for 루프 실행

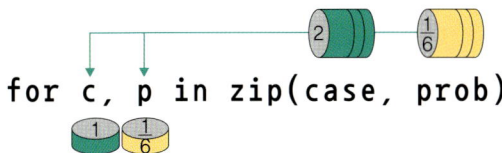

> **Note** **zip( ) 함수**
>
> 여러 개의 리스트를 묶어 하나의 리스트처럼 사용하게 만들어주는 함수다. case와 prob 리스트 두 개를 하나로 묶어
> 반복하면서 c와 p를 곱해 더하면 기댓값을 얻게 된다.
>
> 다음은 간단한 zip 함수 사용 예다. 리스트 a와 b를 묶어 하나의 목록으로 만들고 출력하는 예다.
>
> ```
> a = [ 1, 2, 3 ]         # 리스트 a에 1, 2, 3을 저장한다
> b = [ 4, 5, 6 ]         # 리스트 a에 4, 5, 6을 저장한다
>
> for ab in zip( a, b ):  # 두 개의 리스트를 하나로 묶어 루프를 돌린다
>     print( ab )         # (1, 4), (2, 5), (3, 6)을 출력한다
> ```

▼ 그림 1-26 zip 함수 개념

1.5.2 이동평균

이동평균은 자주 사용하는 평균이다. 기술적 분석에서도 5일 이동평균, 20일 이동평균, MACD 등 여러 기술적 지표에 자주 사용한다. 이동평균은 계산에 들어가는 값 중 가장 오래된 값을 버리고 새로운 값을 추가한 뒤 새로운 평균을 구한다. 즉, 정지된 값이 아니라 새로운 데이터를 받아 그 대푯값을 업데이트한다.

다음은 삼성전자의 2주일간 시세표다(2019년 6월 기준).

▼ 그림 1-27 삼성전자 주식 차트: 막대봉과 이동평균

일자별 종가를 갖고 5일 이동평균을 구하면 다음과 같다. 5일 이동평균이므로 일별 시세를 다섯 개 모아 산술평균을 만든다.

▼ 표 1-8 일자별 이동평균의 계산 흐름

날짜	종가	이동평균
2019.06.10	44,800	
2019.06.11	44,850	
2019.06.12	44,600	

○ 계속

날짜	종가	이동평균
2019.06.13	43,750	
2019.06.14	44,000	44,400 = (44800 + 44850 + 44600 + 43750 + 44000) / 5
2019.06.17	43,900	44,220 = (44850 + 44600 + 43750 + 44000 + 43900) / 5
2019.06.18	44,350	44,120 = (44600 + 43750 + 44000 + 43900 + 44350) / 5
2019.06.19	45,350	44,270 = (43750 + 44000 + 43900 + 44350 + 45350) / 5
2019.06.20	45,500	44,620 = (44000 + 43900 + 44350 + 45350 + 45500) / 5
2019.06.21	45,700	44,960 = (43900 + 44350 + 45350 + 45500 + 45700) / 5

위에서 본 삼성전자의 2주간 종가를 갖고 파이썬으로 이동평균을 계산하면 다음과 같다. 전체 주가 리스트에서 다섯 개씩 잘라 이동평균을 계산할 것이다. 하나의 이동평균을 구하면 다시 다섯 개 리스트를 채워 이동평균을 구한다. 즉, 다음 그림과 같이 계산에 필요한 리스트를 만든다.

❤ 그림 1-28 prices를 하나씩 움직여 평균을 계산한다

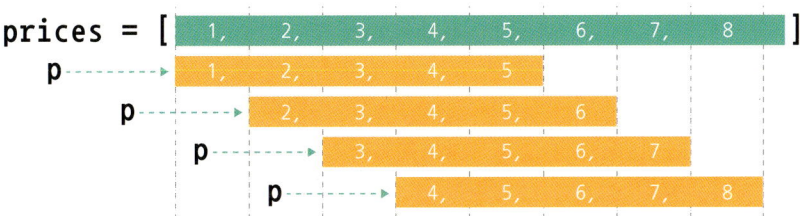

prices 리스트에서 반복하는 동안 end_index와 begin_index를 이용해 다섯 개의 항목을 가져온 후 합계를 계산하고 평균을 낸다.

```
# 이동평균
# 주가를 prices 리스트에 저장한다
prices = [ 44800, 44850, 44600, 43750, 44000, 43900, 44350, 45350, 45500, 45700 ]

# 5일 이동평균
n = 5

# prices의 n번째 항목부터 마지막 항목까지 반복한다
for p in prices[ n: ]:

    # 항목 p의 index를 마지막 인덱스로 정한다
    end_index = prices.index( p )
```

```python
# 마지막 인덱스에서 n만큼 앞에 있는 시작 인덱스를 정한다
  begin_index = end_index - n
# end_index와 begin_index를 계산해 가져올 위치를 확인한다
  print( begin_index, end_index )

# 계산한 end_index와 begin_index를 갖고 prices 리스트에서 다섯 개 항목을 확인한다
for p in prices[ n: ]:
  end_index = prices.index( p )
  begin_index = end_index - n
  print( prices[ begin_index : end_index ] )

# 다섯 개씩 가져와서 sum( ) 함수로 합계를 구하고 n으로 나눠 이동평균을 계산한다
for p in prices[ n: ]:
  end_index = prices.index( p )
  begin_index = end_index - n
  print( sum( prices[ begin_index : end_index ] ) /n )
```

1.5.3 가중(산술)평균

가중(산술)평균은 자료의 중요도나 영향 정도에 해당하는 가중치를 고려해 구한 평균값이다. 주식의 평균매입단가도 가중평균이다. 지난달에 A 종목 100주를 주당 5,000원에 매입하고 다시 이번 달에 같은 종목 50주를 주당 7,500원에 추가 매수했다면, 보유 수량은 총 150주이나 평균매입단가는 6,250원(5,000원과 7,500원의 단순산술평균)이 아니라 5,000원 매입단가의 비중과 7,500원 매입단가의 비중을 반영해 가중평균으로 계산하는 것이 타당하다. 따라서 주당 평균매입단가는 $(100 \times 5000 + 50 \times 7500) / (100 + 50) = 5,833.33$원이다.

재무 분야의 WACC(Weighted Average Cost of Capital) 역시 가중평균이다. WACC는 회사의 자본구조 중 부채와 지분의 시장가치를 바탕으로 한 가중평균이며 현금흐름을 할인하는 데 사용한다.

가중치는 시험에서도 볼 수 있는데, 가령 총 50개 문항에서 쉬운 문제는 1점, 좀 더 어려운 문제는 3점, 아주 어려운 문제는 5점과 같이 각 문제에 대한 배점을 달리할 수 있다. 50개 문항 중 각각 하나의 문제이지만 그 가중치는 다른 것이다.

다음은 한 학기 수업의 결과인데, 퀴즈, 중간시험, 기말시험의 가중치(비중)가 다르다. 점수와 비중을 갖고 가중평균을 계산해보자.

▼ 표 1-9 시험별 점수와 가중치

평가	점수	비중	가중치	가중점수
퀴즈	82	20%	0.2	16.4
중간시험	90	35%	0.35	31.5
기말시험	76	45%	0.45	34.2

퀴즈는 82점이지만 전체에서 20%만 반영하므로 전체 점수에서 16.4다. 중간시험은 90점이지만 비중이 35%이므로 전체 점수에서 31.5, 마찬가지 방법으로 기말시험은 34.2다.

세 개를 합친 결과는 합계이지만 가중치가 곱해지면서 합이 동시에 평균이기도 하다. 세 개 가중 점수의 합은 $82 \times 20\% + 90 \times 35\% + 76 \times 45\% = 16.4 + 31.5 + 34.2 = 82.1$이다.

$$83 \times \frac{20}{100} + 90 \times \frac{35}{100} + 76 \times \frac{45}{100} = 82.1$$

82.1은 세 개의 퀴즈, 중간시험, 기말시험 점수를 대표하는 대푯값인 평균이다.

```python
# 평가 점수와 평가 비중을 scores와 weight 리스트에 저장한다
scores = [ 82, 90, 76 ]
weight = [ 0.2, 0.35, 0.45 ]

# scores와 weight 리스트를 zip 함수로 묶어 for 루프로 반복한다
# wgt_avg는 합계를 저장할 변수
wgt_avg = 0.0

# 반복하는 동안 변수 s와 w에 저장하고 곱셈의 결과를 합한다
for s, w in zip( scores, weight ):
    wgt_avg = wgt_avg + s*w

# 결과를 출력한다
print( wgt_avg )
```

> 위의 for 루프는 인라인 for 루프로 바꿔 간략하게 표현할 수 있다.
>
> ```python
> wgt_avg = sum( s*w for s, w in zip( scores, weight ) )
> ```

```python
# 결과를 출력한다
print( wgt_avg )
```

1.5.4 분산과 표준편차

금융에서 분산(variance)과 표준편차(standard deviation)는 리스크를 가리키는 척도다. 좀 더 일반적으로 설명하면 분산과 표준편차는 데이터의 흩어진 정도를 가리킨다. 평균과 기댓값이 데이터의 중심을 가리킨다면, 분산과 표준편차는 데이터들이 데이터의 중심에서 얼마나 흩어져 있는지를 설명하는 척도다. 그러므로 각 변수 값에서 평균을 빼고 제곱해 합산한 것(이를 '편차 제곱합'이라고 한다)에 대해 평균을 내면 된다.

$$V = \frac{\sum |x - \bar{x}|^2}{n-1}$$

예를 들어 1, 2, 3, 4, 5라는 다섯 개의 숫자가 있다면 평균과 분산은 다음과 같다.

평균 = (1 + 2 + 3 + 4 + 5) / 5 = 3
분산 = 편차 제곱합 / 데이터의 개수 − 1
 = ($(1-3)^2 + (2-3)^2 + (3-3)^2 + (4-3)^2 + (5-3)^2$) / (5 − 1) = 2.5

분산을 계산할 때 제곱을 하는 이유는 각 데이터에서 평균을 빼다 보면 (+)와 (−) 부호 때문에 편차 합산이 0이 되는 난감한 상황이 생기기 때문이다(위의 분산 계산에서 제곱을 하지 않으면 (1 − 3)과 (5 − 3), (2 − 3)과 (4 − 3)을 합치면 0이 된다). 따라서 모두 같은 부호를 가지도록 제곱을 하는 것이다. 단, 제곱한 탓에 단위가 흐트러진다는 단점이 있다.

분산은 확률이 있을 때 각 값에서 기댓값을 빼고 제곱을 한 후, 그 값이 나올 확률들을 곱하면서 전부 더한 값이다.

표준편차는 분산에 제곱근을 취한 값이다.

$$SD = \sqrt{\frac{\sum |x - \bar{x}|^2}{n-1}}$$

'표준'이라는 말의 의미를 생각해보자. 편차(deviation)는 평균과의 차이인데, 편차를 구해보면 크기가 다른 편차가 여러 개 존재한다. 그런데 '편차가 얼마인가?'라는 질문을 받는다면 모든 편차를 다 말해줘야 한다. 그러므로 대푯값(편차의 기댓값)으로 편차 중 대표가 되는 표준을 정한다.

▼ 그림 1-29 각자의 입장에서 편차는 다르다

다음 다섯 개의 값을 갖고 표준편차를 계산해보자.

$$1, 2, 3, 4, 5$$

표준편차를 구하기에 앞서 다음 그림처럼 다섯 개의 편차 중 대표편차를 계산해본다. 이후 표준편차를 구해보자.

▼ 그림 1-30 표준편차의 의미

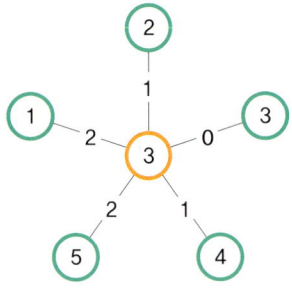

중앙에 평균인 3이 있고 주변에는 1, 2, 3, 4, 5가 있다. 중앙까지의 거리는 편차로 각각 2, 1, 0, 1, 2다. 다섯 개의 편차 중 대표를 구하기 위해 편차들의 평균을 계산하면 (2 + 1 + 0 + 1 + 2) / (5 - 1) = 1.5다. 즉, 1.5는 다섯 개의 편차 2, 1, 0, 1, 2를 대표하는 값이며, 이러한 계산이 표준편차에 대한 기본적인 아이디어다.

이번에는 정식으로 평균, 분산, 표준편차를 구해보자.

평균 = (1 + 2 + 3 + 4 + 5) / 5 = 3
분산 = ($(1 - 3)^2$ + $(2 - 3)^2$ + $(3 - 3)^2$ + $(4 - 3)^2$ + $(5 - 3)^2$) / (5 - 1) = 2.5

분산에 제곱근을 취해 표준편차를 계산하면 다음과 같다.

$$표준편차 = \sqrt{분산} = \sqrt{2.5} = 1.511\cdots$$

따라서 위의 데이터는 평균이 3이고 각 값은 평균적으로 약 1.5 정도 떨어져 있다고 생각하면 된다. 즉, 평균과 표준편차라는 두 값으로 다섯 개의 숫자로 이뤄진 데이터의 특성을 압축하는 셈이다. 이제 데이터가 다섯 개, 5,000개, 500,000개라도 평균과 표준편차, 이 두 개의 숫자만 계산하면 그 데이터를 손에 쥐는 셈이다.

평균과 표준편차, 분산을 한번 계산해보자.

```python
# 분산을 계산할 리스트 nums를 준비한다
nums = [ 1, 2, 3, 4, 5 ]

# 리스트의 평균을 계산한다
avg = sum( nums ) / len( nums )

# 리스트를 반복해 편차 제곱합을 계산한다
sumsquare = 0.0

# nums 리스트를 반복하면서 n에 저장하고
for n in nums:

    # 여기서 평균(avg)을 뺀 결과를 제곱(**2)해 합계를 구한다
    sumsquare = sumsquare + ( n - avg )**2
var = sumsquare / ( len( nums ) -1 )
print( var )

# 위의 for 루프는 다음과 같이 바꿀 수 있다
sumsquare = sum( (n-avg)**2 for n in nums )

# 편차 제곱합을 데이터 개수로 나누고 결과를 출력한다
var = sumsquare / ( len( nums ) -1 )
print( var )

# 표준편차를 구하려면 sqrt( ) 함수가 필요하므로 math 모듈을 임포트한다
import math
stdev = math.sqrt( var )
print( stdev )
```

1.5.5 정규분포에서 표준편차와 평균

표준편차, 평균과 밀접한 관계를 가진 것이 정규분포다. 일반적으로 종 모양의 정규분포에서 평균을 중심으로 평균±1 표준편차 내 범위는 정규분포 면적의 대략 68%(면적이 확률이므로 68%의 확률)를 차지한다.

▼ 그림 1-31 표준편차 한 단위는 정규분포 면적(확률)의 약 68%를 차지한다

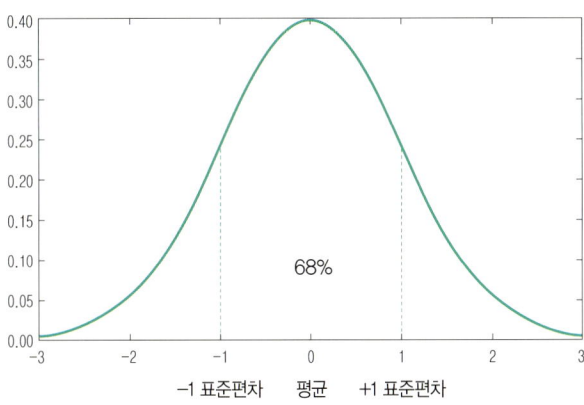

- 모든 관측치의 약 68%는 평균으로부터 1 표준편차 이내에 속한다.
- 모든 관측치의 약 95%는 평균으로부터 2 표준편차 이내에 속한다.
- 모든 관측치의 약 99.7%는 평균으로부터 3 표준편차 이내에 속한다.

> **Note** ≡ **Matplotlib**
>
> Matplotlib는 파이썬에서 자료를 차트(chart)나 플롯(plot)으로 시각화(visualization)하는 패키지다. 라인 플롯, 바 차트, 파이 차트, 히스토그램, 박스 플롯, 스캐터 플롯 등을 포함하는 다양한 차트와 플롯 스타일을 제공한다.
>
> Matplotlib 갤러리 웹 사이트(https://matplotlib.org/gallery/index.html)에서 `matplotlib`를 사용한 여러 시각화 예제를 볼 수 있다.
>
> ▼ 그림 1-32 Matplotlib 갤러리
>
>

다음은 matplotlib를 이용해 -10~10 사이에서 평균이 0, 표준편차가 2인 정규분포를 그린 것이다.

```python
# numpy, matplotlib, scipy 라이브러리를 임포트한다
import numpy as np
import matplotlib.pyplot as plt
from scipy.stats import norm

# x축은 -10~10 사이에서 0.001 간격으로 정한다
x_axis = np.arange( -10, 10, 0.001 )

# 평균 = 0, 표준편차 = 2.0인 정규분포를 만든다
plt.plot( x_axis, norm.pdf( x_axis,0,2 ) )

# 정규분포를 화면에 출력한다
plt.show( )
```

▼ 그림 1-33 평균이 0, 표준편차가 2인 정규분포

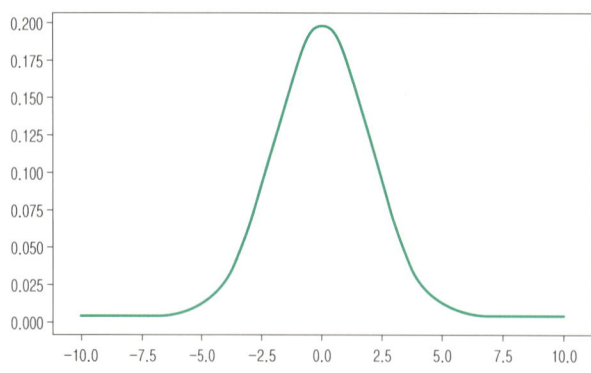

1.5.6 자유도

분산 또는 표준편차를 계산할 때는 데이터가 모집단(population)인지 또는 표본(sample)인지에 따라 계산이 약간 달라진다. 분산과 표준편차의 식(사실상 하나이지만)을 보면, 분자와 분모로 나눠진 나눗셈이다.

$$\text{분산} = \text{편차 제곱합} / \text{데이터의 개수}(N)$$

$$\text{편차 제곱합} = \Sigma(\text{데이터} - \text{평균})^2$$

편차 제곱합인 분자 부분의 식은 그대로인데, 데이터의 개수인 분모는 데이터가 모집단인지 표본 집단인지에 따라 달라진다. 즉, 데이터의 개수가 N이라고 할 때 모집단인 경우 분모는 N이고, 표본집단인 경우 $N - 1$이다.

$$\text{표본분산} = \text{편차 제곱합} / \text{표본 데이터의 개수}(N - 1)$$

$$\text{편차 제곱합} = \Sigma(\text{표본 데이터} - \text{표본평균})^2$$

정확한 통계량을 구하기 위한 가장 좋은 방법은 모든 대상을 상대로 데이터를 구하는 것이다. 이 모든 대상을 모집단이라고 한다. 그러나 조사를 할 때마다 모집단을 상대로 데이터를 구하려면 현실적인 문제가 있다. 비용 문제도 있지만 아예 불가능한 경우도 있기 때문이다.

따라서 모집단의 일부만을 대상으로 데이터를 구한다. 모집단의 일부를 표본집단이라고 한다. 전체가 아닌 일부이므로 통계량이 정확하지는 않다.

표본집단의 분산도 마찬가지다. 특히 표본집단의 분산 계산에 사용한 평균은 모집단의 평균이 아니다. 이러한 오차를 일부 보정하기 위해 $N - 1$로 나눠준다. 수학적으로 말하면, 데이터가 표본집단일 때 $N - 1$로 편차 제곱합을 나눠야 모집단 분산에 대한 불편추정량(unbiased estimator)이 되기 때문이다.

$N - 1$을 자유도(degree of freedom)라고 한다. 자유도는 자유롭게 움직이는 정도라는 의미인데, 가령 합계가 알려져 있을 때 다섯 개의 숫자 중 네 개를 자유롭게 고르고 나면 나머지 하나는 자유롭게 고르지 못하고 합계와 일치하기 위해 고정된다. 따라서 자유도가 4다.

▼ 그림 1-34 스도쿠에서 자유롭게 숫자를 채우다 보면 어쩔 수 없이 맘대로 채울 수 없는 칸이 생긴다

5	3			7				
6			1	9	5			
	9	8		6			6	
8			8		3			3
4				2				1
7								6
	6				2	8		
			4	1	9			5
				8			7	9

다음과 같은 표가 있다. 맨 오른쪽 열은 왼쪽 열들의 합이고, 맨 아래쪽 행 역시 위쪽 행들의 합이다. 그리고 맨 오른쪽 하단의 셀은 전체의 합이다.

▼ 그림 1-35 채울 수 있는 자유가 제한적이다. 임의로 값을 선택할 수 있는 칸은 하나다

a	b	6
c	d	4
5	5	10

만일 a = 2라고 정하면 b, c, d는 자동으로 정해진다.

- b는 a = 2이고 같은 행의 합계가 6이므로 선택의 여지없이 4가 된다.
- c는 a = 2이고 그 아래 합계가 5이므로 자동으로 3이 된다.
- d는 c = 3이고 같은 행의 합계가 4이므로 어쩔 수 없이 1이 된다.
- a = 2, b = 4, c = 3, d = 1이 돼 전체 합계 10과 일치한다.

a 말고 b, c, d 중 하나를 먼저 선택해도 마찬가지다. 자유롭게 선택할 수 있는 것은 a, b, c, d 중 하나다. 따라서 자유도는 1이다.

1.5.7 공분산과 상관계수

두 변수의 상관관계를 나타내는 척도로 공분산과 상관계수가 있다. 공분산 수식(표본의 공분산)은 다음과 같다.

$$\sigma_{xy} = \frac{\sum (x - \mu_x)(y - \mu_y)}{n - 1}$$

여기서 x와 y는 각각의 변수를 의미하고 μ는 변수의 평균이다. 그리고 n은 데이터의 개수를 의미한다.

수식을 분석하면, 분모는 데이터의 개수로 나눈 것이다. 그리고 분자에 해당하는 부분 $\sum (x - \mu_x)(y - \mu_y)$를 보면 가로와 세로를 곱한 것(사각형의 면적)을 합쳐놓은 듯한 모습이다. 합계를 개수($n - 1$)로 나눴다는 점에서 위의 공분산 수식은 평균의 일종임을 알 수 있다.

종합하면, 다음 그림과 같이 평균 μ를 영점으로 하는 1, 2, 3, 4로 번호를 매겨둔 네 사각형의 평균 면적이다.

▼ 그림 1-36 공분산은 평균을 중심으로 모인 네 사각형의 평균 면적으로 생각할 수 있다

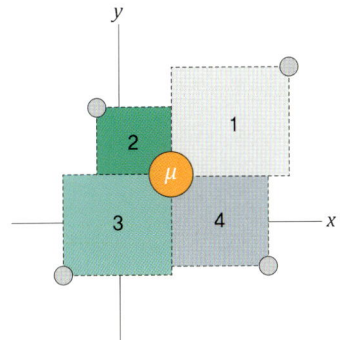

- 사각형 1의 경우 ○에서 x와 y 값이 평균 μ보다 크므로 $(x - \mu_x)(y - \mu_y) > 0$이다.
- 사각형 2의 경우 ○에서 x는 평균보다 작고 y는 평균보다 크므로 $(x - \mu_x)(y - \mu_y) < 0$이다.
- 사각형 3의 경우 ○에서 x는 평균보다 작고 y도 평균보다 작으므로 $(x - \mu_x)(y - \mu_y) > 0$이다.
- 사각형 4의 경우 ○에서 x는 평균보다 크고 y는 평균보다 작으므로 $(x - \mu_x)(y - \mu_y) < 0$이다.

공분산에서 중요한 것은 부호뿐이다. 공분산이 (+)이면 x와 y는 양의 상관관계다. x가 증가하면 y도 증가한다는 의미다. 반대로 공분산이 (−)이면 x와 y는 음의 상관관계다. x가 증가하면 y는 감소한다는 의미다. 이처럼 공분산은 x와 y 변수 간의 방향성을 알려주지만 상관관계의 정도를 구체적으로 표현하지는 못한다.

상관관계를 표준화한 값이 상관계수다. 표준화됐기 때문에 상관계수는 (−1) ~ (+1) 사이이므로 상관관계 비교가 가능하다. 상관계수는 ρ(rho)라고 표시하는데, 공식은 다음과 같다.

$$\rho_{xy} \equiv \frac{\sigma_{xy}}{\sigma_x \sigma_y}$$

상관계수 식은 분수 형태, 즉 공분산과 두 변수의 표준편차곱 간의 비율이다. 두 변수의 표준편차를 곱하는 것이므로 가로와 세로의 길이가 표순편차인 사각형 위에 공분산을 올려둔 것으로 이해할 수 있다.

▼ 그림 1-37 상관계수는 공분산과 두 변수의 표준편차곱 간의 비율이다

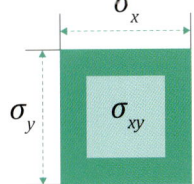

상관계수는 두 변수 간의 관계를 의미한다. 그러나 두 변수 간의 연관된 정도를 나타낼 뿐 인과(원인과 결과)관계를 설명하는 것은 아니다. 두 변수 간의 인과관계는 회귀분석을 통해 확인할 수 있다. 보편적으로 많이 사용하는 상관계수는 피어슨 상관계수이며, X와 Y의 피어슨 상관계수 수식은 다음과 같다.

$$r = \frac{\sum XY - \frac{\sum X \sum Y}{n}}{\sqrt{\left[\sum X^2 - \frac{(\sum X)^2}{n}\right]\left[\sum Y^2 - \frac{(\sum Y)^2}{n}\right]}}$$

상관계수 r 값은 $-1.0 \sim +1.0$ 사이의 값으로 X와 Y가 완전히 동일하면 $+1.0$, 전혀 다르면 0.0, 반대 방향으로 완전히 동일하면 -1.0이다. r^2은 X로부터 Y를 예측할 수 있는 정도를 의미하며, 이를 결정계수(coefficient of determination)라고 한다. 결정계수는 우리가 추정하는 선형 모델이 실제 데이터에 얼마나 잘 맞는지 알려주는 적합도를 나타내는 척도다.

가령 다음과 같이 변수 두 개가 있다고 하자.

x	y
41	61
43	63
38	56
37	55

숫자만 봐서는 두 변수의 관계를 금방 알 수 없다. 그러나 차트로 그려보면 두 변수의 움직임이 비슷하다. 오를 때는 같이 오르고, 내릴 때도 같이 내린다. 또 상승폭과 하락폭도 비슷하다.

상관계수는 이러한 변수들의 관계를 숫자로 표현하는 방법이다. 상관계수는 두 변수가 완벽하게 같이 움직이면 $+1.0$이고, 정반대로 움직이면 -1.0이다. 다음과 같이 두 변수가 같이 움직이는 경우 상관계수는 $+0.99507659$인데, 완전 양의 상관을 나타내는 계수 1.0과 가까운 모습을 나타내고 있다.

▼ 그림 1-38 양의 상관관계

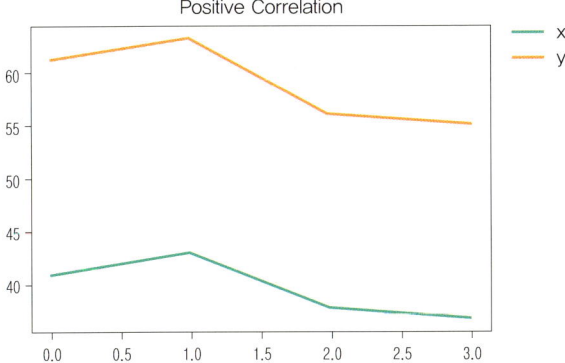

이번에는 두 변수가 다음과 같다.

x	y
35	65
45	54
35	64
34	67

다시 차트를 그려보면 다음과 같다. 변수 x가 상승하면 변수 y는 하락하고, x가 하락하면 y는 상승한다. 즉, 두 변수는 서로 반대 방향으로 움직이고 있다. 두 변수의 상관계수는 -0.99103977인데, 이 값은 완전한 음의 상관관계를 의미하는 -1.0에 가깝다.

▼ 그림 1-39 음의 상관관계

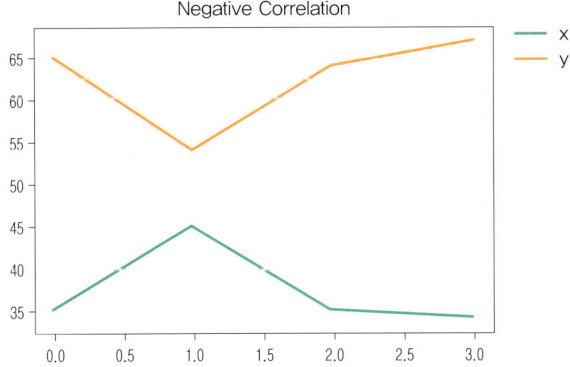

만일 두 변수가 전혀 상관관계가 없다면 상관계수는 0.0에 가깝다. 두 변수가 다음과 같다고 하자.

x	y
35	65
45	66
35	64
34	68

차트를 그려보면 다음과 같다. 두 변수의 움직임 간에 뚜렷한 관계는 없어 보인다. 각각의 변수는 상대방의 움직임과 상관없이 각자의 길을 가는 듯 보인다. 상관계수를 구해보면 0.009405128이다.

▼ 그림 1-40 상관관계가 없거나 약한 상관관계를 나타낸다

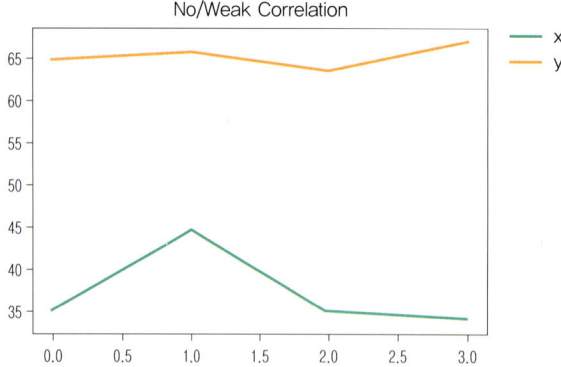

다음은 앞의 상관계수 계산을 프로그래밍한 것이다.

```
# 상관계수를 계산하기 위해 필요한 함수들
import math

# 평균을 계산하는 함수
def mean( x ):
    return sum( x ) / len( x )

# 두 리스트 곱의 합계, 즉 엑셀의 SUMPRODUCT( ) 함수와 같다
def sum_of_product( xs, ys ):
    return sum( x * y for x, y in zip( xs, ys ) )

# 제곱합을 계산하는 함수
def sum_of_squares( v ):
    return sum_of_product( v, v )
```

```python
# 편차를 계산하는 함수
def deviation( xs ):
  x_mean = mean( xs )
  return [ x - x_mean for x in xs ]

# 분산을 계산하는 함수
def variance( x ):
  n = len( x )
  deviations = deviation( x )
  return sum_of_squares( deviations ) / ( n-1 )

# 공분산을 계산하는 함수
def covariance( x, y ):
  n = len( x )
  return sum_of_product( deviation( x ), deviation( y ) ) / ( n-1 )

# 표준편차를 계산하는 함수
def standard_deviation( x ):
  return math.sqrt( variance( x ) ) # math 모듈의 제곱근 함수 sqrt( )를 사용

# 상관계수를 계산하는 함수
def correlation( xs, ys ):
  stdev_x = standard_deviation( xs )
  stdev_y = standard_deviation( ys )
  if stdev_x > 0 and stdev_y > 0:
    return covariance( xs, ys ) / ( stdev_x * stdev_y )
  else :
    return 0 # 편차가 존재하지 않는다면 상관관계는 0

# x와 y 리스트와 correlation( ) 함수를 사용해 상관관계를 계산
x=[ 41, 43, 38, 37 ]
y=[ 61, 63, 56, 55 ]
print( correlation( x, y ) )

x=[ 35, 45, 35, 34 ]
y=[ 65, 54, 64, 67 ]
print( correlation( x, y ) )

x=[ 35, 45, 35, 34 ]
y=[ 65, 66, 64, 68 ]
print( correlation( x, y ) )
```

memo

2장

투자와 자산배분

2.1 자산배분과 포트폴리오

2.2 포트폴리오 성과의 결정 요인들

2.3 포트폴리오 성과 측정 삼총사

투자를 고려하다 보면 자연스레 자산배분을 생각하게 된다. 자산배분은 투자자에게 이미 오래전에 자리잡은 개념인데, 막연히 주식에 얼마를 투자할지 채권이나 예금에 얼마를 투자할지 등을 정하는 정도를 의미한다. 이 절에서는 자산배분을 좀 더 구체적으로 알아본다.

또한, 자산배분에 필요한 리밸런싱도 알아본다. 주식에 투자할 때 시가총액의 규모, 업종, PBR, PER, 배당 성향에 따라 현금이라는 원천 자산을 어떻게 배분할지 고민하는 작업, 즉 투자자산의 비율을 조정하는 작업을 리밸런싱이라고 한다. 가령 두 종류의 투자자산을 5:5 비율에서 6:4 비율로, 한쪽의 투자 비중은 늘리고 다른 한쪽의 투자 비중을 줄이는 것이다.

2.1 자산배분과 포트폴리오

자산배분은 효율적 포트폴리오를 찾아내는 과정이다. 나중에 언급하겠지만, 자산배분은 샤프의 CAPM 모델에 기초한다. 수학/통계적인 방법으로 자산들을 분류하고 조합해 원하는 목적에 부합하는 자산군을 만들어내는 것이다.

자산은 리스크가 없는 자산과 리스크가 있는 자산으로 나눈다. 리스크 없는 자산으로만 구성된 포트폴리오는 투자자가 원하는 기대수익률을 만족시켜주지 못한다. 따라서 수익률을 가져다줄 수 있는, 리스크 있는 자산이 필요하다. 리스크를 적절하게 통제하면서 원하는 기대수익률을 만족시키는 자산배분이 필요한 것이다.

자산배분에는 리밸런싱 작업이 필요하다. 한때 유행했던 적립식 펀드가 일반적으로 쉽게 이해할 수 있는 리밸런싱이다. 정기적으로 리밸런싱을 하기도 하지만 시장 상황에 따라 조정하는 동적자산배분 전략도 있다. 리밸런싱은 단순히 월마다 또는 분기마다 종목을 교체하는 것이 아니라 가격의 변동에 따라 내재가치를 증가시켜나가는 작업이고, 이 과정에서 비중 조절이나 종목 교체도 일어난다.

현대적인 포트폴리오 이론의 수학적인 초석은 1950년에 시작돼 1970년대 초반에 완성됐다. 현대 포트폴리오 이론의 개척자는 해리 마코위츠와 윌리엄 샤프다. 이 이론은 오늘날 상식처럼 여겨지는 고위험-고수익이라는 관계에 기반하고 있다.

자산배분은 투자자에게 이미 익숙한 개념이다. 자산의 가치가 하락하면 장기적으로 안정적인 수익률을 얻고자 하는 투자자들의 고민이 늘고, 자연스럽게 자산배분에 대한 관심도 커지게 된다.

자산배분의 첫걸음은 앞에서 말한 리스크가 없는 자산과 리스크가 있는 자산, 즉 위험자산과 무위험자산으로 분류하고 좋은 위험자산 포트폴리오를 찾아내는 것이다. 이런 노력의 결과로 찾아낸 가장 훌륭한 포트폴리오를 '효율적 포트폴리오(efficient frontier)'라고 부른다. 그런데 이런 내용은 이미 학교에서 배운 것이고 현실은 다르다. 실제 이런 포트폴리오를 구축하려면 상당한 투자 자금이 필요하며 시장포트폴리오와는 차이가 있다.

2.2 포트폴리오 성과의 결정 요인들

투자자가 증권사 직원에게 던지는 가장 흔한 질문은 '좋은 종목(또는 상품) 하나 없을까?'와 '지금이 살 때(또는 팔 때)인가?'이다.

미국의 브린슨(Brinson), 후드(Hood), 비보어(Beevower)가 '포트폴리오 성과의 결정 요인들(Determinants of Portfolio Performance)'이라는 연구 논문(tandfonline.com/doi/abs/10.2469/faj.v51.n1.1869)을 통해 다음과 같은 결론을 얻었다.

> 1974년에서 1983년까지의 91개 미국 대형연기금 데이터를 분석한 결과에 따르면, 자산배분(원문은 'investment policy')이 투자전략(마켓 타이밍과 종목 선택)보다 중요하며 총수익률 변동성의 95.6%를 설명한다.

▼ 그림 2-1 브린슨, 후드, 비보어의 논문 '포트폴리오 성과의 결정 요인들'

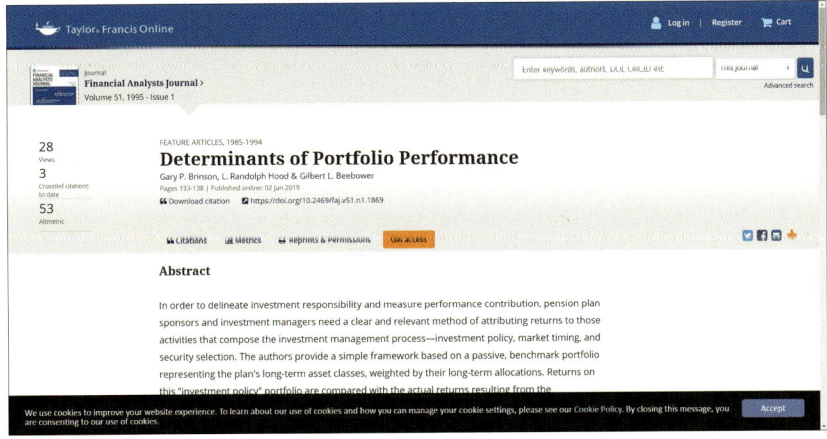

이 연구는 자산배분의 중요성을 강조하는 사례로 가장 많이 소개되고 있다. 이 조사 결과는 종목 선택과 마켓 타이밍을 사용한 투자전략이 장기간에 걸쳐 반복적으로 성공하기 어렵다는 것이다.

개인적으로도 서너 개 주식에 투자를 할 때 투자 비중이 낮은 종목의 수익률이 투자 비중이 높은 종목의 수익률보다 높은 걸 보면서 아쉬워한 경험이 있다.

자산배분이 중요한 또 다른 이유는 종종 '테마' 또는 '섹터'라고 부르는 자산 클래스도 우수한 수익률을 지속하기가 어렵기 때문이다.

2002년부터 약 2년 반 동안 삼성전자를 비롯한 대형 수출주들이 좋은 성과를 보였다. 이에 비해 (2002년 한 해만 놓고 보면) 소형주와 코스닥시장은 각각 −31%와 −15.6%의 수익률로 투자자에게 절망을 안겨줬다. 그러나 2005년에는 2005년 한 해 동안 거래소시장과 코스닥시장을 합쳐 100% 이상의 수익률을 기록한 종목수가 무려 741개에 달했고, 거래소의 소형주지수는 96.3%라는 놀라운 성과를 기록했다.

투자자의 투자 목적과 위험 선호 성향을 고려해 다양한 자산에 분산 투자하는 것만이 위험을 줄이면서 성과를 높일 수 있는 유일한 방법일 것이다.

2.3 포트폴리오 성과 측정 삼총사

포트폴리오(또는 펀드)를 평가하는 지표는 여러 가지가 있다. 위험 관점에서 수익률의 표준편차는 총위험이나 변동성을 나타낸다. 펀드의 베타는 시장 대비 민감도를 나타낸다. 표준편차나 베타 외에도 위험조정지표로 샤프지수, 트레이너지수, 젠센알파지수가 있다. 이 절에서는 이 세 가지 지표를 살펴볼 것이다.

간단히 말해 샤프지수는 위험 한 단위를 감수할 때 얻을 수 있는 초과수익의 정도를 나타낸다. 젠센알파는 베타 위험하에서 기대수익률을 초과한 정도로, 이 값이 클수록 성공적인 투자 성과를 나타낸다. 트레이너지수는 체계적 위험 한 단위당 무위험초과수익률을 나타낸다.

이 외에 정보비율, 최대 낙폭에 대해서도 알아본다. 샤프지수, 트레이너지수, 정보비율 등은 단위 위험당 초과성과를 나타내는 위험조정성과지표이며, 젠센알파는 초과성과를 보여주는 위험조정 수익률을 나타낸다.

2.3.1 샤프지수

노벨 경제학상 수상자인 윌리엄 샤프(William Forsyth Sharpe)는 자본시장선(Capital Market Line, CML)의 원리를 이용해 '투자수익률 대 변동성 비율(reward to variability ratio)'로 포트폴리오 성과를 측정했다. 지배원리에 따라 동일한 수익률에서 낮은 변동성 또는 동일한 변동성에서 높은 수익률을 가진 포트폴리오 또는 펀드 상품이 비교우위를 가진다. 샤프지수는 하나의 수치로 우열을 가릴 수 있어 편리하다. 즉, 샤프지수는 한 단위의 위험을 부담하는 대신 얻을 수 있는 수익률을 가리킨다. 그러므로 샤프지수가 클수록 좋다고 볼 수 있다.

$$샤프지수 = \frac{수익률 - 무위험수익률}{수익률의 표준편차}$$

▼ 그림 2-2 샤프지수는 삼각형의 각도가 클수록 커진다

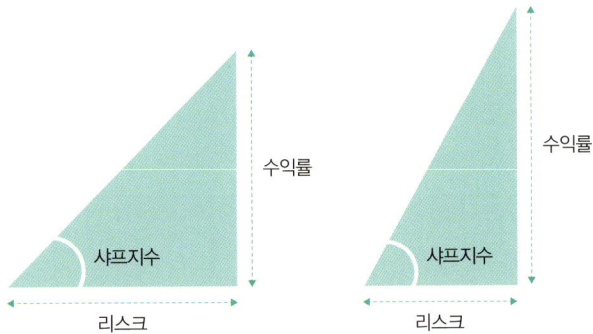

2.3.2 젠센알파지수

마이클 젠센(Michael C. Jensen)의 방법은 자본자산가격결정모델(CAPM)을 기반으로 하고 있다(CAPM은 4장 참조). 젠센알파지수가 클수록 포트폴리오의 성과가 우수하며, 이는 종목 선택 능력이 우수하다고 본다.

젠센알파지수는 포트폴리오 수익률과 기대수익률의 차이를 나타내는 수치로, 시장 대비 얼마나 높은 성과를 냈는지 알 수 있다.

$$젠센의\ 알파(\alpha) = 포트폴리오\ 수익률 - 기대(적정)수익률$$

포트폴리오 수익률에서 기대(적정)수익률을 제외하기 때문에 펀드 매니저의 종목 선정 능력을 확인할 수 있는 지표로 활용된다. 기대수익률 또는 적정수익률로 삼을 수 있는 것이 시장수익률을 의미하는 벤치마크 수익률이다.

가령 지난 1년간 A 펀드가 12%, B 펀드가 5%, 벤치마크지수가 7% 올랐다면 A 펀드의 젠센알파지수는 플러스(= 12% − 7%)지만, B 펀드는 마이너스(= 5% − 7%)가 된다. B 펀드도 5%라는 양호한 성과를 냈지만 시장수익률을 따라가지 못했다는 의미다.

2.3.3 트레이너지수

잭 트레이너(Jack Treynor)는 CAPM 이론의 창시자 중 한 사람으로 인정받고 있지만, 퀀트 분석의 창시자 중 한 사람이기도 하다. 트레이너 비율(Treynor's ratio)이 그의 대표작이다.

트레이너 비율은 위험보상비율(reward-to-volatility ratio)로, 위험 한 단위를 받고 얻은 초과성과가 얼마인지를 측정하는 성과지표다. 초과성과란 '무위험수익률(위험이 없는 투자로 얻는 수익률)'을 뛰어넘는 수익률을 말한다.

위험이 없는 투자는 존재하지 않지만, 가장 가까운 예를 찾아본다면 미국 국채를 꼽을 수 있다. 트레이너 비율에서 위험은 포트폴리오 베타로 알려진 분산 불가능한 체계적 위험을 말한다. 베타는 전체 시장수익률의 변화율 대비 포트폴리오 수익률 기울기로 측정된다.

트레이너의 방법은 샤프의 방법과 동일하게 자본자산가격결정모델(CAPM)에 기반을 둔 방법이지만, 총위험의 척도인 표준편차가 아니라 시장위험의 척도인 베타값을 사용하고 있다는 점이 다르다. 이는 포트폴리오가 잘 분산 투자돼 있다면 특정 종목 또는 산업에 한정된 비체계적 위험은 제거돼 있다고 보기 때문이다. 식으로 표시하면 트레이너지수(T)는 다음과 같다.

$$트레이너지수(T) = \frac{포트폴리오\ 수익률(R_p) - 무위험수익률(R_f)}{포트폴리오\ 베타(\beta_p)}$$

충분히 분산 투자가 된 포트폴리오라면 고유위험은 대개 상쇄돼 시장위험만 남아있게 된다. 이 경우에는 위험지표로서 어느 것을 사용하더라도 성과평가의 결과는 동일하다. 즉, 샤프 척도와 트레이너 척도의 랭킹이 일치한다고 예상할 수 있다. 트레이너지수 역시 값이 클수록 포트폴리오 성과가 우월함을 나타낸다.

2.3.4 정보비율

정보비율은 트레이너와 블랙이 주장한 것으로, 투자자들이 수익률을 선호하고 위험을 회피한다는 가정하에 위험을 고려해 적극적인 투자 성과를 평가하겠다는 목적을 갖고 있다. 정보비율의 특징은 위험조정 후 수익률이 수익률의 변동 또는 분산 가능한 위험에 대한 노출로 달성된 것인지를 파악하고자 하는 데 있다. 즉, 특정한 위험을 부담할 때 반드시 수익으로 연결한다는 직관으로 만들어낸 평가 방법이다.

$$정보비율 = \frac{초과수익}{리스크}$$

정보비율의 산출 방법은 두 가지다.

- 첫째, 벤치마크 수익률과 포트폴리오 수익률 간의 차이(추적오차(tracking error))를 이용하는 방법
- 둘째, 벤치마크 수익률과 포트폴리오 수익률 간의 회귀분석(regression)을 이용하는 방법

① 벤치마크 수익률과 포트폴리오 수익률 간의 차이를 이용하는 방법

정보비율의 첫 번째 형태로 벤치마크 수익률과 포트폴리오 수익률 간의 표준편차 차이를 이용한다. 포트폴리오의 수익률이 벤치마크를 초과하는 수익률을 달성하는 것은 벤치마크보다 높은 위험을 부담한 결과라는 것을 의미한다.

$$정보비율 = \frac{포트폴리오\ 수익률 - 벤치마크\ 수익률}{표준편차}$$

② 벤치마크 수익률과 포트폴리오 수익률 간의 회귀분석을 이용하는 방법

정보비율의 두 번째 형태로 종목 선택 능력인 젠센알파지수를 회귀식 잔자의 표순편자로 나눠 산출하는 방법이다. 즉, 포트폴리오의 위험조정 후 수익률을 비체계적 위험으로 나눠 평가하고자 하는 척도다.

$$정보비율 = \frac{젠센알파지수}{비체계적\ 위험(잔차의\ 표준편차)}$$

2.3.5 최대 낙폭

어느 나라든 매년 겨울이면 감기로 인한 사망자가 발생한다. 건강하고 젊은 사람은 연례행사처럼 가볍게 지나가겠지만, 기저질환이 있는 고령의 노인이라면 감기 하나가 치명적일 수 있다. 투자에서도 마찬가지다. 조금씩 수익을 내더라도 시장의 폭락으로 위험/손실관리를 못해서, 속된 말로 '한 방에' 포트폴리오가 망가져 청산하는 경우도 생길 수 있다.

최대 낙폭(Maximum Drawdown), 즉 MDD는 특정 투자 기간 중 포트폴리오의 고점에서 저점까지 최대 누적 손실을 의미한다.

▼ 그림 2-3 MDD

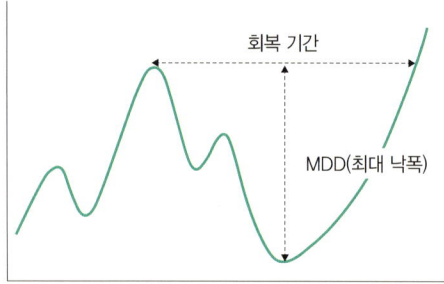

고점에서 차기 저점까지의 하락폭이 가장 큰 구간의 등락률로, 분석 기간 중 특정 투자 시점에 투자한 투자자의 최대손실가능 수익률을 의미한다. 기존의 표준편차가 놓치기 쉬운 하락위험 및 연속손실위험을 잘 설명한다.

$$\text{MDD} = \frac{\text{기간 중 최저 가치} - \text{최고 가치}}{\text{최고 가치}}$$

또는

$$\text{MDD} = \frac{\text{기간 중 최고 가치} - \text{최저 가치}}{\text{최고 가치}}$$

▼ 그림 2-4 두 자산의 MDD는 얼마나 다른가?

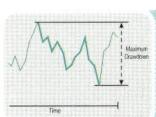

MDD(Maximum Drawdown)
다음과 같이 두 개의 자산 가치가 변하는 경우 MDD는?

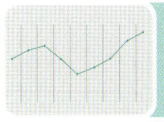

자산 A
100, 120, 130, 100, 65, 80, 100, 120, 140, 160

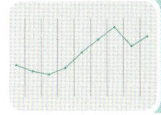

자산 B
100, 80, 75, 90, 140, 180, 220, 160, 190

다음 데이터를 살펴보자. 자산 A의 가치가 100, 120, 130, 100, 65, 80, 100, 120, 140, 160과 같이 변동됐다면 이 투자자산의 최대 낙폭(MDD)은 얼마나 될까?

자산 A

▼ 그림 2-5 자산 A: 100, 120, 130, 100, 65, 80, 100, 120, 140, 160

처음에 100으로 시작한 자산의 가치는 한때 130까지 올랐다가 그 절반인 65로 떨어졌다. 그러면 MDD는 50%가 된다.

자산 B의 투자자산 가치는 100, 80, 75, 90, 140, 180, 220, 160, 190과 같이 변동됐다. 이 투자자산의 MDD는 얼마나 될까?

자산 B

▼ 그림 2-6 자산 B: 100, 80, 75, 90, 140, 180, 220, 160, 190

자산 B는 220에서 정점에 이른 후 160까지 떨어졌는데, 이때 MDD는 (220 − 160) / 220 = 27%이다. 따라서 MDD는 27%이다.

그러나 MDD가 자산가치 하락 빈도를 반영하지는 못한다. MDD는 자산가치 하락의 MDD를 알려주지만, 자산가치의 대폭적인 하락 빈도를 알려주진 못한다. 또한, 자산가치의 회복 속도도 알려주지 못한다. 다시 말해 자산가치가 무너지고 난 후 얼마나 빠른 시간 안에 이전 자산가치를 회복해 상승하는지는 MDD가 표현하지 못한다.

이제 파이썬으로 MDD를 계산해보자(앞의 샤프지수, 젠센지수, 트레이너지수, 정보비율 부분은 빼기, 나누기 등으로 간단히 계산할 수 있으니 직접 해보자).

코드의 cummax 함수는 nums의 원소를 순회하면서 최고값을 찾아 역대 최고값을 리스트에 계속 입력하는 함수로, MDD를 계산하기 위한 부속 함수다. 이 함수는 파이썬 라이브러리인 numpy의 np.maximum.accumulate 함수를 이해하는 것을 돕고자 흉내 내본 것이다.

함수를 설명하자면, 가령 100, 120, 130, 100, 65, 80, 100, 120, 140, 160 값이 있을 때 처음에는 100이 가장 큰 값이므로 최고값인 100을 리스트에 추가한다.

> **Note** ≡ **np.maximum.accumulate 함수**
>
> 정숫값으로 채워진 리스트 [11, 12, 13, 20, 19, 18, 17, 18, 23, 21]이 있을 때, 리스트 또는 배열의 원소 순서대로 돌면서 최고값(running maximum)을 갱신하고자 한다. 즉, [11, 12, 13, 20, 20, 20, 20, 20, 23, 23]처럼 만드는 함수가 np.maximum.accumulate 함수다.
>
> [11, 12, 13, 20, 19, 18, 17, 18, 23, 21] → [11, 12, 13, 20 ,20, 20, 20, 20, 23, 23]
>
> ```
> >>> import numpy as np
> >>> np.maximum.accumulate(np.array([11, 12, 13, 20, 19, 18, 17, 18, 23, 21]))
> array([11, 12, 13, 20, 20, 20, 20, 20, 23, 23])
> ```

이제 120이 들어오면 기존 최고값 100보다 크므로 최고값은 120이 된다. 따라서 120을 리스트에 추가한다. 마찬가지로 130도 최고값이므로 리스트에 추가한다.

다음에 들어온 100은 최고값 130보다 작다. 그러므로 100이 아닌 130을 리스트에 한 번 더 추가한다. 마찬가지로 65도 130보다 작다. 65 대신 다시 130이 리스트에 추가된다.

이런 패턴은 140이 나오기 전까지 계속되고 140, 160은 최고값을 연속으로 갱신하므로 140과 160이 리스트에 추가된다. 결국 cumsum([100, 120, 130, 100, 65, 80, 100, 120, 140, 160])의 결과는 [100, 120, 130, 130, 130, 130, 130, 130, 140, 160]이 된다.

❤ 그림 2-7 cumsum 함수와 np.maximum.accumulate 함수의 동작 원리

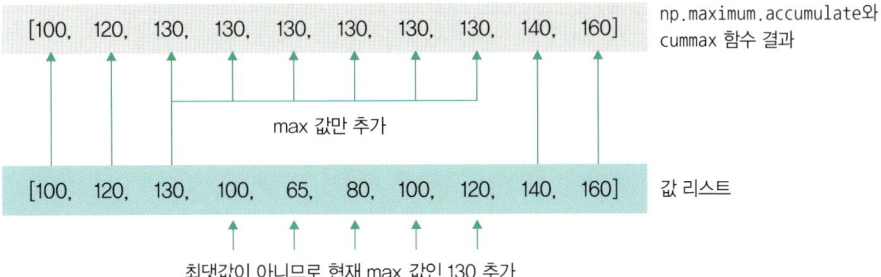

```
# cummax라는 이름의 함수를 선언한다. 이 함수는 nums 매개변수를 받는다
def cummax( nums ):

# 역내 최고값을 저장하기 위한 리스트 cum과 초기 최고값 max를 설정한다
    cum = [ ]
    max = 0
```

```python
# nums를 순회하면서 item을 현재 최고값과 비교한다. item>max이면 최고값 max를 업데이트한다. 그
# 리고 if문의 결과와 상관없이 최고값을 cum에 추가한다
for item in nums:
    if item > max:
        max = item
    cum.append( max )
return cum

# 자산 A 가치를 리스트에 저장한다
values = [ 100, 120, 130, 100, 65, 80, 100, 120, 140, 160 ]

# 자산 A 가치(values)에서 for 루프로 반복하면서 cummax( )로 구한 최고값을 뺀다(x-y). zip 함수
# 는 3장에서 자세히 설명하지만 두 개의 변수를 묶어서(zip), 마치 하나의 변수처럼 사용하는 방법이다
drawdown = [ x - y for x, y in zip( values, cummax( values ) ) ]

# drawdown에서 최솟값이 저장된 인덱스(즉, 위치)를 구한다
idx_lower = drawdown.index( min( drawdown ) )

# 자산 A 가치(values)의 인덱스 0부터 idx_lower까지 데이터 중 가장 큰 값이 저장된 위치를 구한다
idx_upper = values.index( max( values[ :idx_lower ] ) )

# MDD 공식에 따라 계산해 출력한다
print( ( values[ idx_lower ] - values[ idx_upper ] ) / values[ idx_upper ] )
```

다음과 같이 파이썬 라이브러리인 numpy를 이용해 MDD를 계산할 수 있다. 라이브러리를 사용하는 만큼 코드가 간결하다.

```python
# numpy 라이브러리를 임포트한다
import numpy as np

# mdd 함수는 x를 매개변수로 받아 numpy의 array 객체로 변환한다. 이후 계산할 값을 가진 인덱스
# (위치)를 찾아 MDD를 계산한다
def mdd( x ):
    arr = np.array( x )
    idx_lower = np.argmin( arr - np.maximum.accumulate( arr ) )
    idx_upper = np.argmax( arr[ :idx_lower ] )
    return ( arr[ idx_lower ] - arr[ idx_upper ] ) / arr[ idx_upper ]

# 앞서 구한 values를 갖고 MDD를 계산한다
print( mdd( values ) )
```

np.argmin, np.argmax 함수는 array 내 가장 큰 값과 작은 값의 위치(인덱스)를 돌려주는 함수다.

가령 array에 5, 4, 3, 2, 1, 0이 순서대로 저장돼 있을 때, array 내 인덱스는 0, 1, 2, 3, 4, 5다.

이때 가장 큰 값은 5이고 인덱스는 0이다. np.argmax는 5의 인덱스인 0을 돌려준다. 마찬가지로 가장 작은 값은 0이고 인덱스는 5다. np.argmin은 가장 작은 값인 0의 인덱스 5를 돌려준다.

▼ 그림 2-8 np.argmin, np.argmax 함수

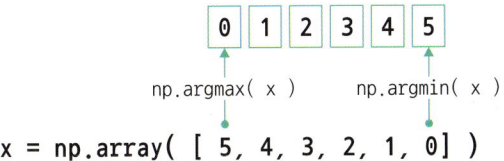

```
x = np.array( [ 5, 4, 3, 2, 1, 0] )
```

> **쉬어가는 코너** **포트폴리오 비주얼라이저를 이용한 자산배분**
>
> 포트폴리오 비주얼라이저(Portfolio Visualizer, portfoliovisualizer.com)는 포트폴리오 및 투자분석을 위한 온라인 소프트웨어 플랫폼으로, 포트폴리오와 투자 제품을 비교하고 분석할 때 정보에 입각한 결정을 내릴 수 있도록 도와준다. 그리고 포트폴리오 모델링 및 백테스팅, 몬테카를로 시뮬레이션, 포트폴리오 최적화, 요인 모델 및 전술적 자산 할당 모델을 다룬다. 미국 위주의 자산 클래스만 선택할 수 있어 아쉽지만, 포트폴리오를 공부하는 데 충분히 유용한 서비스다.
>
> 포트폴리오 비주얼라이저에서 제공하는 서비스 중 'Backtest Portfolio Asset Class Allocation' (portfoliovisualizer.com/backtest-asset-class-allocation)은 포트폴리오 자산배분을 하고 과거 데이터를 적용해 구성한 포트폴리오의 수익률이나 리스크 등이 어떻게 변하는지를 테스트해보는 것이다. 이를 백테스팅(backtesting)이라고 한다.
>
> ▼ 그림 2-9 자산배분 백테스팅(portfoliovisualizer.com/backtest-asset-class-allocation)
>
>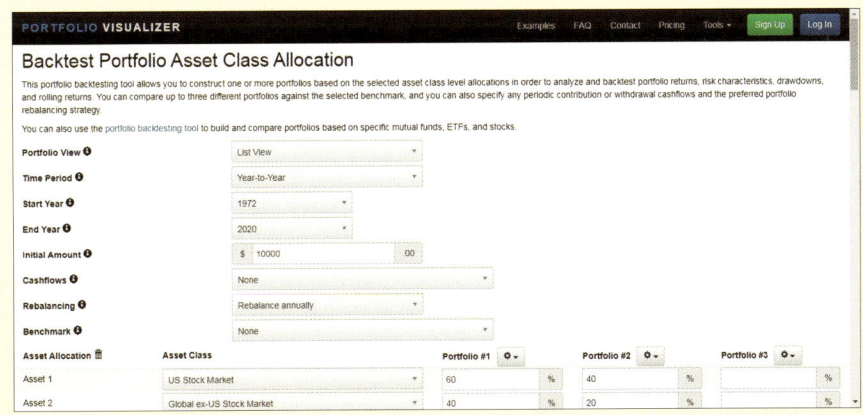
>
> 중요한 입력 항목을 간단히 살펴보면 다음과 같다.
>
> • Time Period는 **Year-to-Year** 또는 **Month-to-Month** 중 하나를 선택할 수 있는데, 투자 기간을 연 단위로 정할 것인지 혹은 월 단위로 정할 것인지 선택하는 것이다. 선택에 따라 연도 또는 연도-월을 지정할 수 있다.
>
> • Initial Amount는 최초 투자 원금이다.
>
> ◎ 계속

- Rebalancing은 말 그대로 리밸런싱 주기 또는 조건을 설정하는 것이다. **No rebalancing, Rebalance annually, Rebalance semi-annually, Rebalance quarterly, Rebalance monthly, Rebalance bands**를 선택할 수 있다.
- Benchmark는 자신의 포트폴리오와 비교하기 위한 대상(주가지수 또는 다른 포트폴리오)을 설정하는 것이다.

▼ 그림 2-10 자산 클래스 선택

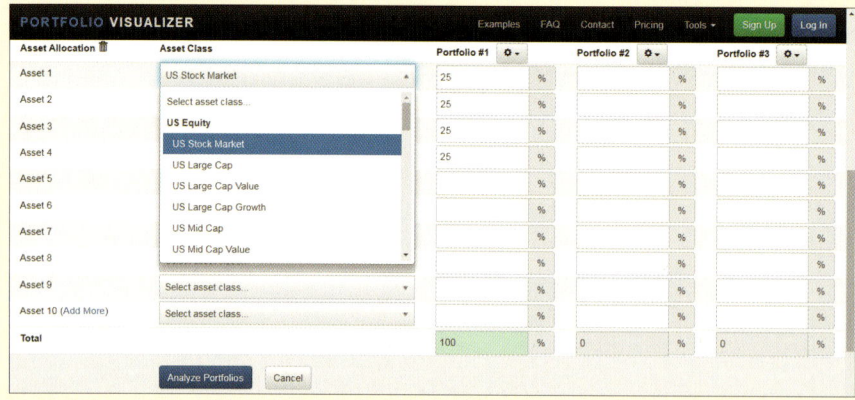

공통의 입력 사항 다음에는 열 개 이상의 자산별로 포트폴리오 비중을 입력할 수 있다. 맨 왼쪽 Asset 1, Asset 2, …, Asset 10 옆에는 'US Equity', 'International Equity', 'Fixed Income', 'Alternatives'에 속하는 자산을 선택할 수 있다.

▼ 그림 2-11 자산배분 관련 편의 기능

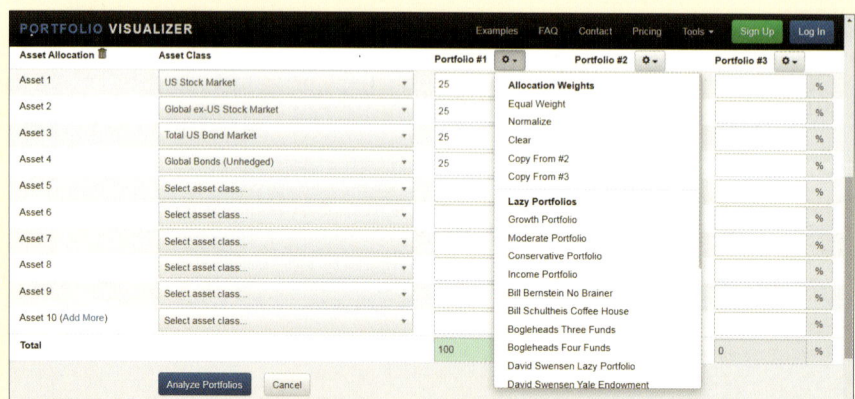

자산 선택 컬럼 옆에는 세 개의 포트폴리오 비중을 입력할 수 있다. 텍스트 상자에 비중을 입력하면 된다. Portfolio #1 옆에 있는 톱니바퀴(✿) 아이콘으로는 자산 비중과 관련된 편의 기능(동일 비중, 입력한 비중 삭제, 다른 포트폴리오 비중 복제, 미리 설정된 포트폴리오 비중(**Lazy Portfolios** 이하 항목))을 선택할 수 있다.

이렇게 설정하고 **Analyze Portfolios** 버튼을 클릭하면 백테스팅이 진행된다.

▼ 그림 2-12 백테스팅 결과 – Portfolio Return 섹션

백테스팅 결과는 Portfolio Return, Metrics, Annual Returns, Drawdowns, Assets, Rolling Returns, Allocation Drift 섹션으로 구성돼 있다.

- **Portfolio Return**은 포트폴리오의 주요 지표 및 누적수익률, 기간별 수익률을 보여준다.
- **Metrics**는 포트폴리오 기술통계 자료와 위험조정지표를 보여준다.
- **Annual Returns**는 투자 기간별, 자산 클래스별 수익률을 보여준다.
- **Drawdowns**는 쉽게 말해 최대손실폭을 백분율로 표시한 것이다. 이 섹션에서는 Drawdown이 발생한 사건과 투자 시기를 보여준다.
- **Assets**는 투자 기간 동안 포트폴리오 내 자산 간의 상관관계나 포트폴리오 내 각 클래스 자산의 수익률과 위험을 자세히 보여준다.
- **Rolling Returns**는 Rolling period returns라고도 하는데, 한 기간 동안 연율로 환산된 수익률이다. 이는 보유 기간 동안 수익률을 확인하는 데 유용하다.
- **Allocation Drift**는 기간별로 리밸런싱된 자산 비중의 추이를 기록한다.

▼ 그림 2-13 백테스팅 결과 – Metrics 섹션

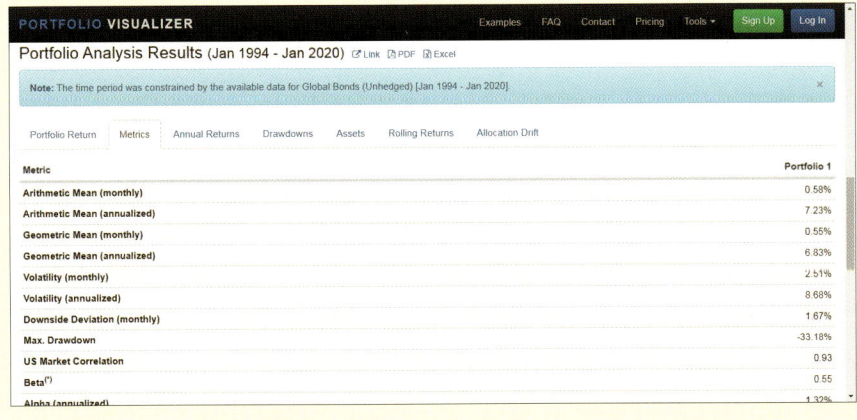

○ 계속

▼ 그림 2-14 백테스팅 결과 – Annual Returns 섹션

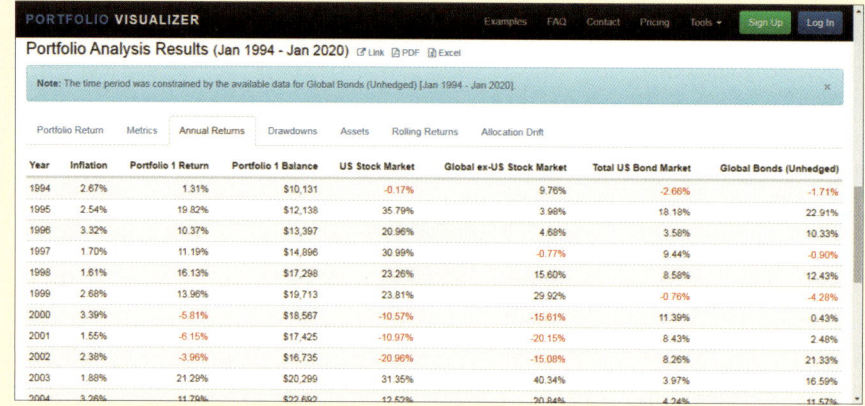

▼ 그림 2-15 백테스팅 결과 – Drawdowns 섹션

▼ 그림 2-16 백테스팅 결과 – Assets 섹션

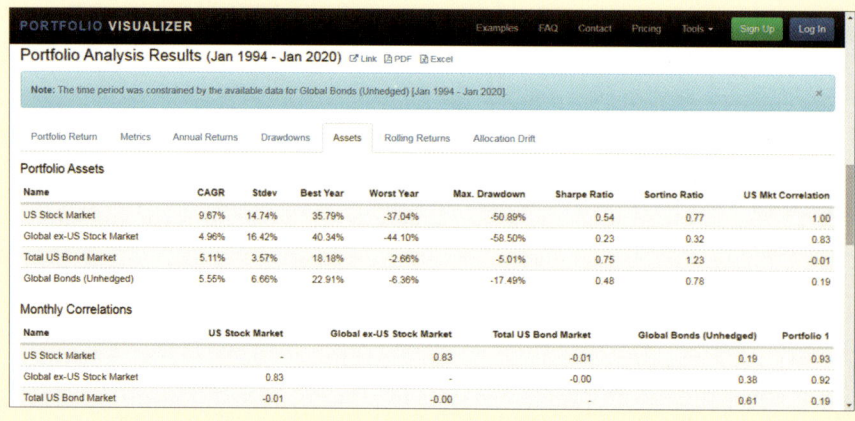

◐ 계속

▼ 그림 2-17 백테스팅 결과 – Rolling Returns 섹션

▼ 그림 2-18 백테스팅 결과 – Allocaton Drift 섹션

memo

3장

평균-분산 포트폴리오 이론

3.1 포트폴리오의 기대수익률과 위험

3.2 최소분산포트폴리오

3.3 체계적 위험과 비체계적 위험

3.4 무위험자산과 최적 자산배분

1952년 6월 시카고 대학교의 어느 한 대학원생이 '포트폴리오 선택(Portfolio Selection)'이라는 논문을 발표했다. 논문의 핵심 주제는 증권의 포트폴리오와 개별적인 주식 평가는 다르다는 것을 수학적인 방법으로 증명한 것이었다. 논문의 저자는 해리 마코위츠(Harry Max Markowitz)였다. 마코위츠가 이러한 논문 주제를 정한 것은 우연히 카울즈 경제연구위원회의 마샥(J. Marschak) 교수와 대화하다가 수학적 방법을 주식시장에 적용할 수 있는 가능성을 알아본 덕분이다. 마샥 교수는 그를 마샬 케첨(Marshall Ketchum) 교수에게 보내 지도를 받도록 했다.

마코위츠는 어느 날 도서관에서 존 윌리엄스(John Burr Williams)의 『투자 가치 이론(Theory of Investment Value)』을 읽다가 포트폴리오 이론의 기본적인 아이디어가 떠올랐다고 한다. 투자 가치 이론에서 주식의 가치는 미래 배당금의 현재가치와 동일해야 한다는 것이다. 마코위츠의 생각을 따라가보자. 책의 이론대로라면 포트폴리오의 기대가치를 극대화하기 위해 하나의 증권에만 투자해야 한다. 그러나 투자자는 수익뿐만 아니라 리스크에도 관심을 두고 투자를 분산할 것이다. 분산이 리스크의 측정 수단이며 포트폴리오 분산은 개별 증권의 분산에 종속적인 것이 더 타당하다. 또한, 리스크와 수익률이라는 두 개의 기준이 있다면 투자자는 파레토 최적 리스크-수익(Pareto optimal risk-return) 조합을 선택하는 것이 자연스럽다고 마코위츠는 생각했다.

▼ 그림 3-1 해리 마코위츠 홈페이지(hmarkowitz.com)

'포트폴리오 선택'에서 마코위츠는 수익의 분산을 통해 투자 리스크를 수치화했다. 분산이란 평균에서 얼마나 넓게 펼쳐져 있는지를 보여주는 통계값인데, 투자자들은 주가 대폭락 이후 수익뿐만 아니라 리스크에도 관심을 갖기 시작했던 것이다. 분산 포트폴리오 수익은 개별 주식의 평균수익률과 같아도 그 변동성(분산이자 리스크)은 개별 주식의 그것보다 줄어든다.

평균-분산 포트폴리오 이론의 가정은 다음과 같다.

- 모든 투자자의 투자 기간은 1 기간이다.
- 투자자는 위험을 회피하고 기대효용을 극대화하려 한다.
- 기대수익률과 표준편차에 따라 투자를 결정하며, 지배원리에 따라 투자 대상을 선택한다.
- 거래비용과 세금은 없으며, 모든 투자자는 무위험이자율로 한도 없는 차입과 대출을 할 수 있다.

3.1 포트폴리오의 기대수익률과 위험

위험을 줄이면서 수익률을 높이기 위해 마코위츠는 상관계수가 낮은 자산을 결합해 최적 포트폴리오를 구성할 수 있음을 제시했다. 두 자산 간 상관계수가 1보다 작을 때 투자기회집합선은 왼쪽으로 휘어진다. 이것이 분산 투자의 효과다. 투자기회집합은 상관관계가 낮은 주식끼리 결합할수록 극대화된다.

▼ 그림 3-2 상관계수가 0과 1 사이인 경우 투자기회집합(E(r)은 포트폴리오의 대수익률, σ는 포트폴리오 수익률의 분산, ρ는 상관계수)

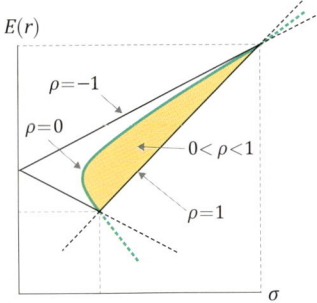

시장에는 예금부터 시작해 주식, 채권, 파생상품, 사모펀드 등 투자 가능한 자산이 많이 있다. 투자자는 원하는 투자 기간, 인내 가능한 리스크 수준, 비용/세금 등을 고려해 투자로부터 기대하는 효용에 따라 여러 개의 자산을 선택한다. 금융에서 이러한 여러 개의 투자 대상을 모은 집합을 포트폴리오(portfoilo)라고 한다.

포트폴리오는 우리 주위에서도 흔하게 볼 수 있다. 개인 투자자가 삼성전자나 LG화학 등 여러 종목에 투자했다면 그 역시 포트폴리오이고, 주식투자를 하지 않더라도 예금하고 부동산에 투자했다면 그 역시 포트폴리오다. 또 주식형이든 채권형이든 미래 수익을 목적으로 자금을 모아 투자하고 나숭에 그 성과를 나눠 갖는 펀드(법률 용어로는 '집합투자기구'라고 한다) 역시 포트폴리오다.

투자를 통해 얻을 수 있는 기대효용을 극대화하는 최적 포트폴리오를 구하는 것이 투자자의 목표다. 다음은 평균-분산 포트폴리오 이론에서 제시하는 최적 포트폴리오를 구하는 간략한 과정이다.

> 포트폴리오 수익률의 기대수익률과 리스크를 계산하고
> 지배원리에 따라 포트폴리오를 걸러낸다.
> 그리고 무차별곡선을 이용해 최적 포트폴리오를 결정한다.

3.1.1 두 개 주식으로 구성된 포트폴리오

포트폴리오의 실제 수익률과 그 수익률 분산은 실제 포트폴리오 투자 성과를 갖고 다루지만, 기대수익률과 분산(리스크)은 '기대'라는 말이 의미하듯이 미래에 발생할 수익률의 확률분포를 바탕으로 계산하는 기댓값이다.

그러나 확률분포가 없어도 조건을 단순화해 포트폴리오 기대수익률과 리스크를 계산하는 과정을 살펴볼 수 있다. 이번 절에서는 포트폴리오 수익률 확률분포 대신 개별 증권의 기대수익률과 분산, 증권 간 공분산 또는 상관계수를 갖고 포트폴리오 기대수익률과 분산(리스크)을 구해본다.

확률론에서 확률변수 기댓값이란 각 사건이 벌어졌을 때 결과와 사건이 일어날 확률 곱을 합한 값이다.

가령 1.5.1절에서 설명했던 주사위를 한 번 던져 나올 숫자의 기댓값을 다시 떠올려보자. 주사위를 던져 나올 수 있는 결과는 1, 2, 3, 4, 5, 6 중 하나이고 각각의 확률은 1/6이다. 그러므로 주사위를 한 번 던져 얻을 수 있는 결과의 기댓값은 다음과 같다.

$$= 1 \times \frac{1}{6} + 2 \times \frac{1}{6} + 3 \times \frac{1}{6} + 4 \times \frac{1}{6} + 5 \times \frac{1}{6} + 6 \times \frac{1}{6} = 3.5$$

실제 주사위에 3.5라는 값은 없다. 한 번 던져 나올 수 없는 값이다. 그러나 수백 번 또는 수천 번 던져 평균을 계산하면 기댓값에 가까울 수 있다.

그러므로 기댓값은 확률변수의 평균이라고 할 수 있다.

기댓값 또는 평균은 여러 개 값을 대표하는 대푯값인데, 이것은 가상의 숫자다. 1~10까지 산술평균은 5.5다. 5.5라는 평균값은 1~10까지 열 개 숫자를 대표하는 값이며, 실제 1~10 사이에 5.5라는 숫자는 없다. 즉, 대표성을 갖는 가상의 값이라는 의미다.

개별 증권의 기대수익률도 기댓값을 구하는 방법과 다르지 않다. 가령 증권시장 상황별로 주식 A와 주식 B의 수익률이 다음과 같을 것으로 예상해보자.

▼ 표 3-1 경기 국면별 주식 A, B의 수익률

국면	확률	주식 A	주식 B
호황 시	1/3	7%	13%
평상시	1/3	4%	4%
불황 시	1/3	1%	−5%

주식 A와 B의 기대수익률은 사건(호황, 평상시, 불황)이 일어났을 때 결괏값, 즉 수익률과 사건이 일어날 확률 1/3을 곱하고 이를 다시 합쳐놓은 것이다. 따라서 다음과 같이 계산한다.

주식 A 기대수익률 = $1/3 \times 7\% + 1/3 \times 4\% + 1/3 \times 1\% = 4\%$

주식 B 기대수익률 = $1/3 \times 13\% + 1/3 \times 4\% + 1/3 \times -5\% = 4\%$

분산은 확률 × (각각의 결괏값 − 기댓값)^{2}을 전부 더한 것이므로 다음과 같이 계산한다.

주식 A 분산 = $1/3 \times (7\% - 4\%)^2 + 1/3 \times (4\% - 4\%)^2 + 1/3 \times (1\% - 4\%)^2 = 0.0006$

주식 B 분산 = $1/3 \times (13\% - 4\%)^2 + 1/3 \times (4\% - 4\%)^2 + 1/3 \times (-5\% - 4\%)^2 = 0.0054$

▼ 표 3-2 주식 A와 B의 통계 자료

	주식 A	주식 B
기대수익률	4%	4%
분산	0.0006	0.0054
표준편차	0.0245	0.0734

포트폴리오의 기대수익률

투자자가 주식 A에 w_A만큼 투자해 r_A 수익률을 얻고, 주식 B에 w_B만큼 투자해 r_B만큼 수익률을 얻을 것으로 예상한다면 이 포트폴리오의 기대수익률(r_p)은 다음과 같다.

$$r_p = w_A r_A + w_B r_B$$

투자 비중 합은 모두 합쳐 1, 즉 100%이다. 투자 비중을 각각 절반으로 한다면, 즉 50%씩 투자한다면 포트폴리오 기대수익률은 다음과 같다.

포트폴리오 기대수익률
= 주식 A 투자 비중 × 주식 A 기대수익률 + 주식 B 투자 비중 × 주식 B 기대수익률
= 50% × 4% + 50% × 4%
= 4%

```
# 경기 국면별 확률과 주식 기대수익률을 리스트로 저장한다
stock_a = [ 0.07, 0.04, 0.01 ]
stock_b = [ 0.13, 0.04, -0.05 ]
prob = [ 1/3, 1/3, 1/3 ]

# 주식 a와 b의 경기 국면에 따른 수익률 기댓값을 저장할 변수를 준비한다
ex_a = 0.0
ex_b = 0.0
wgt_a = 0.5
wgt_b = 0.5

# 주식 a와 b의 기댓값을 구한다. 기대수익률과 경기 국면별 확률을 곱한 합계를 구한다
# 기대수익률과 경기 국면별 확률 리스트를 zip( ) 함수로 묶어 반복한다. 각 리스트의 값은 s와 p로
받고 둘을 곱한 합계를 계산한다
for s, p in zip( stock_a, prob ):
    ex_a = ex_a + s*p
```

> 위의 두 줄 for 루프는 다음과 같이 한 줄의 인라인 for 루프로 바꿀 수 있다.
> `ex_a = sum( s*p for s, p in zip(stock_a, prob) )`

```
for s, p in zip( stock_b, prob ):
    ex_b = ex_b + s*p
```

> 위의 두 줄 for 루프는 다음과 같이 한 줄의 인라인 for 루프로 바꿀 수 있다.
> `ex_b = sum( s*p for s, p in zip( stock_b, prob ) )`

```
# 포트폴리오의 기대수익률은 투자 비중과 각 자산의 기대수익률을 곱해 합친 것이다
ex_p = wgt_a * ex_a + wgt_b * ex_b
```

> 출력할 값을 백분율로 표시하기 위해 다음과 같은 문자열 포맷 서식을 사용했다.
>
> ▼ 그림 3-3 문자열 서식
>
> {: field width.precision%}
>
> - 변수를 출력할 전체 길이
> - 변수의 소수점 이하 길이
> - 서식 지정자
>
> 서식은 {: } 사이에 지정한다.
>
> - field width는 소수점 이하 자릿수를 포함한 변수가 출력될 전체 자리의 너비다. 이를 생략하면 자동으로 너비가 정해진다.
> - precision은 소수점 이하 자릿수를 가리킨다.
> - 서식 지정자 %는 값을 백분율로 표시하도록 한다. % 외에 f는 실수, e는 과학표기법 서식을 의미한다.

```
print( '주식 A의 기대수익률은 {:.2%}'.format(ex_a ) )
print( '주식 B의 기대수익률은 {:.2%}'.format(ex_b ) )
print( '포트폴리오의 기대수익률은 {:.2%}'.format(ex_p ) )
```

행렬 연산으로 풀어보는 포트폴리오 기대수익률

포트폴리오 기대수익률은 확률과 수익률 간 곱의 연산인데, 다음과 같이 행렬 형태로 표현할 수 있다. 가령 주식 A와 B 기대수익률 계산식을 행렬식으로 표현하면 다음과 같다.

$$\begin{bmatrix} \frac{1}{3}, \frac{1}{3}, \frac{1}{3} \end{bmatrix} \times \begin{bmatrix} 7\% \\ 4\% \\ 1\% \end{bmatrix}$$

$$\begin{bmatrix} \frac{1}{3}, \frac{1}{3}, \frac{1}{3} \end{bmatrix} \times \begin{bmatrix} 13\% \\ 4\% \\ -5\% \end{bmatrix}$$

같은 내용을 이번에는 행렬 연산으로 풀어보자. 그러려면 numpy 행렬 연산을 미리 알아둬야 한다.

행렬 연산의 경우 numpy의 matrix 클래스를 사용한다. numpy 라이브러리의 matrix 클래스는 파이썬의 배열을 바탕으로 만들어졌으며, 행렬 연산과 관련된 수많은 계산식을 좀 더 편리하게 사용할 수 있다.

matrix 클래스는 배열(array)을 행렬로 변환하는 기능도 갖고 있다. 행렬을 만드는 여러 가지 방법이 있지만, 다음과 같이 세 가지 원칙만 익혀두면 된다.

- 행렬 전체는 [ ] 사이에 둔다.
- 행 전체는 [ ] 사이에 둔다.
- 행과 행, 열과 열을 구분하려면 쉼표(,)를 사용한다.

▼ 그림 3-4 numpy.matrix로 행렬을 만들려면 [ ]로 행렬을 표현한다

$$\text{np.matrix}\left(\begin{bmatrix}1,2\\3,4\end{bmatrix},\right)$$

행렬 $\begin{bmatrix}1 & 2\\3 & 4\end{bmatrix}$를 만들고 몇 가지 행렬 연산을 수행해보자.

```python
import numpy as np
# 대괄호를 이용해 행렬을 만든다
a = np.matrix( [ [1, 2], [3, 4] ] )

# 작은따옴표를 사용해 다음과 같이 만들 수도 있다
a = np.matrix( '1 2; 3 4' )

# +, -, *, / 연산자를 사용해 행렬 덧셈, 뺄셈, 곱셈, 나눗셈 연산을 한다
ap = a + a   # 행렬 간 원소끼리 더한다
am = a - a   # 행렬 간 원소끼리 뺀다
aa = a * a   # 행렬 곱셈을 한다
ad = a / a   # 행렬 간 원소끼리 나눈다

# matrix.T 함수를 사용해 전치행렬을 구한다
aT = a.T
# matrix.I 함수를 사용해 역행렬을 구한다
aI = a.I

# 콜론(:)은 행렬의 행이나 열 전체를 의미한다
# 행이나 열의 인덱스는 0부터 시작한다
# 행렬[ 행 , 열 ] 같은 방식으로 행렬의 일부를 지정할 수 있다
row0 = a[ 0 , : ]    # 첫 번째 행의 모든 열의 값, 즉 첫 번째 행 전체를 구한다
row1 = a[ 1 , : ]    # 두 번째 행의 모든 열의 값, 즉 두 번째 행 전체를 구한다
col0 = a[ : , 0 ]    # 첫 번째 열의 모든 행의 값, 즉 첫 번째 열 전체를 구한다
col1 = a[ : , 1 ]    # 두 번째 열의 모든 행의 값, 즉 두 번째 열 전체를 구한다
```

다음은 행렬 연산으로 앞 예제의 기대수익률을 구하는 코드다.

```python
# numpy 라이브러리를 np라는 이름으로 임포트한다
import numpy as np

# numpy의 matrix 클래스를 사용해 국면별 확률을 1x3 행렬로 만든다
prob = np.matrix( [ [1/3, 1/3, 1/3] ] )

# 주식 A와 B의 수익률을 1x3 행렬로 만든다
stock_a = np.matrix( [ [7, 4, 1] ] )
```

```
stock_b = np.matrix( [ [13, 4, -5] ] )

# 행렬 곱하기 연산을 수행한다. 단, 행렬의 차원이 맞아야 하므로 stock_a.T, stock_b.T와 같이
stock_a와 stock_b 행렬을 전치(행과 열의 방향을 바꾸는 것)시켜준다. 따라서 prob는 1x3, stock_
a와 stock_b는 3x1 행렬이 돼 곱하기 연산의 결과 1x1의 결과 행렬이 나오게 된다
ex_a = prob * stock_a.T
ex_b = prob * stock_b.T

# %.2f는 %로 연결한 변수(% ex_a와 % ex_b)의 서식을 지정하는 것으로, 소수점 이하 두 자리 실수
(f)로 출력한다. f 뒤 %%는 백분율 표시 %를 붙이기 위한 것이다
print( '주식 A의 기대수익률은 %.2f%%' % ex_a )
print( '주식 B의 기대수익률은 %.2f%%' % ex_b )

# 개별 주식의 기대수익률을 계산했으므로 두 개 주식으로 구성된 포트폴리오의 기대수익률을 계산할
차례다
# weight는 투자 비중을 가리키는 1x2 행렬이다
weight = np.matrix( [ [0.5, 0.5] ] )

# '투자 비중 * 주식 기대수익률'이라는 행렬 연산을 위해 앞서 구한 각 주식의 기대수익률을 1x2 행
렬로 만든다. 그런데 ex_a와 ex_b는 1x1 행렬이므로 그대로 사용해 행렬을 만들면 행렬 속 행렬인 셈
이므로 이를 값(스칼라)으로 바꿔야 한다. numpy.asscalar( ) 함수는 1x1 행렬을 스칼라 값으로 변
환해준다
ex_ab = np.matrix( [
  [ np.asscalar(ex_a) , np.asscalar(ex_b) ]
] )

# 투자 비중 * 주식 기대수익률이라는 행렬 연산을 한다. 다만 둘 다 1x2 행렬이므로 ex_ab의 행렬을
전치(ex_ab.T)해 행렬 곱을 계산한다
ex_p = weight * ex_ab.T
print( '포트폴리오의 기대수익률은 %.2f%%' % ex_p )
```

포트폴리오의 위험

포트폴리오의 위험 역시 개별 주식의 분산과 투자 비중을 알면 다음과 같이 계산할 수 있다.

$$\sigma_p^2 = w_1^2\sigma_1^2 + w_2^2\sigma_2^2 + 2w_1w_2\sigma_{12}$$

또는

$$\sigma_p^2 = w_1^2\sigma_1^2 + w_2^2\sigma_2^2 + 2w_1w_2\sigma_1\sigma_2\rho_{12}$$

포트폴리오의 위험(분산)을 구하는 식은 위 두 가지다(사실 같은 것이다). 첫 번째 식은 공분산

(σ_{12})을 이용한 것이고, 두 번째 식은 상관계수(ρ_{12})를 이용한 것이다.

첫 번째 식의 σ_{12}는 두 주식 간의 공분산인데, 공분산을 각 분산의 곱($\sigma_1\sigma_2$)으로 나누면 두 번째 식에 나오는 상관계수(ρ_{12})를 얻을 수 있다.

$$\rho_{12} = \frac{\sigma_{12}}{\sigma_1\sigma_2}$$

포트폴리오의 위험 =

주식 A 투자 비중^2 × 주식 A 분산 + 주식 B 투자 비중^2 × 주식 B 분산
+ 2 × 주식 A 투자 비중 × 주식 B 투자 비중 × 포트폴리오 공분산

포트폴리오 공분산 =

호황 시 확률 × (주식 A 수익률 − 주식 A 기대수익률) × (주식 B 수익률 − 주식 B 기대수익률)
+ 평상시 확률 × (주식 A 수익률 − 주식 A 기대수익률) × (주식 B 수익률 − 주식 B 기대수익률)
+ 불황 시 확률 × (주식 A 수익률 − 주식 A 기대수익률) × (주식 B 수익률 − 주식 B 기대수익률)
= 1/3×(7% − 4%)(13% − 4%) + 1/3×(4% − 4%)(4% − 4%) + 1/3×(1% − 4%)(−5% − 4%)
= 0.09% + 0% + 0.09% = 0.18%

이제 포트폴리오의 분산과 표준편차를 구하면 다음과 같다.

포트폴리오의 분산(위험) =

주식 A 비중^2 × 주식 A 분산
+ 주식 B 비중^2 × 주식 B 분산
+ 2 × 주식 A 비중 × 주식 B 비중 × 포트폴리오 공분산
= 50%^{2} × 0.06% + 50%^{2} × 0.54% + 2 × 50% × 50% × 0.18%
= 0.00015 + 0.00135 + 0.0009 = 0.0024

포트폴리오의 표준편차 = $\sqrt{0.0024}$ = 0.049

▼ 표 3-3 포트폴리오와 주식 A, B의 통계 자료

	포트폴리오 P	주식 A	주식 B
기대수익률	4%	4%	4%
분산	0.24%^{2}	0.06%^{2}	0.54%^{2}
표준편차	4.90%	2.45%	7.35%

앞서 말한 바와 같이 공분산을 알면 다음 공식으로 상관계수도 구할 수 있다.

$$\rho_{12} = \frac{\sigma_{12}}{\sigma_1 \sigma_2}$$

주식 AB의 상관계수 = 포트폴리오 공분산 / (주식 A의 표준편차 × 주식 B의 표준편차)
= 0.18% / (2.45% × 7.35%) = 1.0

```python
# sqrt 함수를 사용하기 위해 math 모듈을 임포트한다
import math

# 경기 국면별 확률과 주식의 기대수익률
stock_a = [ 0.07, 0.04, 0.01 ]
stock_b = [ 0.13, 0.04, -0.05 ]
prob = [ 1/3, 1/3, 1/3 ]

# 주식 a와 b의 경기 국면에 따른 수익률 기댓값을 저장할 변수를 준비한다
ex_a = 0.0
ex_b = 0.0

# 주식 a와 b의 기댓값을 구한다. 기대수익률 리스트와 경기 국면별 확률 리스트를 곱한 합계를 구한다
# 기대수익률과 경기 국면별 확률 리스트를 zip( ) 함수로 묶어 반복한다(zip( ) 함수는 1.5.1절 참
고). 그리고 그 결과 리스트의 값은 s와 p로 받고 둘을 곱한 합계를 계산한다

for s, p in zip( stock_a, prob ):
    ex_a = ex_a + s*p

# 위의 두 줄 for 루프는 다음과 같이 한 줄의 인라인 for 루프로 바꿀 수 있다
ex_a = sum( s*p for s, p in zip( stock_a, prob ) )

for s, p in zip( stock_b, prob ):
    ex_b = ex_b + s*p

# 위의 두 줄 for 루프는 다음과 같이 한 줄의 인라인 for 루프로 바꿀 수 있다
ex_b = sum( s*p for s, p in zip( stock_b, prob ) )

# 분산을 저장할 변수와 투자 비중을 미리 준비한다
var_a = 0.0
var_b = 0.0
wgt_a = 0.5
wgt_b = 0.5
```

위 코드 네 줄은 변수에 값을 할당하는 코드인데, 다음과 같이 한 줄로 처리할 수 있다

```
    var_a, var_b, wgt_a, wgt_b = 0.0, 0.0, 0.5, 0.5

    # 리스트 stock_a와 prob에서 각각 데이터를 변수 s와 p로 받아 반복한다
    # 확률과 편차 제곱을 곱해 var_a에 저장한다
    for s, p in zip( stock_a, prob ):
        var_a = var_a + p*( s-ex_a )**2
```

> 위 반복문은 다음과 같이 인라인 for 루프로 바꿔 사용할 수 있다.
>
> ```
> var_a = sum( p*( s-ex_a )**2 for s, p in zip( stock_a, prob ) )
> ```

```
    # 리스트 stock_b와 prob에서 각각 데이터를 변수 s와 p로 받아 반복한다
    # 확률과 편차제곱을 곱해 var_b에 저장한다
    for s, p in zip( stock_b, prob ):
        var_b = var_b + p*( s - ex_b )**2
```

> 위 반복문은 다음과 같이 인라인 for 루프로 바꿔 사용할 수 있다.
>
> ```
> var_b = sum( p*( s - ex_b )**2 for s, p in zip( stock_b, prob ) )
> ```

```
    # 결과를 출력한다
    print( '주식 A의 분산은 {:.2%}'.format( var_a ) )
    print( '주식 B의 분산은 {:.2%}'.format( var_b ) )

    # 포트폴리오의 분산을 계산한다
    # 공분산, 분산, 표준편차를 계산한다
    cov = sum( p*( a-ex_a ) * ( b-ex_b ) for a, b, p in zip( stock_a, stock_b, prob ) )
    var_p = wgt_a**2 * var_a + wgt_b**2 * var_b + 2 * wgt_a * wgt_b * cov
    std_p = math.sqrt( var_p )
    print( '포트폴리오의 분산은 {:.2%}'.format( var_p ) )
    print( '포트폴리오의 표준편차는 {:.2%}'.format( std_p ) )
```

포트폴리오 위험(분산)을 구하는 식 $\sigma_p^2 = w_1^2 \sigma_1^2 + w_2^2 \sigma_2^2 + 2w_1 w_2 \sigma_{12}$를 보면 많이 익숙할 것이다. 이 식은 중학교에서 배우는 곱셈 공식 $(x+y)^2 = x^2 + 2xy + y^2$과 많이 닮아 있다. $(x+y)^2$ 식의 변수 x와 y를 행렬 형태로 배치해 풀어보면 다음과 같다.

▼ 그림 3-5 $(x+y)^2$은 행렬 곱으로 계산할 수 있다

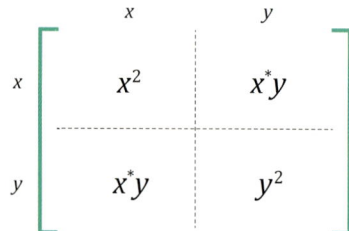

네 칸을 모두 더하면 $x^2 + xy + xy + y^2 = x^2 + 2xy + y^2$이다. 포트폴리오 분산 역시 비슷하게 계산할 수 있다. 포트폴리오 위험을 구하는, 즉 분산을 구하는 계산 과정은 다음과 같이 자산을 행렬 형태로 배치해 풀 수 있다.

▼ 그림 3-6 행렬 연산으로 분산을 구한다

$$\begin{array}{c} & w_1 & w_2 \\ w_1 \\ w_2 \end{array} \begin{bmatrix} w_1 w_1 \sigma_{11} & w_1 w_2 \sigma_{12} \\ w_1 w_2 \sigma_{12} & w_2 w_2 \sigma_{22} \end{bmatrix}$$

마찬가지 방법으로 네 칸을 모두 더하면 $w_1 w_1 \sigma_{11} + w_1 w_2 \sigma_{12} + w_1 w_2 \sigma_{12} + w_2 w_2 \sigma_{22} = w_1 w_1 \sigma_{11} + 2 \times w_1 w_2 \sigma_{12} + w_1 w_2 \sigma_{12} + w_2 w_2 \sigma_{22}$이다.

공분산 σ_{11}과 σ_{22}는 자기 자신과의 공분산이므로 1이다. 따라서 다음과 같이 포트폴리오 분산 공식으로 정리된다.

$$w_1^2 + w_2^2 + 2 \times w_1 w_2 \sigma_{12} = \sigma_p^2$$

3.1.2 n개 주식으로 만든 포트폴리오

두 개 주식으로 만든 포트폴리오 기대수익률과 분산을 확장해 n개 자산으로 구성된 포트폴리오 기대수익률과 분산을 계산할 수 있다. 그러나 두 개에서 세 개, 세 개에서 네 개로 자산 수가 늘어날수록 계산 방법은 동일하지만 복잡성이 늘어난다.

따라서 n개의 자산 포트폴리오 수익률과 위험을 계산하는 코드는 파이썬의 기본 문법만으로 풀어 가기에는 복잡하므로 numpy 라이브러리를 활용해 코드를 줄일 것이다.

n개 자산으로 구성된 포트폴리오 수익률은 다음과 같다.

$$r_p = w_1 r_1 + w_2 r_2 + w_3 r_3 + \cdots + w_n r_n$$

n개 자산으로 구성된 포트폴리오 기대수익률은 다음과 같다.

$$E(r_p) = w_1 E(r_1) + w_2 E(r_2) + w_3 E(r_3) + \cdots + w_n E(r_n)$$

다음과 같이 n개 주식으로 구성된 포트폴리오와 시장 상황별 확률로 구성된 데이터가 있다고 가정한다. 각 주식의 기대수익률을 계산하고, 다시 투자 비중과 기대수익률을 곱해 포트폴리오의 기대수익률을 계산해보자.

▼ 표 3-4 경기 국면별 포트폴리오 기대수익률

국면	확률	주식$_1$	주식$_2$	주식$_3$	...	주식$_{n-2}$	주식$_{n-1}$	주식$_n$
호황 시	?	?	?	?	...	?	?	?
평상 시	?	?	?	?	...	?	?	?
불황 시	?	?	?	?	...	?	?	?

물음표(?)로 표시된 데이터, 즉 국면별 확률과 주식들의 수익률은 실제 데이터를 구하거나 임의로 만들기에는 시간이 걸리므로 난수(random number)를 만들어 채울 것이다.

난수를 만드는 방법은 여러 가지가 있지만, 여기서는 +와 numpy.random.randn(m, n) 함수를 사용할 것이다. numpy.random.rand 함수는 0~1 사이의 균일분포를 이루는 표준정규난수를 만들고, numpy.random.randn 함수는 평균이 0, 표준편차가 1인 가우시안분포를 따르는 난수를 만든다. 두 함수 모두 m×n 크기의 행렬을 돌려준다.

```python
# numpy.random.rand 함수로 10x1 난수 행렬을 만드는 예
import numpy as np

rnd = np.random.rand( 10 )
print( rnd )


# numpy.random.randn 함수로 3x10 난수 행렬을 만드는 예
import numpy as np

rnd = np.random.randn( 3, 10 )
print( rnd )
```

이제 위에서 본 n개 주식으로 구성된 포트폴리오와 시장 상황별 확률로 포트폴리오의 기대수익률을 계산해보자.

```python
# 포트폴리오 기대수익률 계산
# numpy 라이브러리를 np라는 이름으로 임포트한다
import numpy as np
```

```python
# 자산의 개수를 정한다. 자산의 개수는 난수를 만들 때 사용할 것이다
numStocks = 3

# 세 가지 경기 국면별로 자산의 개수만큼 주식의 수익률을 난수로 생성한다
# [3 x numStocks] 배열을 만들고 만들어진 수익률 배열을 출력한다
returns = np.random.randn( 3, numStocks )
print( '1. 난수로 만드는 국면별 주식의 수익률: \n', returns )

# 세 가지 경기 국면별 확률을 만든다. 이것 역시 난수로 만든다
# 세 가지 국면의 확률의 전체 합이 1.0이 되도록 한다
# 난수를 세 개 만든다
prob = np.random.rand( 3 )

# 생성한 난수를 난수의 합계로 나눠 합이 1.0이 되도록 한다
prob = prob / prob.sum( )
print( '2. 경기 국면별 각 확률: \n', prob )

# 경기 국면별 확률과 수익률을 행렬 곱셈한다. 연산의 결과 각 주식의 기대수익률이 계산된다
# 경기 국면별 확률과 수익률을 곱한다
expectedReturns = np.matmul( prob.T, returns )

# prob.T는 prob 전치행렬이며 두 행렬의 곱은 * 또는 matmul( ) 함수를 사용할 수 있다
expectedReturns = prob.T * returns
print( '3. 각 주식의 기대수익률: \n', expectedReturns )

# 투자 비중을 만든다. 주식의 개수(numStocks)대로 난수를 만든 후 이를 난수의 합으로 다시 나눠
전체 투자 비중의 합(100%)이 1.0이 되도록 한다
weights = np.random.rand( numStocks )
weights = weights / weights.sum( )
print( '4. 투자 비중*기대수익률: \n', weights )

# 각각의 투자 비중과 주식 기대수익률의 곱을 모두 합해 포트폴리오의 기대수익률을 계산한다
expectedReturnOfPortfolio = np.sum( weights*expectedReturns )
print( '5. 포트폴리오의 기대수익: {:.2%}'.format( expectedReturnOfPortfolio ) )
```

Pandas를 이용해 실제 데이터로 포트폴리오의 기대수익률 계산

주식 수익률을 난수로 만들어 포트폴리오 기대수익률을 계산해봤다. 이번에는 Pandas를 이용해 실제 미국 주식시장 데이터를 받아 포트폴리오 기대수익률을 계산해보자. 실제 데이터를 사용하므로 경기 국면별 확률에 따른 기대수익률이 아니라 실제 수익률을 사용한다.

> **Note ≡ 수정주가**
>
> 주식 한 주의 가격과 회사가 발행한 그 주식의 총수를 곱한 것이 시가총액이다. 상장된 주식이라면 매일 시장의 거래를 통해 한 주의 가격이 변하고, 이에 따라 시가총액도 변한다. 시가총액은 시장에서 평가하는 기업의 전체 가치를 의미한다.
>
> 그런데 어느 날 회사가 주식 한 주를 갖고 있던 사람에게 두 주로 바꿔주거나 반대로 두 주를 갖고 있던 사람에게 한 주로 바꿔준다는 공시를 했다고 하자. 한 주가 두 주가 되면 가만히 앉아서 돈을 버는 것일까? 반대로 두 주가 한 주가 되면 주식 계좌는 반토막이 나는 것일까? 기업의 가치는 그대로인데 하룻밤 새 시가총액이 두 배가 되거나 반토막이 될 수는 없다.
>
> 수정주가는 이러한 액면변경, 유무상증자 등과 같은 이벤트를 주가에 반영해 현재 주가의 수준을 과거와 비교할 수 있도록 과거 주가도 함께 수정하는 것을 말한다. 정확하게 분석하려면 종가 대신 수정주가를 사용해야 한다.

```python
# 실제 미국 주식 데이터를 이용한 포트폴리오 기대수익률
# 필요한 라이브러리를 임포트한다
import numpy as np
import pandas as pd
from pandas_datareader import data as web
import random

# 몇 가지 종목 코드(ticker)를 갖고 포트폴리오에 포함된 주식 리스트를 만든다
tickers = [ 'MMM', 'ADBE', 'AMD', 'GOOGL', 'GOOG', 'AMZN' ]

# 수정주가를 담을 빈 데이터프레임을 미리 준비한다
adjClose = pd.DataFrame( )

# for 루프를 만들어 tickers 리스트를 반복하면서 종목 코드를 꺼내고
# DataReader 함수를 사용해 수정주가 데이터를 내려받는다
# 데이터는 야후 파이낸스를 통해 얻는다
for item in tickers:
    adjClose[ item ] = web.DataReader( item, data_source='yahoo', start='15-09-2018' )[ 'Adj Close' ]

# pandas의 pct_change 함수는 데이터의 변화량을 %로 계산한다
# 일간 수정주가 데이터를 일간수익률로 변환해 dailySimpleReturns에 저장한다
dailySimpleReturns = adjClose.pct_change( )

# 기대수익률 대신 일간수익률의 평균을 계산한다
# 계산 결과는 np.matrix( ) 함수를 사용해 행렬로 변환한 후 행렬 연산에 사용한다
meanReturns = np.matrix( dailySimpleReturns.mean( ) )
```

> **일간수익률을 연간수익률로 환산하기**
>
> 증권시장이 열리는 날, 즉 영업일은 1년 365일 중 250일 정도다. 그러므로 일간수익률에 250을 곱해 연간수익률을 만든다.
>
> annualReturns = dailySimpleReturns.mean( ) * 250

```
# 주식의 개수만큼 투자 비중을 만든다
numAssets = len( tickers )

# 투자 비중은 난수로 만들고 투자 비중을 비중의 합으로 나눠 투자 비중의 합이 1.0이 되도록 만든다
weights = np.random.random( numAssets )
weights = weights / sum( weights )

# 투자 비중과 연간 환산수익률을 곱해 포트폴리오 기대수익률을 계산한다
# weights와 meanReturns의 차원은 1x6이다
# 행렬의 곱셈 연산을 위해 meanReturns 행렬을 전치한다(meanReturns.T)
portReturnsExpected = np.sum( weights * meanReturns.T )
```

n개 주식 포트폴리오의 위험

n개의 자산으로 구성되는 포트폴리오의 위험(분산) 측정에는 다음과 같은 분산–공분산 행렬을 이용한다.

▼ 그림 3-7 n개 자산의 분산–공분산 행렬

$$\begin{bmatrix} w_1 w_1 \sigma_{11} & w_1 w_2 \sigma_{12} & \cdots & w_1 w_m \sigma_{1m} & w_1 w_n \sigma_{1n} \\ w_2 w_1 \sigma_{21} & w_2 w_2 \sigma_{22} & \cdots & w_2 w_m \sigma_{2m} & w_2 w_n \sigma_{2n} \\ \cdots & \cdots & \cdots & \cdots & \cdots \\ w_m w_1 \sigma_{m1} & w_m w_2 \sigma_{m2} & \cdots & w_m w_m \sigma_{mm} & w_m w_n \sigma_{mn} \\ w_n w_1 \sigma_{n1} & w_n w_2 \sigma_{n2} & \cdots & w_n w_m \sigma_{nm} & w_n w_n \sigma_{nn} \end{bmatrix}$$

여기서 w는 투자 비중이며 σ는 공분산이다. 행렬에서 대각선 방향 ■은 동일한 자산이 만나는 곳으로, 해당 자산 투자 비중과 분산의 곱으로 채워져 있다. 위 행렬을 다시 정리하면 포트폴리오의 위험은 다음과 같다.

$$\sigma_p^2 = w_1w_1\sigma_{11} + w_1w_2\sigma_{12} + w_1w_3\sigma_{13} + \cdots + w_1w_n\sigma_{1n}$$
$$+ w_2w_1\sigma_{21} + w_2w_2\sigma_{22} + w_2w_3\sigma_{23} + \cdots + w_2w_n\sigma_{2n}$$
$$+ w_3w_1\sigma_{31} + w_3w_2\sigma_{32} + w_3w_3\sigma_{33} + \cdots + w_3w_n\sigma_{3n}$$
$$+ \quad \cdots \quad + \quad \cdots \quad + \quad \cdots$$
$$+ w_nw_1\sigma_{n2} + w_nw_2\sigma_{n2} + w_nw_3\sigma_{n3} + \cdots + w_nw_n\sigma_{nn}$$

수식을 풀어 쓰다 보면 +로 연결된 항의 개수가 무려 n×n개다. 따라서 다음과 같이 줄여 표현한다.

$$\sigma_p^2 = \sum_{i=1}^{n}\sum_{j=1}^{n} w_iw_j\sigma_{ij}$$

행렬의 대각선 부분과 그 외의 부분을 분리해 다시 식을 정리하면 다음과 같다.

$$\sigma_p^2 = \sum_{i=1}^{n} w_i^2\sigma_i^2 + \sum_{i=1}^{n}\sum_{j=1}^{n} w_iw_j\sigma_{ij}$$

공분산 대신 상관계수와 분산으로 바꾸면 다음과 같다.

$$\sigma_p^2 = \sum_{i=1}^{n} w_i^2\sigma_i^2 + \sum_{i=1}^{n}\sum_{j=1}^{n} w_iw_j\rho_{ij}\sigma_i\sigma_j$$

여러 종목으로 구성된 포트폴리오의 위험을 구할 때는 행렬을 사용해 계산하는 것이 편리하다. $\sigma_p^2 = \sum_{i=1}^{n}\sum_{j=1}^{n} w_iw_j\sigma_{ij}$를 행렬식으로 변경하면 다음과 같다. 주의할 점은 투자 비중을 가리키는 행렬 w의 전치행렬을 사용한다는 점이다.

$$\sigma_p^2 = [w_1, w_2, \cdots, w_n] \times \begin{bmatrix} \sigma_1^2 & \sigma_{1,2} & \cdots & \sigma_{1,n} \\ \sigma_{2,1} & \sigma_2^2 & \cdots & \sigma_{2,n} \\ \vdots & \vdots & \ddots & \vdots \\ \sigma_{n,1} & \sigma_{n,2} & \cdots & \sigma_n^2 \end{bmatrix} \times \begin{bmatrix} w_1 \\ w_2 \\ \vdots \\ w_n \end{bmatrix}$$

```python
# n개 주식 포트폴리오의 분산을 계산하는 코드
# 다음 코드는 앞서 기대수익률을 계산하면서 이미 사용한 코드이므로 설명을 생략한다
import numpy as np
import pandas as pd
from pandas_datareader import data as web
import random

tickers = [ 'MMM', 'ADBE', 'AMD', 'GOOGL', 'GOOG', 'AMZN' ]
adjClose = pd.DataFrame( )

for item in tickers:
  adjClose[ item ] = web.DataReader( item, data_source='yahoo', start='15-09-2018' )[ 'Adj Close' ]
dailySimpleReturns = adjClose.pct_change( )

# 행렬 연산을 위해 weights를 matrix 데이터형으로 변환한다
weights = np.matrix( weights )

# dailySimpleReturns는 pandas의 DataFrame 객체다. 데이터형을 확인하기 위해 type( ) 함수를 사용했다
print( 'dailySimpleReturns의 데이터형: ', type( dailySimpleReturns ) )

# DataFrame 객체는 공분산을 계산해주는 cov 함수를 제공한다
# cov 함수는 DataFrame을 돌려준다. 이번에도 데이터형을 확인하기 위해 type( ) 함수를 사용했다
print( 'dailySimpleReturns.cov( ) 결과의 데이터형: ', type( dailySimpleReturns.cov( ) ) )

# cov( ) 함수로 공분산한 결과는 DataFrame이다. 이 결과는 다시 행렬 연산을 위해 변환할 것이다
# 그러므로 별도의 변수로 저장하지 않고 바로 values 함수를 사용해 행렬로 변환하고 이를 pcov 변수로 저장한다
pcov = dailySimpleReturns.cov( ).values

# 행렬 연산으로 분산을 계산한다. 즉, [비중 * 공분산 행렬 * 비중의 전치행렬]의 연산을 수행해 포트폴리오의 분산을 varp 변수에 저장하고 출력한다
varp = weights*pcov*weights.T
print( '포트폴리오 분산은 ', varp )
```

3.2 최소분산포트폴리오

동일한 수익률하에서 두 개 주식으로 구성된 포트폴리오 분산은 주식 A보다는 높지만 주식 B에 비해 많이 낮다. 포트폴리오를 구성해 같은 기대수익률하에 위험이 줄어드는 것을 분산 효과 또는 포트폴리오 효과라고 한다. 이것은 포트폴리오의 구성 자산 간의 움직임이 다르기 때문이다.

▼ 표 3-5 포트폴리오와 주식의 기대수익률과 분산, 표준편차

	포트폴리오 P	주식 A	주식 B
기대수익률	4%	4%	4%
분산	0.24%	0.06%	0.54%
표준편차	4.90%	2.45%	7.35%

가령 두 자산이 같은 날 오르고 같은 날 떨어지는 등, 같은 방향으로 움직인다면 분산 효과는 적을 것이다. 반대로 하나는 오르고 다른 하나는 떨어지는 등 두 자산의 움직임 상관계수가 −1에 가까우면 분산 효과가 가장 크다.

두 종목으로 구성된 포트폴리오라고 해도 상관관계, 투자 비중에 따라 다양한 기대수익률과 위험(표준편차 또는 분산)의 조합이 만들어진다. 다음 그림에서 가로축은 위험, 세로축은 기대수익률을 나타낸다.

▼ 그림 3-8 두 자산 A, B로 구성하는 포트폴리오

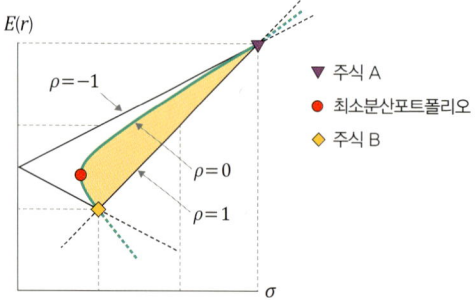

상관계수가 ρ = −1인 경우 투자 비중의 여러 조합이 만들어내는 (위험, 기대수익률)의 좌표는 가장 위쪽 선에 찍힌다. 마찬가지로 상관계수 ρ = 0인 경우 투자 비중이 만들어내는 (위험, 기대수

익률)의 좌표는 중간에 위치한 휘어지는 곡선에 찍힌다. 마지막으로 상관계수 ρ = +1인 경우 (위험, 기대수익률)의 좌표는 가장 아래 직선에 위치한다.

그림을 보면, 세 개의 실선이 한 점(◆▼)에서 모인 후 다시 갈라지는 점선으로 바뀐 것을 확인할 수 있다. 주식 A 또는 B를 공매도하는 경우다. 한 점(◆) 아래의 점선은 주식 A(▼)를 공매도하는 경우이고, 반대로 한 점(▼) 위의 점선은 주식 B(◆)를 공매도하는 경우다.

> **Note 공매도란?**
>
> 없는 물건을 팔 수 있을까? 물론 일반적으로는 불가능하다. 그러나 물건을 빌려서 팔 수 있으며, 나중에 갚으면 된다. 주식도 마찬가지다. 일반적인 매도는 주식을 보유한 상황에서 주식을 매도하는 것인데, 공매도는 주식을 보유하지 않은 상태에서 주식을 빌려 매도하고 나중에 주식을 구해 되갚아주는 것을 말한다. 주가 하락이 예상돼 주식을 빌려 매도하고, 주가가 하락한 후 매도한 만큼 사서 되갚으면 된다. 먼저 비싸게 팔고, 나중에 싸게 사서 갚는 매매를 공매도라고 한다.

그림은 주식 B(◆)에서 주식 A(▼)로 가는 세 가지의 길을 안내한다. 그중 상관계수 ρ = 0인 경우 ● 지점을 지나는데, 이 점은 의미가 있다. ● 지점을 최소분산포트폴리오(Minimum Variance Portfolio, MVP)라고 한다. 가장 위험이 적은 투자 비중 조합을 가진 포트폴리오다.

최소분산포트폴리오에서 주식 A(▼)와 주식 B(◆)의 투자 비중은 다음 공식을 통해 얻을 수 있다.

$$W_A = \frac{\sigma_B^2 - \sigma_{AB}}{\sigma_A^2 + \sigma_B^2 - 2\sigma_{AB}}$$

$$W_B = 1 - W_A$$

3.3 체계적 위험과 비체계적 위험

주가 변동 위험은 모든 기업에 공통적으로 영향을 미치는 요인에 의해 발생하는 체계적 위험과 개별 기업에 의해 발생하는 비체계적 위험으로 구분할 수 있다.

앞에서 살펴봤듯이 두 주식만으로 구성된 포트폴리오를 만들더라도 위험을 줄일 수 있다. 만약 주식의 수를 아주 많이 늘리면 포트폴리오의 위험은 거의 없어지지 않을까? 물론 가능한 일이다. 상관계수가 −1이라면 가능하다.

그러나 현실적으로 그런 주식으로 구성된 포트폴리오는 존재하지 않을 것이다. 투자 종목 수가 많을수록 포트폴리오 위험은 감소하지만 어느 정도 한계가 존재한다.

분산 투자로 제거할 수 있는 위험을 비체계적 위험(unsystematic risk)이라 하고, 분산 투자로 제거할 수 없는 위험을 체계적 위험(systematic risk) 또는 시장위험(market risk)이라 한다. 비체계적 위험은 개별 주식과 관련된 고유의 위험이다. 가령 어닝쇼크(실적 부진)나 소송, 노사분규와 같은 것을 의미한다.

반면에 체계적 위험은 시장 전체와 관련된 위험으로 경제변수(이자율, 환율, 경기선행지수, 실업률, 경제정책 등)의 불리한 움직임을 가리킨다. 이러한 요인은 거의 동시에 거의 모든 기업에 유사한 영향을 미치면서 공통적인 주가 변동을 일으키는 요인으로 작용한다.

체계적 위험은 주식시장 전체 변동에 대한 개별 종목의 변동 정도로 측정하며, 주식시장 전체 변화율과 개별 종목 변화율 간 회귀분석을 통해 측정할 수 있다. 이와 같이 체계적 위험은 시장 전체와 개별 종목 변화율의 관계를 나타내는 회귀방정식의 기울기이며 베타(β)라고 한다.

▼ 그림 3-9 체계적 위험과 비체계적 위험

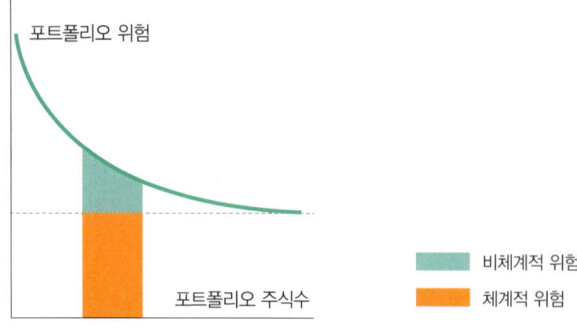

앞서 언급한 바와 같이 n개의 주식으로 구성된 포트폴리오의 위험은 다음과 같다.

$$\sigma_p^2 = \sum_{i=1}^{n} \sum_{j=1}^{n} w_i w_j \rho_{ij} \sigma_i \sigma_j$$

위 식에서 $i = j$인 경우는 종목이 같은 경우다. 따라서 상관계수는 $\rho_{ij} = 1$이고 $w_i w_j \sigma_i \sigma_j = w^2 \sigma^2$이 된다. 위의 식에서 $i = j$인 경우와 $i \neq j$인 경우, 이 두 가지를 나눠 표시하면 다음과 같다.

$$\sigma_p^2 = \sum_{i=1}^{n} w_i^2 \sigma_i^2 + \sum_{i=1}^{n} \sum_{j=1}^{n} w_i w_j \rho_{ij} \sigma_i \sigma_j$$

또는

$$\sigma_p^2 = \sum_{i=1}^{n} w_i^2 \sigma_i^2 + \sum_{i=1}^{n} \sum_{j=1}^{n} w_i w_j \sigma_{ij}$$

즉, 포트폴리오 위험은 (개별수익률의 분산)+(기타수익률 간의 공분산)으로 단순화할 수 있다. n개 주식에 균등하게 투자하는 포트폴리오를 구성해보자. 그러면 각각의 주식 투자 비중은 $1/n$이다. 따라서 위의 식

$$\sigma_p^2 = \sum_{i=1}^{n} w_i^2 \sigma_i^2 + \sum_{i=1}^{n} \sum_{j=1}^{n} w_i w_j \sigma_{ij}$$

는 다음과 같이 달리 표현할 수 있다.

$$\sigma_p^2 = \sum_{i=1}^{n} \left(\frac{1}{n}\right)^2 \sigma_i^2 + \sum_{i=1}^{n} \sum_{j=1}^{n} \left(\frac{1}{n}\right)\left(\frac{1}{n}\right) \sigma_{ij}$$

$$\sigma_p^2 = \sum_{i=1}^{n} \frac{1}{n^2} \sigma_i^2 + \sum_{i=1}^{n} \sum_{j=1}^{n} \frac{1}{n^2} \sigma_{ij}$$

여기서 + 앞의 식에서 $1/n$을 Σ 앞으로 빼내고 + 뒤의 식에서 $(n-1)/n$을 Σ 앞으로 빼내면 다음과 같다(Σ는 없다고 생각하고 전개된 식을 보면 쉽게 이해할 수 있다).

$$\sigma_p^2 = \frac{1}{n} \sum_{i=1}^{n} \frac{\sigma_i^2}{n} + \frac{(n-1)}{n} \sum_{i=1}^{n} \sum_{j=1}^{n} \frac{\sigma_{ij}}{n(n-1)}$$

결국 포트폴리오의 위험(σ_p^2)은 n개의 개별 주식 분산과 $n(n-1)$개 개별 주식 간 공분산이다.

▼ 그림 3-10 포트폴리오의 위험은 개별 주식 분산과 공분산으로 분해할 수 있다

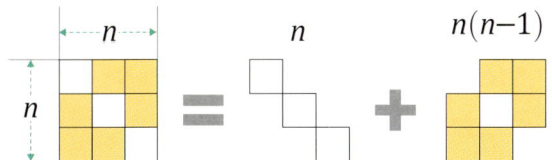

$\dfrac{\sigma_i^2}{n}$과 $\dfrac{\sigma_{ij}}{n(n-1)}$는 분수 형태인데, 달리 말하자면 분산과 공분산의 평균이다. 즉, 포트폴리오의 위험은 분산과 공분산의 평균으로 구성된 것이다.

$$\sigma_p^2 = \frac{1}{n}\bar{\sigma}_i^2 + \frac{(n-1)}{n}\bar{\sigma}_{ij} = \frac{1}{n}\bar{\sigma}_i^2 + \left(1 - \frac{1}{n}\right)\bar{\sigma}_{ij} = \frac{1}{n}\bar{\sigma}_i^2 + \bar{\sigma}_{ij} - \frac{1}{n}\bar{\sigma}_{ij} = \frac{1}{n}\left(\bar{\sigma}_i^2 - \bar{\sigma}_{ij}\right) + \bar{\sigma}_{ij}$$

즉, n개의 주식으로 구성된 포트폴리오는

$$\sigma_p^2 = \frac{1}{n}\left(\bar{\sigma}_i^2 - \bar{\sigma}_{ij}\right) + \bar{\sigma}_{ij}$$

가 된다. 그런데 n이 무한대에 가까우면 $1/n$은 0에 수렴할 것이다. 따라서 n개의 주식으로 구성된 포트폴리오는 다시 변신해

$$\sigma_p^2 = \bar{\sigma}_{ij}$$

가 된다. 포트폴리오의 구성 주식 수가 무한대로 커지면 개별 주식의 분산은 의미가 없어지고 주식 간 공분산만 남는 것이다.

3.4 무위험자산과 최적 자산배분

무위험자산(risk-free asset)이란? 말 그대로 위험이 없는 자산이다. 무위험자산은 이자율, 인플레이션 변화에도 영향을 받지 않아 미래의 현금흐름에 불확실성이 없는 자산을 말한다.

현실에서 무위험자산과 가장 가까운 것이라면 만기가 짧아 인플레이션, 이자율의 영향을 적게 받는 정부발행채권을 꼽을 수 있다. 그러나 무위험수익률을 사용할 때는 아무거나 사용하는 것이 아니라, 분석하려는 자산의 만기와 일치하는 무위험자산의 수익률을 사용하는 것이 바람직하다.

주식의 경우 만기가 없는 장기 자산으로 인플레이션의 영향을 받지만 만기가 긴 10년 국공채 수익률을 사용한다.

3.4.1 효율적 포트폴리오

두 개 주식으로 구성된 포트폴리오라고 해도 구성비율을 달리하면 다양한 포트폴리오를 구성할 수 있다. 이렇게 연결한 선들을 '포트폴리오 결합선'이라고 한다.

그리고 같은 기대수익률이라면 위험이 낮은 포트폴리오를 선택하고 같은 위험이라면 기대수익률이 높은 포트폴리오를 선택하는, 지배원리를 만족시키는 모든 포트폴리오를 '효율적 포트폴리오'라고 한다.

▼ 그림 3-11 지배원리를 만족시키는 효율적 포트폴리오

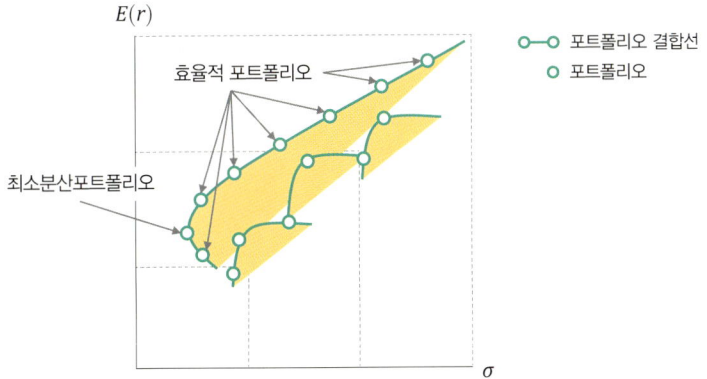

지배원리를 반복해 여러 개의 자산으로 결합된 포트폴리오에 적용할 수 있다. 가령 주식 A, B, C가 있다고 하자.

▼ 그림 3-12 A, B, C 세 주식의 포트폴리오

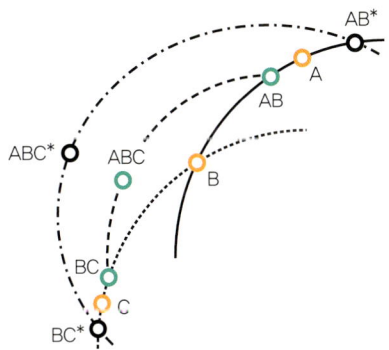

- A와 B를 결합해 투자 비중에 따라 AB 또는 B를 공매도한 AB*를 만들 수 있다. B-AB-A-AB*를 연결한 포트폴리오 결합선(────)을 구할 수 있다.

- B와 C를 결합해 투자 비중에 따라 BC 또는 B를 공매도한 BC* 포트폴리오를 만들 수 있다. BC*-C-BC-B를 연결하는 포트폴리오 결합선(········)을 구할 수 있다.
- AB와 BC를 결합해 포트폴리오 결합선(----) AB-ABC-BC를 만들 수 있다. 이는 공매도를 하지 않는 포트폴리오다.
- AB*와 BC*를 결합해 포트폴리오 결합선(·-·-··) AB*-ABC*-BC*를 만들 수 있다. 이는 공매도를 하는 포트폴리오이며, 지배원리를 보면 공매도가 없는 포트폴리오 결합선 AB-ABC-BC보다 효율적 포트폴리오다.

세 가지 투자 대상만 갖고도 이렇게 많은 포트폴리오를 얻을 수 있는데, 투자 대상이 많아지면 효율적이든 비효율적이든 무수히 많은 포트폴리오 집합을 얻을 수 있다. 이들을 투자기회집합(investment opportunity set)이라고 한다. 다음 그림에서 곡선 사이 공간(⋯)의 무수히 많은 점이 포트폴리오들이다.

▼ 그림 3-13 투자기회집합

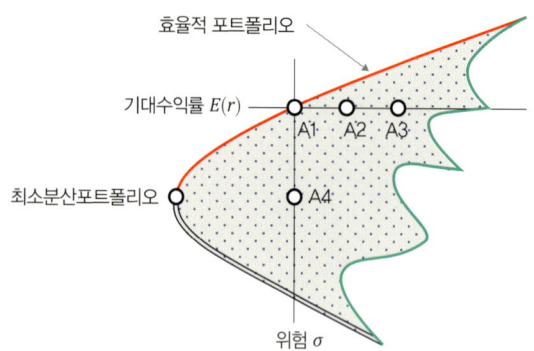

두 겹의 곡선(══)은 투자기회집합의 경계선이다. 포트폴리오 A1, A2, A3는 기대수익률이 같지만 A1의 위험이 가장 작다. 따라서 A1은 지배원리에 따라 A2, A3를 지배하는 것이다. 또한 A1과 A4는 같은 위험 σ를 갖지만 기대수익률을 보면 지배원리에 따라 A1이 선택된다.

굵은 붉은선(──)은 효율적 투자선이라고 하는데, 이 선 위의 포트폴리오는 지배원리를 만족시키는 포트폴리오다. 즉, 동일한 위험에서 최고의 수익률을 가진 포트폴리오들을 이어둔 것이다. 따라서 투자자는 주어진 위험하에서 이 이상의 수익률을 얻을 수 없다. 수익률을 높이려면 더 많은 위험을 감수해야 한다.

곡선의 앞부분은 가장 작은 위험을 갖는 최소분산포트폴리오다.

3.4.2 기대효용과 무차별곡선

합리적인 투자자라면 불확실한 위험을 피하려고 할 것이다. 그러면서 자신의 기대효용을 극대화할 것이다. 즉, 합리적인 위험회피 성향을 가진 투자자는 기대효용 극대화라는 목표를 가진다.

이러한 투자자들의 위험에 대한 태도는 무차별곡선으로 표시되는데, 무차별곡선이 아래로 볼록한(convex) 우상향의 형태를 갖는 것은 투자자가 위험회피적이라는 것을 의미한다.

'무차별'이라는 말은 차이를 느끼지 못하고 동일하다고 여기는 것을 의미한다. 즉, 이 곡선 위에 있는 포트폴리오들은 동일한(무차별한) 효용을 준다.

▼ 그림 3-14 투자자의 효용곡선

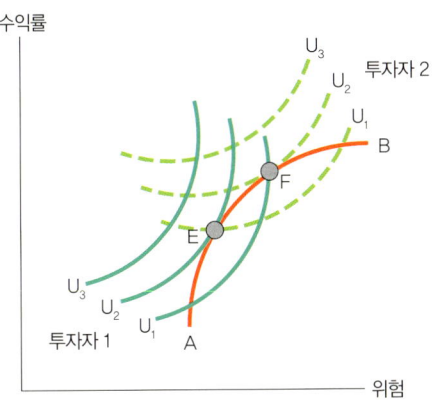

위험회피도 성향의 정도에 따라 무차별곡선 모양이나 기울기가 달라지는데, 투자자 위험회피도가 클수록 기울기가 더욱 가파르다. 여기서는 투자자 1이 투자자 2보다 상대적으로 위험을 더 싫어하는 위험회피적 투자자라는 것을 알 수 있다. 또한 여러 개의 무차별곡선 U_1, U_2, U_3 중 상대적으로 위쪽에 있는 곡선($U_1 < U_2 < U_3$ 또는 $U_2 < U_3$)이 더 높은 효용을 나타낸다.

3.4.3 최적 포트폴리오의 선택

최적 포트폴리오는 효율적 투자선과 투자자의 무차별곡선이 접하는 점(E와 F)에서 결정된다. 따라서 투자자 1과 투자자 2의 최적 포트폴리오는 각각의 무차별곡선과 효율적 투자선이 접하는 E와 F 점에서 결정된다.

위험회피적인 투자자 1은 투자자 2보다 상대적으로 기대수익률이 작으나 위험도 작은 E를, 투자자 2는 상대적으로 위험이 크지만 기대수익률도 큰 F를 최적 포트폴리오로 선택한다.

이처럼 투자자의 효용을 극대화해주는 최적 포트폴리오 선택 문제는 투자자의 효용에 따라 투자자가 어떤 선택을 하는지에 달려 있다.

3.4.4 무위험자산+위험자산

무위험자산의 기대수익률은 'r_f'로 일정하고 분산은 '0'이며 다른 자산과의 공분산도 '0'이라고 가정한다. 이런 무위험자산과 위험자산을 섞어 새로운 포트폴리오를 만들어보자.

위험자산 i에 w를 투자하고 무위험자산에 $1-w$를 투자하면, 새로운 포트폴리오의 수익률은 다음과 같다.

$$r_p = wr_i + (1-w)r_f$$

포트폴리오의 기대수익률은 다음과 같다.

$$\begin{aligned} E(r_p) &= wE(r_i) + (1-w)E(r_f) \\ &= wE(r_i) + (1-w)r_f \\ &= wE(r_i) + r_f - wr_f \\ &= r_f + w[E(r_i) - r_f] \end{aligned}$$

위 포트폴리오의 기대수익률 수식이 가진 의미를 따져보면, 무위험자산에 투자 비중만큼의 위험프리미엄이 더해진 형태라고 할 수 있다.

▼ 그림 3-15 무위험이자율과 위험프리미엄

$$\underbrace{r_f}_{\text{무위험이자율}} + \underbrace{w[E(r_i) - r_f]}_{\text{위험프리미엄}}$$

포트폴리오의 위험인 포트폴리오 수익률의 표준편차는 다음과 같다.

$$\sigma_p = \sqrt{w^2\sigma_i^2 + (1-w)^2\sigma_f^2 + 2w(1-w)\sigma_{if}}$$

그런데 무위험자산의 분산과 무위험자산과 다른 자산과의 공분산은 모두 0이므로

$$\sigma_f = \sigma_{if} = 0$$

포트폴리오 수익률의 표준편차는 다음과 같다.

$$\sigma_p = \sqrt{w^2 \sigma_i^2} = w\sigma_i$$

식을 투자 비중 w에 대해 정리하면 다음과 같다.

$$w = \frac{\sigma_p}{\sigma_i}$$

이렇게 정리한 식을 포트폴리오의 기대수익률에 대입하면 다음과 같다.

$$\begin{aligned} E(r_p) &= r_f + w[E(r_i) - r_f] \\ &= r_f + \frac{\sigma_p}{\sigma_i}[E(r_i) - r_f] \\ &= r_f + \frac{[E(r_i) - r_f]}{\sigma_i}\sigma_p \end{aligned}$$

위 식은 중학교 수학에서 배우는 일차함수 또는 회귀분석의 기본식, $y = Ax + b$와 유사하다. $x = 0$이면 $y = b$이며 b 값은 y 절편이라고 한다. 그리고 A는 기울기를 의미한다. $y = Ax + b$와 포트폴리오 기대수익률 수식을 비교하면 다음과 같다.

▼ 그림 3-16 $y = Ax + b$와 포트폴리오 기대수익률 비교

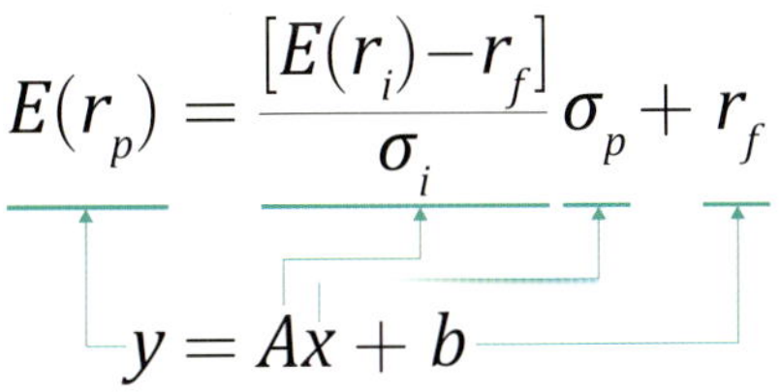

$$E(r_p) = \frac{[E(r_i) - r_f]}{\sigma_i}\sigma_p + r_f$$

$$y = Ax + b$$

$y = Ax + b$가 x와 y의 관계를 보여주는 식인 것처럼 $E(r_p) = r_f + \frac{[E(r_i)-r_f]}{\sigma_i}\sigma_p$ 식은 무위험자산이 있는 포트폴리오 기대수익률 $E(r_p)$와 포트폴리오 위험 σ_p 간의 선형관계를 보여준다. Y 절편에 해당하는 부분이 r_f이고, 기울기는 위험프리미엄 $\frac{[E(r_i)-r_f]}{\sigma_i}$ 이다.

무위험이자율 r_f가 1%이고 위험자산의 기대수익률이 4%, 위험자산 수익률 표준편차가 2%이면 포트폴리오 기대수익률 식은 다음과 같다.

$$E(r_p) = 1 + \frac{|4-1|}{2}\sigma_p$$
$$= 1.5\sigma_p + 1$$

위 식으로 표준편차, 기대수익률, 위험자산 투자 비중 표를 만들고, 포트폴리오 기대수익률을 y축으로, 수익률의 표준편차를 x축으로 해서 그래프를 그리면 다음과 같다.

▼ 표 3-6 표준편차, 기대수익률, 위험자산 투자 비중

표준편차	기대수익률	위험자산 투자 비중
0.0	1.0	0.0
0.5	1.8	0.3
1.0	2.5	0.5
1.5	3.3	0.8
2.0	4.0	1.0
2.5	4.8	1.3
3.0	5.5	1.5
3.5	6.3	1.8
4.0	7.0	2.0
4.5	7.8	2.3
5.0	8.5	2.5

▼ 그림 3-17 포트폴리오 기대수익률과 표준편차

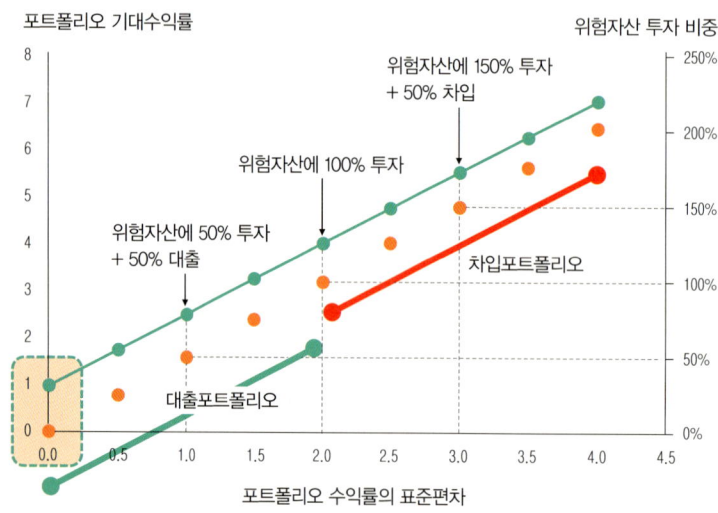

차트의 오른쪽은 위험자산에 대한 투자 비중을 가리킨다. 실선은 표준편차별 기대수익률을 가리킨다.

위험자산에 대한 투자 비중이 0이라면 무위험자산에 100% 투자하는 것이다. 따라서 위험자산에 대한 투자 비중 $w = 0$, 위험자산 수익률 표준편차 $\sigma_i = 20\%$를 투자 비중 계산식 $w = \dfrac{\sigma_p}{\sigma_i}$에 대입하면 포트폴리오 수익률 표준편차 $\sigma_p = w\sigma_i = 0 \times 2\% = 0$이다. 포트폴리오 기대수익률은 다음과 같다.

$$E(r_p) = 1.5\sigma_p + 1 = 1.5 \times 0 + 1 = 1$$

포트폴리오의 기대수익률이 2.5%, 수익률의 표준편차가 1.0일 때 위험자산에 대한 투자 비중 w는 50%이다. 나머지 50%는 무위험자산에 투자하는 것이다. 무위험자산에 투자한다는 것은 예금이나 채권 등에 투자하는 방식이며 돈을 빌려주는 셈이다.

이와 같은 포트폴리오를 대출포트폴리오(lending portfolio)라고 한다. 포트폴리오의 기대수익률이 5.5%, 수익률의 표준편차가 3.0일 때 위험자산에 대한 투자 비중 w는 150%이다. 원래의 투자 자금 100%에 투자 자금의 절반인 50%를 무위험자산 이자율에 빌려 투자하는 것이다. 자금을 빌려 위험자산에 투자하는 포트폴리오를 차입포트폴리오(borrowing portfolio)라고 한다.

3.4.5 무위험자산+위험자산+효율적 투자선(자본배분선)

이번에는 무위험자산이 없는 경우의 효율적 투자선과 (무위험자산-위험자산) 결합선이 만나는 몇 가지 경우를 살펴보자.

▼ 그림 3-18 무위험자산과 위험자산의 포트폴리오

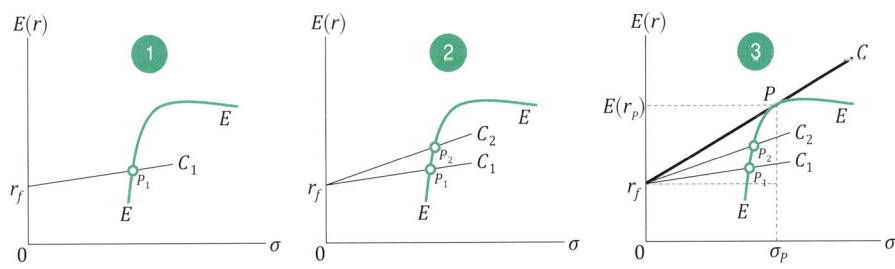

- 1번에서 효율적 투자선 E 위의 포트폴리오 P_1이 결합선 C_1과 만나고 있다.

- 2번에서 또 다른 포트폴리오 P_2가 결합선 C_2와 만나고 있다. $r_f P_1$과 $r_f P_2$를 비교하면, 지배원리에 따라 같은 위험에서 더 높은 기대수익률을 갖는(같은 기대수익률하에 더 낮은 위험을 가진) $r_f P_2$ 선 위의 포트폴리오가 $r_f P_1$의 포트폴리오들을 지배하고 있다.
- 그러나 3번에서는 효율적 투자선상의 포트폴리오 P와 결합선 C를 연결한 $r_f PC$가 다른 모든 포트폴리오를 지배하고 있다. 이때 포트폴리오 T를 접점포트폴리오(tangent portfolio)라고 한다. 이 포트폴리오는 효율적 투자선상의 포트폴리오 중에서도 가장 우월한 포트폴리오다.

$r_f PC$는 자본배분선(Capital Allocation Line, CAL)이라고 한다. 즉, 무위험자산이 존재하는 경우 이 자본배분선이 효율적 투자선이 되는 것이다. 이 선은 일차방정식의 선이다. 즉, Y 절편은 r_f이고 기울기는 다음과 같다.

$$\frac{E(r_P) - r_f}{\sigma_P}$$

기울기와 Y 절편을 알았으므로 자본배분선은 다음과 같다.

$$E(r) = r_f + \left[\frac{E(r_P) - r_f}{\sigma_P}\right] \times \sigma$$

기울기 $\frac{E(r_P) - r_f}{\sigma_P}$는 수익률을 위험으로 나눈 것이다. 즉, 위험 한 단위를 부담하는 대신 얻을 수 있는 수익률이다. 이것을 위험보상비율이라고 한다.

3.4.6 최적 포트폴리오 선택

직장인들의 하루 일과에서 가장 어려운 일 중 하나는 점심 메뉴를 고르는 것이 아닐까? 직장인 A는 비가 오는 어느 날, 점심 메뉴로 바지락 칼국수와 햄버거 사이에서 고민하고 있었다. 두 메뉴가 가격은 같지만, 평소 면을 좋아할 뿐 아니라 마침 비까지 내리므로 햄버거보다는 칼국수 한 그릇이 점심 한 끼의 효용(만족도)을 높여줄 것이다.

투자자는 효율적 투자선 위의 여러 포트폴리오 중 하나를 선택해야 한다. 자신의 기대효용을 극대화하려는 투자자는 무차별곡선으로 표현되는 자신의 위험 성향(태도)과 맞는 포트폴리오를 선택할 것이다. 앞서 효율적 투자선을 무위험자산이 없는 경우와 무위험자산이 있는 경우에 따라 살펴봤는데, 최적의 포트폴리오를 선택하는 것 역시 두 가지 경우에 따라 달라진다.

▼ 그림 3-19 무위험자산과 효용곡선(무차별곡선)

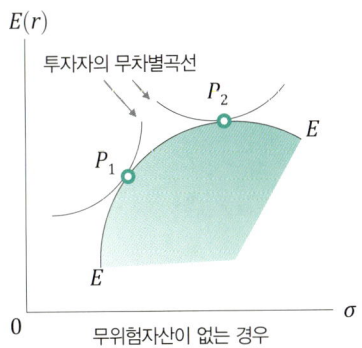
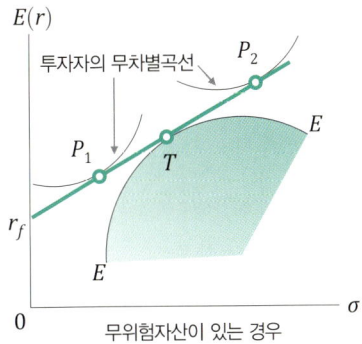

왼쪽 그림은 무위험자산이 없는 경우로, 위험을 아주 싫어하는 투자자는 P_1을 선택한다. 그러나 상대적으로 위험을 감수하려는 투자자는 P_2를 선택한다.

오른쪽 그림은 무위험자산이 있는 경우인데, 무위험자산과 효율적 투자선이 결합해 자본배분선이 효율적 투자선이 된다. 이것과 투자자의 무차별곡선과의 접점이 투자자의 최적 포트폴리오다. 위험을 회피하려는 성향을 가진 투자자는 P_1이 최적 포트폴리오이며, 투자 자금의 일부는 무위험자산에 투자하고 나머지는 접점포트폴리오 T에 투자한다. 반면에 공격적인 투자 성향을 가진 투자자는 P_2가 최적 포트폴리오이며, 무위험이자율 r_f로 자금을 빌려 T에 투자한다. 즉, 위험 성향이 다른 투자자는 투자 비중만 다를 뿐 모두 위험자산을 접점포트폴리오 T에 투자한다.

투자자가 최적 포트폴리오를 선택하는 과정은 두 단계로 나뉜다.

- **1단계**: 지배원리에 따라 전체투자기회집합에서 효율적 투자선을 찾아낸다.
- **2단계**: 투자자의 기대효용을 극대화하고자 투자자의 위험회피 성향을 보여주는 무차별곡선과 효율적 투자선이 접하는 최적 포트폴리오를 찾아낸다. 이를 포트폴리오 분리 정리(portfolio separation theorem)라고 한다.

> Note ≡ **무차별곡선**
> 무차별곡선은 미시경제학에서 나오는 용어인데, 경제주체가 동일한 효용을 제공하는 재화들의 조합을 연결한 곡선이다. 효용(재화가 가져다주는 만족감)을 측정할 수 없지만 어느 하나의 재화만 편애하지 않고 차별 없이 같은 효용을 느끼는 곡선이다.

이번에는 다섯 개 주식의 1년치 수정주가를 갖고 비중을 달리하는 수만 개의 포트폴리오를 만들어 효율적 투자선을 구현해보는 코드를 살펴본다.

```python
# 필요한 라이브러리를 임포트한다
import numpy as np
import pandas as pd
from pandas_datareader import data as web
import matplotlib.pyplot as plt
import matplotlib as mpl

# 다섯 개 종목(애플, 페이스북, 아마존, 제너럴일렉트릭, 테슬라)을 갖고 비중을 무수히 바꿔 포트폴
리오를 만들 것이다
tickers = [ 'AAPL', 'F', 'AMZN', 'GE', 'TSLA' ]

# 수정주가를 저장할 데이터프레임 변수(adjClose)를 미리 만들어둔다
pxclose = pd.DataFrame( )

# for 루프로 다섯 개 종목을 반복하면서 반복 중에 pandas.datareader를 이용해 야후 파이낸스에서
일간 주가 데이터를 가져온다
for t in tickers:
    pxclose[t] = web.DataReader( t, data_source='yahoo', start='01-01-2019', end='31-12-2019' )[ 'Adj Close' ]
```

> for 루프를 마치면 다음과 같이 수정주가를 가져온다. pxclose.head( )를 실행하면 다음과 같이 pxclose의
> 앞부분을 보여준다.
>
> | Date | AAPL | F | AMZN | GE | TSLA |
> |---|---|---|---|---|---|
> | 2019-01-02 | 155.21 | 7.28 | 1539.13 | 7.70 | 310.11 |
> | 2019-01-03 | 139.75 | 7.17 | 1500.28 | 7.71 | 300.35 |
> | 2019-01-04 | 145.71 | 7.45 | 1575.39 | 7.87 | 317.69 |
> | 2019-01-07 | 145.39 | 7.64 | 1629.51 | 8.36 | 334.95 |
> | 2019-01-08 | 148.16 | 7.71 | 1656.57 | 8.18 | 335.35 |
>
> 반대로 데이터프레임 끝부분을 보려면 tail( ) 함수를 사용한다. pxclose.tail( )을 실행하면 다음과 같다.
>
> | Date | AAPL | F | AMZN | GE | TSLA |
> |---|---|---|---|---|---|
> | 2019-12-24 | 283.59 | 9.31 | 1789.20 | 11.178899 | 425.25 |
> | 2019-12-26 | 289.22 | 9.29 | 1868.77 | 11.218859 | 430.94 |
> | 2019-12-27 | 289.11 | 9.20 | 1869.80 | 11.168909 | 430.38 |
> | 2019-12-30 | 290.82 | 9.09 | 1846.89 | 11.06 | 414.70 |
> | 2019-12-31 | 292.95 | 9.14 | 1847.83 | 11.14 | 418.32 |

```python
# 종가의 수익률을 계산한다
ret_daily = pxclose.pct_change( )
```

> 종가의 수익률 ret_daily 역시 마찬가지로, ret_daily.head( )를 실행하면 다음과 같이 ret_daily의 앞부분을 볼 수 있다.
>
> | | AAPL | F | AMZN | GE | TSLA |
> | --- | --- | --- | --- | --- | --- |
> | Date | | | | | |
> | 2019-01-02 | NaN | NaN | NaN | NaN | NaN |
> | 2019-01-03 | -0.0996 | -0.015 | -0.0252 | 0.0012 | -0.0314 |
> | 2019-01-04 | 0.0426 | 0.038 | 0.0500 | 0.0210 | 0.0576 |
> | 2019-01-07 | -0.0022 | 0.025 | 0.0343 | 0.0619 | 0.0543 |
> | 2019-01-08 | 0.0190 | 0.009 | 0.0166 | -0.0205 | 0.0011 |
>
> 수익률은 전일 종가와 당일 종가를 갖고 계산하므로 맨 앞의 종가는 이전 종가가 없어 수익률을 계산할 수 없기 때문에 NaN으로 표시된다.

```python
# 종가수익률 평균에 250(1년 중 시장이 열리는 일수)을 곱해 기대수익률을 만든다
ret_annual = ret_daily.mean( ) * 250

# 일간수익률의 공분산을 계산하고 연간 단위로 만든다
cov_daily = ret_daily.cov( )
cov_annual = cov_daily * 250
```

> cov_annual.head( )를 실행해 cov_annual의 앞부분을 보면 다음과 같다.
>
> | | AAPL | F | AMZN | GE | TSLA |
> | --- | --- | --- | --- | --- | --- |
> | AAPL | 0.068048 | 0.021649 | 0.035169 | 0.032125 | 0.042293 |
> | F | 0.021649 | 0.073603 | 0.022469 | 0.039703 | 0.016356 |
> | AMZN | 0.035169 | 0.022469 | 0.051708 | 0.030574 | 0.032658 |
> | GE | 0.032125 | 0.039703 | 0.030574 | 0.161524 | 0.047065 |
> | TSLA | 0.042293 | 0.016356 | 0.032658 | 0.047065 | 0.237425 |

```python
# 포트폴리오 수익률, 변동성, 투자 비중을 저장할 변수를 미리 준비한다
p_returns = [ ]
p_volatility = [ ]
p_weights = [ ]

# len( ) 함수로 투자자산의 수를 계산한다
```

```python
n_assets = len( tickers )

# 다섯 개 종목으로 투자 비중을 바꿔 3만 개의 포트폴리오를 만들 것이다
n_ports = 30000

# n_ports만큼 반복하면서 자산의 투자 비중을 랜덤하게 만들고 포트폴리오의 기대수익률, 변동성을 계산한다
# 계산한 수익률, 변동성, 투자 비중은 앞서 미리 준비한 변수, p_returns, p_volatility, p_weights에 저장한다
for s in range( n_ports ):

    # np.random.random( ) 함수로 난수 생성
    wgt = np.random.random( n_assets )

    # 투자 비중 합계 100%를 위해 각 난수를 난수 합으로 나눈다
    wgt /= np.sum( wgt )

    # 투자 비중*기대수익률로 기대수익률 계산
    ret = np.dot( wgt, ret_annual )

    # 변동성 계산
    vol = np.sqrt( np.dot( wgt.T, np.dot( cov_annual, wgt ) ) )

    # 계산한 수익률 추가
    p_returns.append( ret )

    # 변동성 추가
    p_volatility.append( vol )

    # 투자 비중 추가
    p_weights.append( wgt )

# 완성된 3만 개의 포트폴리오를 차트로 그린다
# np.array로 변환한다
p_volatility = np.array( p_volatility )
p_returns = np.array( p_returns )

# 색상을 n_ports만큼 만든다
colors = np.random.randint( 0, n_ports, n_ports )

# Matplotlib는 차트에 대한 여러 가지 스타일을 지정할 수 있다
# print( plt.style.available ) 명령으로 다음과 같이 사용 가능한 스타일을 알 수 있다
```

```
['bmh', 'classic', 'dark_background', 'fast', 'fivethirtyeight', 'ggplot', 'gray-
scale', 'seaborn-bright', 'seaborn-colorblind', 'seaborn-dark-palette', 'sea-
born-dark', 'seaborn-darkgrid', 'seaborn-deep', 'seaborn-muted', 'seaborn-notebook',
'seaborn-paper', 'seaborn-pastel', 'seaborn-poster', 'seaborn-talk', 'seaborn-ticks',
'seaborn-white', 'seaborn-whitegrid', 'seaborn', 'Solarize_Light2', 'tableau-color-
blind10', '_classic_test']

plt.style.use( 'seaborn' )

# 분산 차트 설정
plt.scatter( p_volatility, p_returns, c=colors, marker='o' )

# x축 이름
plt.xlabel( 'Volatility (Std. Deviation)' )

# y축 이름
plt.ylabel( 'Expected Returns' )

# 차트 제목
plt.title( 'Efficient Frontier' )
plt.show( )
```

결과

▼ 그림 3-20 완성된 효율적 포트폴리오

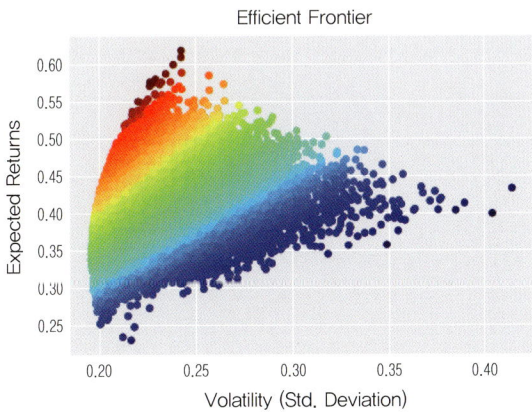

memo

4장

자본자산가격결정 모델

4.1 기본 가정
4.2 증권시장선과 자본시장선
4.3 포트폴리오 최적화
4.4 현실에 응용하기

평균-분산(mean-variance) 모델은 기대수익률과 분산으로 대표되는 위험만으로 자신의 기대효용을 만족시키는 포트폴리오를 선택할 수 있다는 내용이다. 그런데 시장의 모든 참가자가 평균-분산 모델의 달인이 돼 평균-분산 모델의 선택원리에 따라 투자한다면 시장은 어떻게 될까?

다시 말해 평균-분산 모델은 투자 효용을 극대화하고 싶은 위험회피 투자자가 평균-분산 기준으로 포트폴리오를 선택하는 것, 즉 투자자가 효율적 분산 투자(마코위츠 모델(Markowitz model))에 의해 포트폴리오를 선택하고 투자 결정을 내릴 때 유일한 투자 기준은 기대수익과 분산(표준편차)뿐이라는 것이다.

4장에서 살펴볼 자본자산가격결정모델(Capital Asset Pricing Model, CAPM)은 전체 시장이 균형 상태(시장에서 수요와 공급이 일치하는 가격이 형성된 상태)에서 자산의 균형가격이 위험을 반영해 어떻게 결정되는지를 밝히는 모델이다. 자산의 가격은 수익률에 따라 정해지는데, 자산의 리스크에 따라 기대수익률이 결정되는 과정을 밝히는 것으로 수익률이 리스크에 비례한다는 이론이다. 따라서 투자자는 위험한 자산에 투자할 때 더 높은 수익률을 요구하게 된다.

1960년대 초 네 명의 경제학자(존 린트너(1965년), 얀 모신(1966년), 윌리엄 샤프(1964년), 잭 트레이너(1962년))가 증권 수익률을 기술하는 모델을 개발했다. 자본자산가격결정모델은 포트폴리오 선정 문제를 단순화함으로써 투자의 이론과 실천에 일대 혁명을 일으켰고, 네 명의 경제학자들 중에서 윌리엄 샤프만이 1990년 노벨 경제학상을 받았다.

쉬어가는 코너   CAPM 이론의 창시자

재미있는 일은 CAPM 이론의 창시자가 누구인지는 아직도 논란거리라는 것이다. 윌리엄 샤프가 노벨상을 수상했다는 이유만으로 그가 유일한 창시자라고 콕 집어 말하기는 어려운 듯하다.

❤ 그림 4-1 그럼 CAPM의 창시자는 누구일까? (좌측부터 샤프, 모신, 트레이너, 린트너)

1964년 캘리포니아 LA 대학의 윌리엄 샤프는 학계 저널에 CAPM을 발표했다. 샤프는 마코위츠와 개별 증권 간에 존재하는 공분산 계산 문제를 해결하면서 각 증권이 전체 시장과 비교해 어떻게 변화하는지 계산하는 단순한 접근 방법을 사용했다. 이것이 자본자산가격결정모델의 이론적 바탕이 됐다(자본자산가격결정모델은 개별 주식의 평균변동성을 '베타(beta)'로 표현한다).

○ 계속

▼ 그림 4-2 노벨상 재단의 윌리엄 샤프 소개
(https://www.nobelprize.org/prizes/economic-sciences/1990/sharpe/biographical/)

▼ 그림 4-3 잭 트레이너(bogleheads.org/wiki/File:JackTreynor.jpg)

1934년 보스턴에서 태어난 샤프는 의학대학원 예비 과정으로 캘리포니아 버클리 대학에 입학했으나 UCLA 대학으로 옮겨 경제학으로 전공을 바꿨다. 1956년 랜드(RAND) 연구소에 취직했는데, 거기서 선임연구원이던 마코위츠를 만난다. 샤프는 마코위츠 덕분에 현대 포트폴리오 이론을 이해하고 직관적인 모델을 수립할 수 있었다. 1961년에는 CAPM의 초기 형태를 다룬 학위 논문을 제출해 박사 학위를 받았다. 그 논문에서 샤프는 증권시장선(SML)을 특징으로 하는 자본자산 가격 모델의 첫 번째 초안을 개발했다. 이 모델은 기대수익률과 베타 사이의 관계를 보여준다.

잭 트레이너(Jack L. Treynor)는 1930년 아이오와주 카운실 블러프스에서 태어났으며, 1951년 펜실베니아 해버포드(Haverford) 대학에서 수학 학사 학위를 받았다. 그는 원래 물리학을 전공하려 했으나 불행히도 두 명의 물리학과 교수 중에서 한 명은 시각장애인이었고 다른 한 명은 은퇴를 앞두고 있던 터라 수학을 전공으로 선택했다고 한다. 1955년 하버드 경영대학원(Harvard Business School)에서 MBA 학위를 받은 후 컨설팅 회사인 아서D리틀(Arthur D. Little)에 취직했는데, 1958년에 이미 CAPM의 핵심 내용을 컨설팅 프로젝트에 사용했다.

CAPM을 개발한 공로를 인정받은 세 번째 사람은 존 린트너(John Linter)다. 린트너는 1940년 24세의 나이로 하버드 대학에서 대학원 공부를 시작해 1946년에 'Tax Restrictions on Financing Business Expansion'으로 박사 학위를 받았다.

마지막 CAPM 공헌자는 얀 모신(Jan Mossin)이다. 1936년 노르웨이 오슬로에서 태어난 모신은 1959년 노르웨이 경제경영대학원을 졸업하고, 피츠버그에 있는 카네기 공과대학교(현재의 카네기 멜론 대학교(Carnegie Mellon University))에서 경제학 대학원 과정을 마쳤다. 금융 시장의 리스크를 연구해 발표한 그의 논문에는 CAPM 분석의 기초가 되는 내용이 포함돼 있다.

4.1 기본 가정

CAPM은 위험과 기대수익률 간의 균형 관계를 보여주는 가격결정이론으로, 평균-분산 포트폴리오 이론을 바탕으로 한 것이다. 가정 역시 평균-분산 포트폴리오 이론의 가정에 몇 가지를 추가했다.

- 투자 효용을 최대화하고 싶은 위험회피 투자자는 평균-분산 기준으로 포트폴리오를 선택한다.
- 증권시장은 완전경쟁시장이며 증권의 공급은 고정돼 있다. 자본과 정보 흐름에 마찰적 요인이 없어 거래비용과 세금이 존재하지 않고, 공매(도) 제한도 없으며, 시장정보는 어느 누구에게나 자유롭게 전달된다고 가정한다.
- 모든 투자자는 기대수익률, 분산, 공분산에 대해 같은 기대를 한다. 모든 투자자는 투자 기간이 동일하고, 미래 수익률의 확률분포에 대해 동질적으로 예측하고 있다.
- 투자위험이 전혀 없는 무위험자산이 존재하며, 모든 투자자는 무위험이자율로 얼마든지 자금을 차입하거나 빌려줄 수 있다.
- 투자 대상은 공개적으로 거래되고 있는 금융자산으로만 한정한다.

모든 이론의 가정이 대개 비현실적이듯이 CAPM의 가정 역시 현실과 거리가 있다. 자금을 무제한으로 차입하거나 빌릴 수 있다는 등의 행복한 가정을 내세우는 것은 위험이 기대수익에 미치는 영향을 정확히 포착하기 위한 것이며, 복잡한 현실 문제를 아주 간단히 강력하게 설명해줄 수 있다는 데 의의가 있다.

4.1.1 동일한 기대와 시장포트폴리오, 그리고 자본시장선

CAPM의 기본 가정 중에 '모든 투자자는 기대수익률, 분산, 공분산에 대해 같은 기대를 한다'는 것이 있다. 동질적 기대라는 이 가정은 CAPM에서 중요한 역할을 한다. 가정대로라면, 모든 투자자가 선택하는 시장의 모든 위험자산은 동일한 접점포트폴리오(앞서 평균-분산 포트폴리오에서 말한)가 될 것이다.

그러면 시장에서는 접점포트폴리오의 위험자산만 거래되고, 모든 투자자가 같은 구성비로 위험자산을 보유한다. 그리고 이제 시장은 균형을 이루게 된다. 시장균형 상태에서 접점포트폴리오의 각 위험자산은 시장가치(= 가격 × 수량) 비율대로 구성된다.

그러나 접점포트폴리오가 시장가치 비율대로 구성되지 않는다면, 비율에서 벗어난 자산에 대한 초과수요나 초과공급이 발생해 시장의 균형이 흐트러진다. 동일한 기대라는 가정하에서 모든 투자자의 접점포트폴리오는 시장포트폴리오와 같은 구성비율을 갖게 된다. 접점포트폴리오의 각 위험자산 구성비율은 시장가치대로 구성된다.

평균-분산 포트폴리오처럼 접점포트폴리오, 즉 시장포트폴리오(m)를 무위험자산(r_f)과 결합하면 이는 위험자산과 무위험자산에 대한 투자배분이 된다. 이때 얻어지는 자본배분선을 자본시장선(CML)이라고 한다.

▼ 그림 4-4 자본시장선(CML) - 시장포트폴리오(m)와 무위험자산(r_f)에 대한 자산배분을 통해 구성된 자본배분선

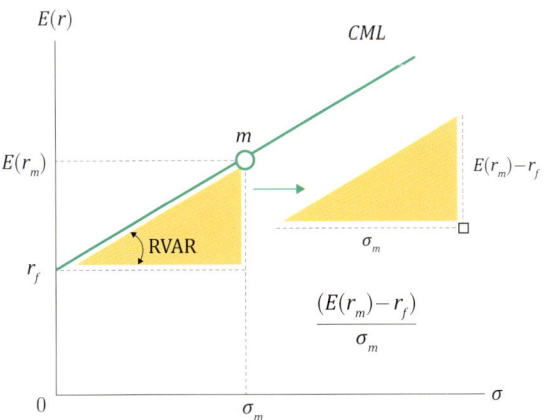

자본시장선은 중학교에서 배운 일차방정식과 다를 바 없다. 절편이 r_f이고 기울기가 $\frac{E(r_m)-r_f}{\sigma_m}$인 방정식이다.

$$E(r_p) = r_f + \left[\frac{E(r_m)-r_f}{\sigma_m}\right] \times \sigma_p$$

자본시장선은 기대수익률과 위험 간 관계를 보여주는 것으로, 무위험수익률 + 위험프리미엄이다. 위험프리미엄은 위험 한 단위당 수익률 $\frac{E(r_m)-r_f}{\sigma_m}$와 포트폴리오 위험 σ_p를 곱한 것이다.

$\frac{E(r_m)-r_f}{\sigma_m}$에는 여러 가지 의미가 있다. 분자인 $E(r_m) - r_f$는 시장포트폴리오 기대수익률에서 무위험수익률을 뺀 것으로, 이를 분모인 시장위험 σ_m으로 나눈 형태다. 위험을 한 개 받으면 보상으로 $E(r_m) - r_f$만큼 수익률을 주는 것으로, 위험에 대한 시장가격이다. 이를 위험보상비율(RVAR)이라고 한다. 즉, 일차방정식의 기울기다.

▼ 그림 4-5 포트폴리오 기대수익률 분해

자본시장선상 시장포트폴리오 m은 기대수익률, 분산 등에 대해 같은 기대를 가진 투자자들이 선

택하는 투자 대상이다. 시장포트폴리오 m과 무위험자산과 결합한 최적 포트폴리오는 시장포트폴리오와 완전상관관계(+1)를 가진다.

4.1.2 포트폴리오 베타

평균-분산 포트폴리오 이론에서 포트폴리오를 구성하면 분산 효과로 인해 위험이 감소한다고 설명했다. 포트폴리오를 구성하면 자산의 수가 늘어날수록 리스크는 체감적으로 감소하지만, 어느 일정 수준 이하로는 내려가지 않는다.

▼ 그림 4-6 체계적 위험과 비체계적 위험

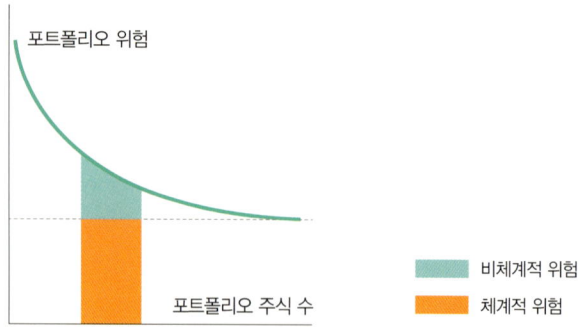

분산하더라도 제거할 수 없는 위험, 즉 시장 전체에 공통으로 미치는 위험, 분산 불가능한 위험, 시장위험 또는 체계적 위험을 베타라고 한다.

자본자산가격결정모델(CAPM)에서는 체계적 위험만 기대수익률이라는 보상을 받게 된다. CAPM에 따르면, 개별 자산 또는 포트폴리오 시장위험이나 체계적 위험은 베타값으로 측정된다. 베타는 시장에 대한 개별 자산 또는 포트폴리오 민감도를 의미하는 것으로, 시장수익률이 1%p 변할 때 종목 수익률이 몇 %p 변하는지를 의미한다. 시장수익률은 증권시장의 모든 종목에 투자했을 때 얻을 수 있는 수익률이란 의미도 있지만, 평가 기준이나 추적 대상, 가령 KOSPI200지수 등과 같은 벤치마크 지수의 수익률을 의미한다.

베타가 1이면 시장과 같은 변동성을 의미한다. 베타가 1보다 낮으면 시장의 움직임에 둔감하게 움직이는 종목이고, 1보다 높으면 민감하게 움직이는 종목이다. 베타는 종목에 한정된 이야기는 아니다. 베타가 중요한 이유는 포트폴리오의 시장 변동에 대한 노출을 측정할 수 있기 때문이다.

포트폴리오 베타란 시장 변동과 관련해 포트폴리오의 가격 변동성을 상대적으로 나타내주는 것이다. 포트폴리오 베타계수가 큰 포트폴리오일수록 시장수익률 변동, 즉 경기 자체의 변동에 대해 더 민감하게 반응함을 의미한다. 더 쉽게 이야기하면 포트폴리오 베타가 1일 경우 시장 움직임과 동일하게 움직이는 포트폴리오이며, 베타가 2일 경우 시장 움직임과 비교해 두 배의 움직임을 나타내는 포트폴리오라고 할 수 있다.

포트폴리오의 베타는 기대수익률 계산과 마찬가지로 구성 자산 베타의 가중평균과 같다.

베타가 1보다 큰 종목, 1보다 작은 종목, 베타가 1에 가까운 종목으로 포트폴리오를 구성한다. 이 포트폴리오의 베타는 다음과 같다.

▼ 표 4-1 베타가 다른 세 개 종목의 투자금액

종목	52주 베타	투자금액
삼성전자	1.38	5억 원
한국전력	0.47	2억 원
현대차	1.02	3억 원

$$\text{포트폴리오의 베타} = \left(1.38 \times \frac{5}{10}\right) + \left(0.47 \times \frac{2}{10}\right) + \left(1.02 \times \frac{3}{10}\right) = 1.09$$

이제 표 4-1과 식을 바탕으로 베타가 다른 종목으로 구성된 포트폴리오 전체의 베타를 파이썬으로 구해보자.

```python
# dot 함수를 사용하기 위해 numpy를 임포트한다
import numpy as np

# 네이버 금융에서 조회한 세 종목의 52주 베타를 beta52 변수에 리스트 형태로 저장한다
beta52 = [ 1.38, 0.47, 1.02 ]

# 투자금액을 investment 변수에 리스트 형태로 저장한다
investment = [ 5, 2, 3 ]

# 투자 비중을 구하기 위해 미리 투자금액의 합계를 구한다
sumOfInvestment = sum( investment )

# 인라인 for 루프를 사용해 각 종목 투자금액을 전체 투자금액 합계로 나눠(w/sumOfInvestment)
# 투자 비중을 weights 변수에 리스트로 저장한다
weights = [ w/sumOfInvestment for w in investment ]

# dot 함수를 사용해 두 개의 리스트 investment, weight의 곱의 합계를 구한다
beta = np.dot( beta52, weights )
print( 'The portfolio beta is {0:0.2f}'.format( beta ) )
```

무위험이자율 또는 무위험채권수익률이 4%, 시장포트폴리오 기대수익률이 10%, 베타가 1.09인 포트폴리오의 기대수익률은 얼마일까?

$$포트폴리오\ 기대수익률 = 4\% + (10\% - 4\%) \times 1.09 = 10.54\%$$

포트폴리오 베타는 대상 기간에 따라 달라진다. 가령 네이버 금융에서 종목 분석을 보면 52주(즉, 1년) 베타를 찾아볼 수 있다. 또한, 시장이 상승하거나 하락할 때를 구분해 포트폴리오 베타 계산을 하지 않는다. 시장의 등락에 대해 포트폴리오의 반응 정도가 다르지만 모든 경우를 포함해 계산한다.

베타에는 산업 특성이 반영돼 있다. 산업이나 개별 종목 중에는 경기에 민감한 것도 있고, 경제가 어려워도 소비를 줄이기 힘든 소비재(에너지, 통신, 식료품 등)처럼 경기에 둔감한 경기방어주도 있다.

경기 민감 종목의 경우 시장의 호재/악재에 따라 민감하게 반응한다. 수출에 주력하는 산업이나 기술주의 베타는 일반적으로 1.0 이상인데, 이는 시장보다 높은 변동성을 가진다는 것을 의미한다. 가령 삼성전자의 경우 52주 베타는 1.38이다.

▼ 그림 4-7 삼성전자의 52주 베타

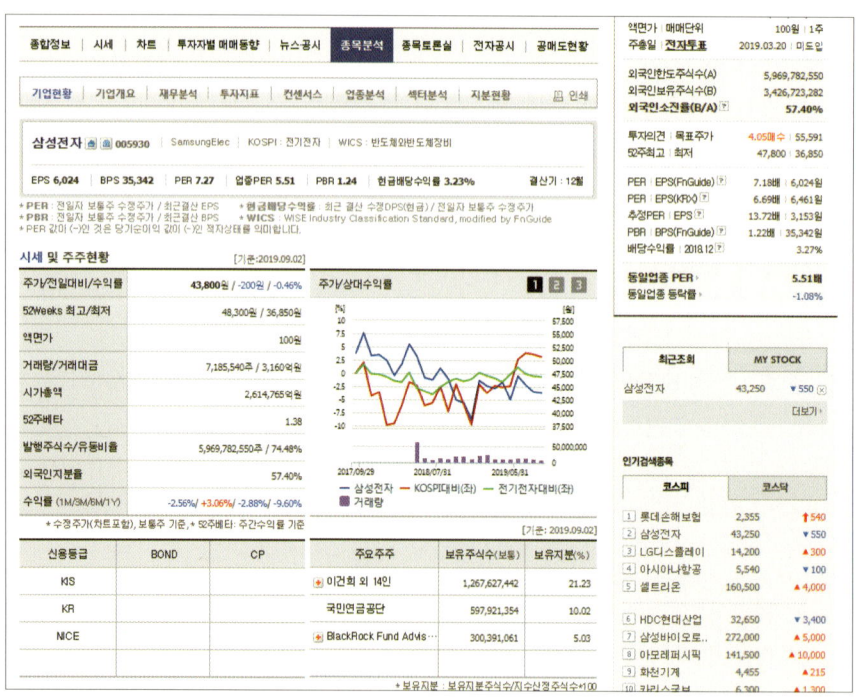

그러나 경기방어주로 분류되는 한국전력의 경우 같은 날 52주 베타는 0.47로 삼성전자의 절반도 되지 않는다.

▼ 그림 4-8 한국전력의 52주 베타

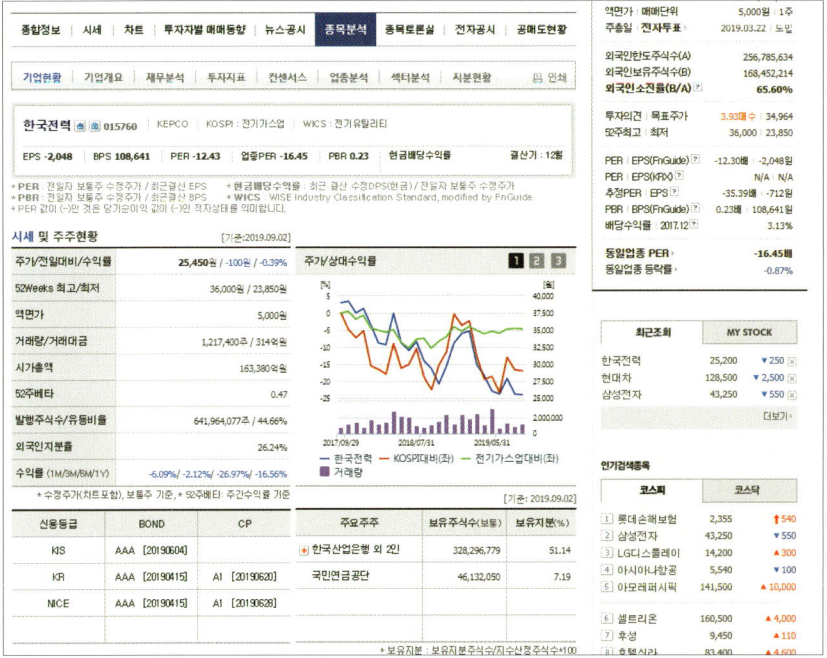

베타는 변동성을 가리키는 지표이지만, 베타가 크다고 해서 반드시 수익률이 높지는 않다. 베타는 벤치마크 또는 시장에 대한 상대적인 반응을 보여주는 평가지표 중 하나다. 1992년 시카고 대학 교수인 유진 파마와 케네스 프렌치가 쓴 논문에서 1963년부터 1990년까지 9,500개의 주식을 점검한 결과에 따르면, 베타로 측정한 주식의 위험은 수익률 실적을 예측할 수 있는 지표가 아니었다.

만일 우리가 KOSPI의 모든 주식을 사버린다면 어떨까? 이런 포트폴리오를 시장포트폴리오(m)라고 한다. 이번에는 시장포트폴리오의 공분산을 이용해 체계적 위험을 어떻게 구하는지 알아본다.

다음은 n개의 주식으로 구성된 시장포트폴리오의 분산-공분산 행렬과 각각의 자산 투자 비중(w)을 곱한 것이다. 자산 i와 j가 만나는 사각형 $w_i w_j \sigma_{ij}$는 전체 위험의 일부다. 그리고 한 행 전체는 해당 자산이 기여하는 위험이다.

전체 위험, 시장포트폴리오 m의 위험은 다음 수식으로 요약할 수 있다.

$$\sigma_m^2 = \sum_{i=1}^{n} \sum_{j=1}^{n} w_i w_j \sigma_{ij}$$

그리고 자산 2의 기여도를 구한다면 다음 수식으로 요약할 수 있다.

$$\sum_{j=1}^{n} w_2 w_j \sigma_{2j}$$

▼ 표 4-2 n개 종목으로 구성된 포트폴리오에서 종목의 위험 기여도

	1	2	3	...	n
1	$w_1 w_1 \sigma_{11}$	$w_1 w_2 \sigma_{12}$	$w_1 w_3 \sigma_{13}$		$w_1 w_n \sigma_{1n}$
2	$w_2 w_1 \sigma_{21}$	$w_2 w_2 \sigma_{22}$	$w_2 w_3 \sigma_{23}$		$w_2 w_n \sigma_{2n}$
3	$w_3 w_1 \sigma_{31}$	$w_3 w_2 \sigma_{32}$	$w_3 w_3 \sigma_{33}$		$w_3 w_n \sigma_{3n}$
...					
n	$w_n w_1 \sigma_{n1}$	$w_n w_2 \sigma_{n2}$	$w_n w_3 \sigma_{n3}$		$w_n w_n \sigma_{nn}$

자산 2의 투자 비중(w_2)은 공통이므로 Σ 밖으로 꺼내서 다음과 같이 할 수 있다.

$$= \sum_{j=1}^{n} w_2 w_j \sigma_{2j} = w_2 \sum_{j=1}^{n} w_j \sigma_{2j}$$

이는 자산 2에 대한 투자 비중(w_2)과 공분산(자산 2와 시장포트폴리오, σ_{2j})의 곱셈이다.

$$= \sum_{j=1}^{n} w_2 w_j \sigma_{2j} = w_2 \sum_{j=1}^{n} w_j \sigma_{2j} = w_2 \sigma_{2m}$$

이러한 방식으로 자산 1부터 n까지를 수식으로 요약하고 또 거듭 요약하면, 시장포트폴리오 위험은 $\sum w_i \sigma_m = \sigma_m^2$이다. 그리고 시장포트폴리오 전체 위험 중 자산 i의 위험이 차지하는 비중은 다음과 같다.

$$\frac{w_i \sigma_{im}}{\sigma_m^2}$$

이때 투자 비중 w는 위험과 관계없는 부분이므로 위험 척도만 따지면 다음과 같다.

$$\frac{\sigma_{im}}{\sigma_m^2} = \frac{\rho_{im} \sigma_i}{\sigma_m^2}$$

자산 i와 시장포트폴리오 간 공분산을 시장포트폴리오 위험으로 나눈 것이며, 자산 i와 시장포트폴리오 간 공분산은 상관계수 ρ_{im}과 자산 i 분산으로 바꿀 수 있다. 이것을 체계적 위험, 베타(β)라고 한다.

파이썬으로 직접 베타를 계산해보자

KOSPI지수와 포트폴리오 A와 B의 시장가치로 구성된 시계열 데이터를 갖고 베타를 구하는 코드를 알아본다. 시계열 데이터는 2014년 4월부터 2019년 9월까지 1,988개이며, 콤마로 분리된 텍스트 파일인 CSV 파일을 읽어 베타를 계산해보려 한다. 엑셀에서 열어본 CSV 파일은 다음과 같다.

첫 번째 컬럼은 일자, 두 번째 컬럼은 시장포트폴리오로 대신할 KOSPI지수, 세 번째, 네 번째 컬럼은 포트폴리오 A와 B의 시장가치다.

▼ 그림 4-9 포트폴리오 A와 B의 주가 및 KOSPI지수

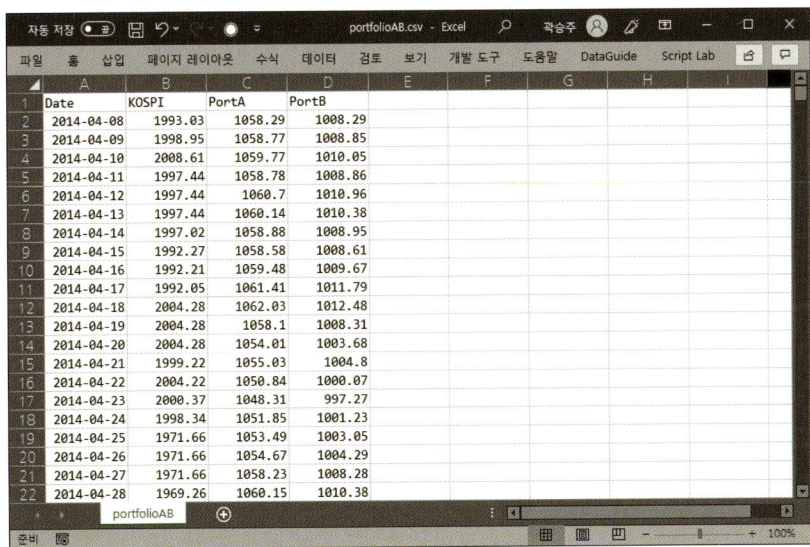

베타를 계산하기에 앞서 외부 데이터 파일을 읽는 방법을 알아보자. Pandas는 CSV 파일을 읽기 위한 read_csv( ) 함수를 제공하며, 데이터를 읽어 데이터프레임(DataFrame)을 돌려준다.

다음은 외부 데이터 파일을 읽기 위한 몇 가지 방법이다.

첫 번째 방법

로컬 디스크에 저장된 파일을 읽는 방법으로, 구글 코랩이 아닌 자신의 PC에서 사용하는 경우다.

```
import pandas as pd
df = pd.read_csv( 'C:/Users/Administrator/Documents/Python/data.csv' )
```

CSV는 콤마(,)로 데이터가 구분된 것이지만, 만일 다른 기호(예를 들어 |)로 분리돼 있다면 sep 매개변수에 따로 지정한다.

```
df = pd.read_csv( 'C:/Users/Administrator/Documents/Python/data.csv', sep='|' )
```

탭(Tab)을 사용했다면, 탭은 '\t'이므로 다음과 같이 사용한다.

```
df = pd.read_csv( 'C:/Users/Administrator/Documents/Python/data.csv', sep='\t' )
```

데이터 파일의 컬럼에 Date, KOSPI, PortA, PortB와 같은 컬럼명을 첫 행에 두는 것이 바람직하다. 그러나 컬럼명이 없다고 굳이 엑셀을 열어 추가할 필요는 없다. names, header 매개변수를 다음과 같이 데이터 파일을 읽어들일 때 지정할 수 있다.

```
df = pd.read_csv( 'C:/Users/Administrator/Documents/Python/data.csv',
        names=[ 'Date', 'KOSPI', 'PortA', 'PortB'],
        header=None,
        index_col='Date' )
```

names 매개변수에는 컬럼의 이름을 지정하고, header에는 첫 행을 컬럼명으로 사용할지 여부를 지정한다. Index_col에는 데이터의 색인(다른 행과 구분할 수 있는 중복되지 않는 데이터) 역할을 할 컬럼명을 지정한다.

두 번째 방법

깃허브(github.com)에 파일을 저장해 읽는 것이다. 다만 25MB 크기 이하인 파일만 가능하다. 다음은 이 책의 깃허브 리파지토리에 저장된 CSV 파일을 읽어들이는 예다. 이 방법은 구글 코랩과 인터넷이 연결된 PC의 파이썬에서 모두 사용할 수 있다.

```
import pandas as pd

url = 'https://raw.githubusercontent.com/jimsjoo/gilbut_portfolio/master/portfolioAB.csv'
df = pd.read_csv( url )
```

raw 파일의 주소를 적어야 한다는 점에 주의하자. github.com/jimsjoo/gilbut_portfolio/blob/master/portfolioAB.csv에서 **RAW** 버튼을 클릭하면 파일의 전체 내용이 날것으로 보이게 된다. 이때 브라우저 주소 입력줄의 파일 위치(https://raw.githubusercontent.com/jimsjoo/

gilbut_portfolio/master/portfolioAB.csv)를 read_csv( ) 함수에 전달해야 한다.

▼ 그림 4-10 깃허브 리파지토리에 저장된 CSV 파일

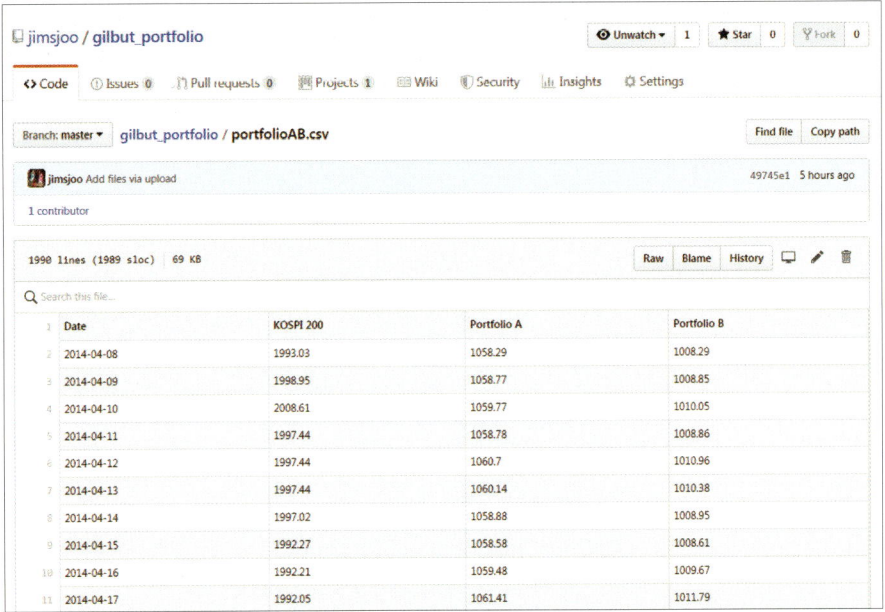

세 번째 방법

구글 드라이브에 저장된 파일을 이용하는 것이다. 다음은 구글 드라이브에 portfolioAB.CSV 파일을 읽어들이는 예다. 구글 드라이브를 내 PC에 외장 하드처럼 붙이고(이를 '마운트(mount)'라고 한다) 읽는 방법이다. 다음은 구글 드라이브를 마운트해 읽는 코드 예다.

```
from google.colab import drive
import pandas as pd

drive.mount( '/content/gdrive' )
df = pd.read_csv( 'gdrive/My Drive/portfolioAB.csv' )
```

그런데 이 방법은 불편한 점이 있다. 구글 인증 코드를 받아 인증 코드를 복사하고 붙여 넣어야 한다. 코드를 실행할 때마다 매번 이 과정을 거쳐야 한다. 여러 번 사용하거나 여러 사람과 공동 작업을 하기에는 인증 과정이 매우 번거롭다.

```
Go to this URL in a browser: https://accounts.google.com/o/oauth2/auth?client_
id=94731...pe=code
Enter your authorization code:
```

네 번째 방법

구글 드라이브와 비슷한 방법이지만, 훨씬 간편하다. 코랩에 파일을 미리 업로드하고 Pandas를 통해 파일을 읽어들이는 것이다. 코랩 노트북 목차(목차가 보이지 않을 경우에는 **보기-목차** 클릭)에서 파일 아이콘()을 클릭하면 **파일** 탭이 보인다. 여기서 을 클릭해 파일을 업로드하면 마치 로컬 디스크 내 파일처럼 사용할 수 있다.

▼ 그림 4-11 코랩에 파일을 업로드해 사용하는 방법

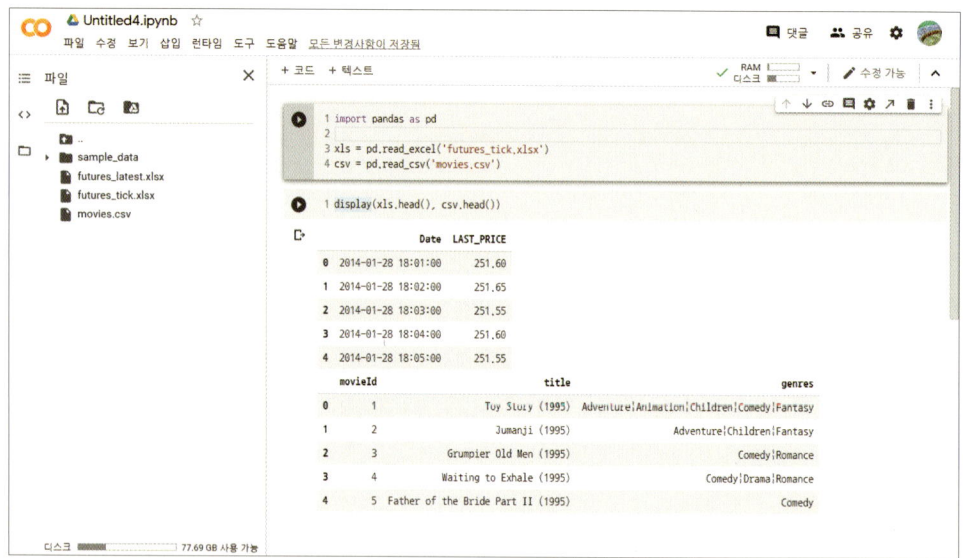

다섯 번째 방법

많이 익숙한 방법인데, 로컬 디스크 파일을 업로드하는 것이다. 역시 매번 파일 위치를 지정해 업로드하는 것이 번거롭다.

```
import pandas as pd
from google.colab import files
import io

uploaded = files.upload( )
df = pd.read_csv( io.BytesIO( uploaded[ 'portfolioAB.csv'] ) )
```

코드를 실행하면 다음과 같은 위젯(widget)이 나오는데, 이를 클릭해 파일을 업로드한다.

▼ 그림 4-12 파일 선택

다음은 깃허브에 저장된 CSV 파일을 읽어서 베타를 계산하는 코드다.

```python
import pandas as pd

# sqrt( ) 함수를 사용하기 위해 math 모듈을 임포트한다
import math

# 깃허브에 저장된 파일을 읽어들인다
url = 'https://raw.githubusercontent.com/jimsjoo/gilbut_portfolio/master/portfolioAB.csv'
df = pd.read_csv( url )

# 파일에는 KOSPI, PortA, PortB라는 컬럼명이 있고, 그 이하에는 일자별 포트폴리오의 가치가 저장돼 있다
# 세 개 컬럼의 일간수익률을 계산하기 위해 pct_change( ) 함수를 사용한다
returns = df[ [ 'KOSPI', 'PortA', 'PortB' ] ].pct_change( )

# 일간수익률에 √250을 곱해 연율화한다
vol_m = returns[ 'KOSPI' ].std( ) * math.sqrt( 250 )
vol_A = returns[ 'PortA' ].std( ) * math.sqrt( 250 )
vol_B = returns[ 'PortB' ].std( ) * math.sqrt( 250)

# 변동성을 출력한다
print( 'KOSPI200 변동성: {:0.2%}'.format( vol_m ) )
print( 'Portfolio A 변동성: {:0.2%}'.format( vol_A ) )
print( 'Portfolio B 변동성: {:0.2%}'.format( vol_B ) )

# 포트폴리오 수익률의 공분산을 계산한다
covs = returns.cov( )
cov_mA = covs.loc[ 'KOSPI', 'PortA' ]
cov_mB = covs.loc[ 'KOSPI', 'PortB' ]

# 시장포트폴리오, KOSPI 수익률의 분산을 계산한다
var_m = returns[ 'KOSPI' ].var( )

# 포트폴리오 A와 B의 베타를 계산한다
beta_A = cov_mA / var_m
beta_B = cov_mB / var_m
print( 'Portfolio A의 beta: {:.4f}'.format( beta_A ) )
print( 'Portfolio B의 beta: {:.4f}'.format( beta_B ) )
```

4.2 증권시장선과 자본시장선

특정 자산(i)에 대한 초과수요나 초과공급이 없는 균형 상태에서 체계적 위험인 베타와 기대수익률 사이의 관계를 보여주는 것이 자본자산가격결정모델(CAPM)이다. 그리고 베타와 기대수익률 간의 관계를 보여주는, 즉 CAPM을 대변하는 것이 증권시장선(Security Market Line, SML)이다.

$$E(r_i) = r_f + [E(r_m - r_f)] \times \beta_i$$

▼ 그림 4-13 포트폴리오 기대수익률

시장균형하에서 어느 증권의 기대수익률은 무위험이자율에 위험프리미엄을 더한 것이며, 위험프리미엄은 위험보상비율(시장위험프리미엄)에 베타(체계적 위험)를 곱한 것이라고 했다. 증권시장선의 특징을 간단히 요약하면 다음과 같다.

- 증권의 기대수익률은 베타가 결정한다(나머지는 영향을 주지 않는다).
- 증권의 기대수익률과 베타는 선형관계다.
- SML의 기울기, 시장위험프리미엄($E_{rm} - R_f$)은 양(+)의 값을 가진다. 시장위험프리미엄은 위험 부담에 대한 대가인데, (+)의 시장위험프리미엄은 투자자가 위험회피형이라고 가정했기 때문이다. 위험회피 정도가 심할수록 시장위험프리미엄이 커지며 기울기도 가파르다.

4.2.1 증권시장선과 자본시장선

증권시장선(SML)과 자본시장선(CML)을 언급했는데, 이 두 용어는 이름도 비슷하고 모습도 비슷해 헷갈릴 수 있으므로 여기서 따로 정리해보자. 증권시장선은 하늘에서 갑자기 뚝 떨어진 것이 아니라 자본시장선에서 도출한 것이다. 따라서 마치 형제를 보듯이 매우 닮아있다.

증권시장선은 시장에서 거래되는 모든 자산에 대해 균형 상태에서 위험과 수익률 간의 관계를 설명하는 것이고, 자본시장선은 효율적 포트폴리오에 증권시장선을 적용한 특별한 경우다.

자본시장선

$$E(R_p) = R_f + \frac{E(R_m) - R_f}{\sigma_m} \sigma_p$$

자본시장선의 기대수익률은 무위험이자율 + 위험프리미엄인데, 위험프리미엄은 위험의 균형가격 × 위험 수량을 의미한다. 자본시장선의 기울기 $\frac{E(R_m)-R_f}{\sigma_m}$는 시장에서 (총)위험 한 단위에 대한 위험보상이며 위험에 대한 균형가격, 위험의 시장가격(시장포트폴리오 위험보상비율)을 의미한다. 즉, 샤프비율을 말한다.

▼ 그림 4-14 자본시장선

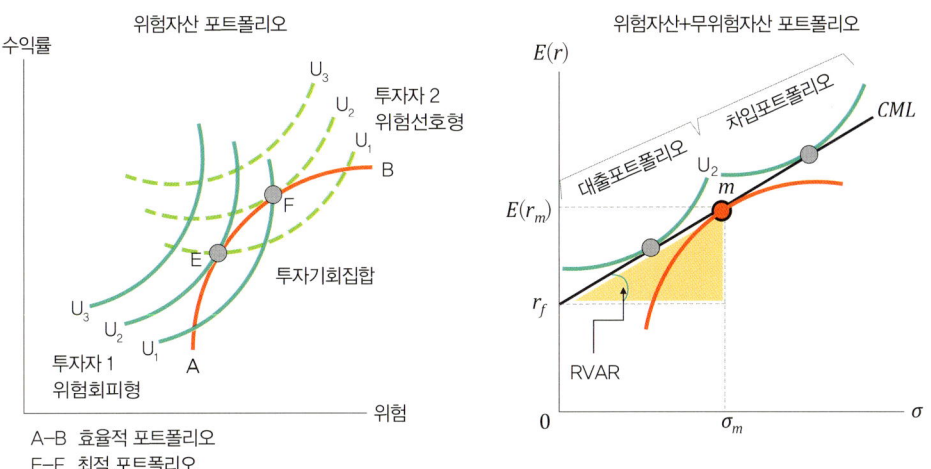

A-B 효율적 포트폴리오
E-F 최적 포트폴리오

자본시장선 포트폴리오는 체계적 위험만으로 이뤄지며, 효율적 포트폴리오다. 비효율적 포트폴리오(또는 개별 증권)의 기대수익률과 위험 간의 관계는 설명하지 못한다.

증권시장선

증권시장선의 기대수익률 역시 무위험이자율 + 위험프리미엄인데, 위험프리미엄은 시장위험프리미엄 × 베타계수다.

$$E(R_i) = R_f + \big(E(R_m) - R_f\big) \times \beta_i$$

증권시장선은 균형자본시장에서 개별 증권 i의 체계적 위험 척도인 베타와 기대수익률의 가격결정 관계를 설명해주는 선형 모델이다.

▼ 그림 4-15 자본시장선과 증권시장선

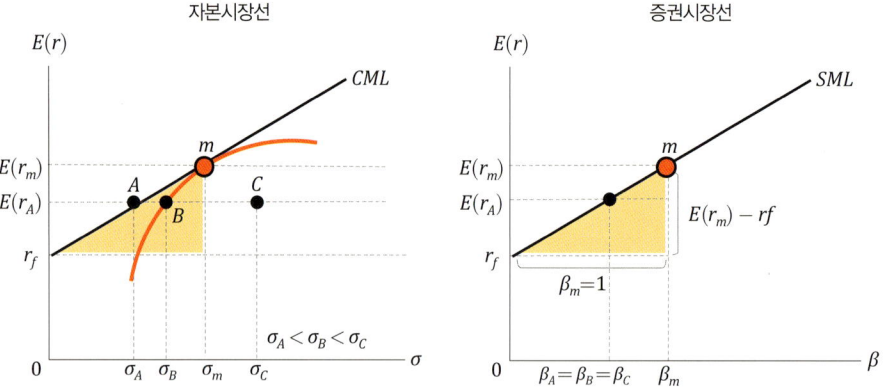

균형자본시장에서 시장 P가 효율적이라면 기대수익률과 베타계수 사이에 비례관계가 성립하는데, 체계적 위험이 높으면 기대수익률도 높아지고 체계적 위험이 낮으면 기대수익률도 낮아진다.

시장이 균형 상태일 때 기대수익률은 체계적 위험에 선형적이므로 포트폴리오는 정확히 SML상에 있어야 한다. SML은 시장이 균형 상태일 때 베타와 기대수익률 간의 관계를 보여준다. SML 선 위에 위치한 주식 U는 과소평가된 것이다. 반대로 SML 아래의 주식 O는 과대평가된 것이다. 주식 U는 U_E와 비교해 동일한 베타를 갖지만 높은 기대수익률을 보인다. 기대수익률은 미래의 현금흐름을 할인해 현재의 가치, 즉 현재의 주가를 만든다. 높은 기대수익률은 현재의 주가를 낮게 만든다. 따라서 U_E와 비교해 U의 높은 기대수익률은 U_E보다 낮은 주가를 만든다. 즉, 저평가된 상태임을 의미한다. 따라서 자산 매입 수요가 늘어나고 기대수익률은 낮아져 그림 4-16에서 보듯이 U_E 상태로 움직인다.

▼ 그림 4-16 CAPM에서의 균형가격 형성

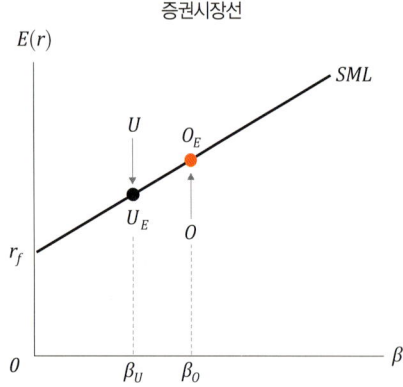

반면에 기대수익률이 SML상의 요구수익률보다 낮다면 O는 과대평가된 상태다. 따라서 그 자산을 처분하려는 초과공급이 일어나 기대수익률이 O_E 수준으로 높아진다. 결국 두 가지의 경우 SML선으로 수렴하게 되며, 자산은 균형가격을 이루게 되는 것이다.

SML 포트폴리오 수익률은 체계적 위험에 상응하는 것으로 요구수익률이라고도 한다. 이만한 위험을 떠안는 대신 투자자 입장에서 원하는 것은 수익률이다. 주주 입장에서는 기회투자수익률을 평가하는 기준이 되며, 기업 입장에서는 자기자본비용(k_e) 또는 주식 평가를 위한 적정할인율이 된다.

4.2.2 위험프리미엄

시장의 기대수익률과 무위험수익률 간 차이를 시장위험프리미엄이라고 한다. 마음 편히 무위험수익률에 만족할 수도 있지만, 위험을 좀 더 감수하더라도 추가로 수익을 얻으려고 위험자산에 투자할 경우 추가로 얻을 수 있는 수익은 위험에 대한 보상인 위험프리미엄인 것이다. 이것은 과거 특정 기간 동안의 시장포트폴리오와 무위험증권 간의 차이를 평균한 수치를 위험프리미엄으로 하는 방법이며, 시장 포트폴리오를 대신해 종합주가지수를 활용할 수 있다.

$$시장위험프리미엄 = 시장기대수익률 - 무위험수익률$$

매우 간단한 식이지만, 학자들은 이 간단한 개념을 두고 고민하며 연구한다. 시장위험프리미엄을 계산하는 세부적인 방법(수익률의 계산 방법, 수익률 계산 기간, 무위험수익률을 어떻게 정할 것인가 등)은 분석하는 사람마다 다르기 때문이다. 아직까지 마코위츠의 평균-분산 포트폴리오 모델처럼 인정받는 시장위험프리미엄 모델은 없다.

또 다른 방법은 회귀분석 모델을 이용하는 방법이다. 시장위험프리미엄과 다른 변수 간의 관계를 회귀분석 모델로 도출해 시장위험프리미엄을 구하는 방법이다. 그러나 어떤 변수를 사용하는지에 따라 결과가 달라질 수 있다. 그리고 배당성장 모델을 이용하는 방법도 있다. 배당성장 모델을 이용하는 경우는 시장포트폴리오의 대용치, 즉 종합주가지수를 이용해 추정배당률과 배당성장률을 구하고 배당성장 모델에 이를 대입해 수익률을 추정하는 방법이다. 추정한 수익률에서 무위험증권의 수익률을 차감하면 시장위험프리미엄을 구할 수 있다.

4.3 포트폴리오 최적화

포트폴리오 최적화는 샤프비율과 같은 평균-분산 효용함수를 극대화하는 투자자산의 비중을 구하는 것이다. 샤프비율이 가장 높은 최적 포트폴리오는 자본시장선과 효율적 포트폴리오 접선 위에 위치한다.

▼ 그림 4-17 최적 포트폴리오는 효율적 포트폴리오와 투자자의 효용곡선이 접하는 P다

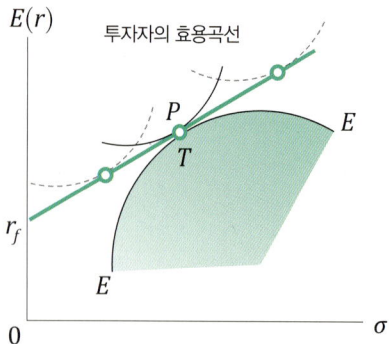

최적화를 위해 필요한 것은 포트폴리오 과거 수익률과 공분산, 그리고 최적화를 해줄 파이썬 패키지 scipy이다. 최적화 코드를 직접 만들 필요는 없다.

4.3.1 최적화 패키지 scipy.optimize 알아보기

최적화 문제를 풀려면 scipy.optimize.minimize 함수를 사용해야 한다. 이 함수는 최소화하고 싶은 목적함수와 초깃값, 최적화 해 찾기 종류, 값의 범위, 제약조건을 제공한다.

```
scipy.optimize.minimize(
    fun,           → 목적함수
    x0,            → 초깃값
    args=( ),      → 초깃값 외에 목적함수에 전달할 매개변수
    method=None,   → 최적화 해 찾기 종류
    jac=None, hess=None, hessp=None,
    bounds=None,   → 경계값
    constraints=( ),  → 제약조건
    tol=None, callback=None, options=None )
```

4.3.2 간단한 최적화 알아보기

이번에는 간단한 일차함수인 $y = x + 1$을 갖고 최적화를 맛보려고 한다. 다음 그림에서 보듯이 $y = x + 1$은 절편과 기울기가 모두 1인 일차함수다. x가 3 이상일 때 함수의 값 y를 최소로 하는 x 값을 구하는 문제다. 이런 문제를 풀고 최적화를 이용하는 것은 어쩌면 사치스러운 일이지만, 이와 같은 간단한 예제를 통해 최적화 방법을 대략적으로 이해할 수 있다.

▼ 그림 4-18 y = x + 1을 최소화하는 최적화

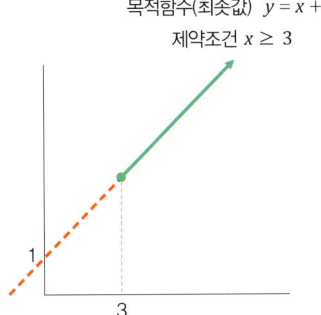

그림에서 보듯이 정답은 3이다. 최적화를 위해 다음과 같이 몇 가지를 준비해야 한다.

- 목적함수: $y = x + 1$
  목적함수는 우리가 풀고자 하는 식이나 모델이다.
- 초깃값: 최적화를 시작할 x 값
  초깃값은 해가 존재할 만한 값을 정하는 것이 좋은데, $x = -1.0$으로 정한다.
- 제약조건: 해를 찾기 위한 조건을 정한다.
  즉, x 값의 범위를 정하는 것인데, 여기서는 $-1.0 \sim 6.0$ 사이로 한다.
- 최적화 메서드: 여러 가지 최적화 메서드가 있는데, 포트폴리오를 최적화할 때도 사용할 SLSQP 메서드를 사용한다.

최적화 패키지 scipy.optimize를 이용해 코드를 작성해보자. 가장 먼저 할 일은 최적화 패키지 scipy.optimize를 임포트하는 것이다.

```
from scipy.optimize import minimize
```

그리고 다음과 같이 목적함수를 파이썬 함수로 정의한다.

```
def objective1( x ):
```

```
    return x + 1
```

제약식 역시 함수의 형태로 작성하는데, 제약식은 0 값을 기준으로 식을 변형해 옮긴다. 즉, x 값이 3 이상이라는 말은 (x - 3)이 0 이상이라는 말과 같다.

```
def constraint( x ):
    return x - 3
```

초깃값은 -1이며 리스트 [ ] 형태로 만든다.

```
x0 = [ -1 ]
```

해의 범위를 튜플 ( )로 만들어 정한다. 변수가 x 하나이므로 하나의 범위만 지정하면 되는데, 아래 b는 변수 하나의 범위다.

```
b = ( -1, 6 )
```

만일 여러 변수의 범위를 정한다면 튜플 bnd에 여러 개의 범위 튜플을 넣어야 한다. 이번 예제는 변수가 한 개이므로 하나의 범위 튜플만 담는다(범위 튜플이 하나라고 해도 뒤의 쉼표(,)는 붙여야 한다).

```
bnd = ( b, )
```

이제 제약조건을 딕셔너리 { } 형태로 만든다. 'type' 키는 'eq' 또는 'ineq' 중 하나다. 'eq'는 제약식 함수 값이 0과 같다는 의미이고, 'ineq'는 제약식 함수 값이 0과 같지 않다는 의미다. 'fun' 키는 제약식 함수를 값으로 입력한다(종종 함수명 앞뒤로 작은따옴표를 붙여 문자열로 만드는 실수를 하므로 주의한다).

```
con = { 'type':'ineq', 'fun':constraint }
```

이제 minimized( ) 함수를 사용해 최적화를 수행한다.

```
sol = minimize( objective, x0, method='SLSQP', bounds=bnd, constraints=con )
```

최적화 결과는 sol 변수에 저장된다. sol에는 여러 가지 결과 정보가 들어가 있는데, 가장 관심이 있는 y 값을 최소화하는 x 값은 sol.x에 있다.

```
print( sol.x )
```

이번 예제는 앞서 살펴본 것보다 복잡한 목적함수와 두 개의 제약조건, 변수 네 개의 범위가 필요하므로 실제 문제를 푸는 데 좋은 예가 될 것이다. 여러 제약조건, 여러 변수의 범위와 초깃값을 어떻게 만들어 minimize 함수에 전달하는지를 알 수 있다.

목적함수는 $minx_1x_4(x_1 + x_2 + x_3) + x_3$, 제약조건 #1은 $x_1x_2x_3x_4 \geq 25$, 제약조건 #2는 $x_1^2 + x_2^2 + x_3^2 + x_4^2 = 40$, 범위는 $1 \leq x_1, x_2, x_3, x_4 \leq 5$, 초깃값은 $x_1 = 1$, $x_2 = 5$, $x_3 = 5$, $x_4 = 1$이다.

```python
# 최적화 라이브러리 scipy.optimize와 numpy를 임포트한다
from scipy.optimize import minimize
import numpy as np

# 목적함수를 다음과 같이 정의한다
def objective( x ):
    x1 = x[0]
    x2 = x[1]
    x3 = x[2]
    x4 = x[3]
    return x1*x4*( x1+x2+x3 )+x3

# constraint1 함수는 제약조건 #1 x_1 x_2 x_3 x_4≥25이다
def constraint1( x ):
    return x[0]*x[1]*x[2]*x[3]-25

# constraint2 함수는 제약조건 #2 x_1^2+x_2^2+x_3^2+x_4^2=40이다
def constraint2( x ):
    sum_sq = np.sum( np.square( x ) )
    return sum_sq-40

# 네 개 변수의 초깃값을 리스트로 지정한다
x0 = [ 1, 5, 5, 1 ]

# 변수의 범위는 1~5로 튜플 형태다
b = ( 1, 5 )

# 범위를 나타내는 b를 원소로 갖는 bnds 변수 역시 튜플 형태이며 앞서 살펴본 한 개 변수 범위를 반복한다
bnds = ( b, b, b, b )
```

제약식 두 개를 입력한다. 제약식 #1(위의 constraint1 함수)은 네 개 변수의 곱이 25보다 크거나 같으므로 타입을 'ineq'로 정하고, 제약식 #2(위의 constraint2 함수)는 네 개 변수의 제곱이 40과 같으므로 타입을 'eq'로 정한다. 이어서 딕셔너리 형태로 만든 두 제약조건을 리스트로 묶는다

```python
con1 = { 'type':'ineq', 'fun':constraint1 }
con2 = { 'type':'eq', 'fun':constraint2 }
cons = [ con1, con2 ]

# 목적함수, 제약조건, 범위, 초깃값을 만들어 minimize 함수로 전달한다
sol = minimize( objective, x0, method='SLSQP', bounds=bnds, constraints=cons )
print( sol )
```

> 결과

```
     fun: 17.01401724556073
     jac: array([14.57227039, 1.37940764, 2.37940764, 9.56415081])
 message: 'Optimization terminated successfully.'
    nfev: 30
     nit: 5
    njev: 5
  status: 0
 success: True
       x: array([1.       , 4.74299607, 3.82115466, 1.37940764])
```

4.3.3 최적화 알고리즘 SLSQP

위키백과의 정의(ko.wikipedia.org/wiki/수학적_최적화)에 따르면, 최적화는 특정 집합 위에서 정의된 실숫값, 함수, 정수에 대해 그 값이 최대나 최소가 되는 상태를 해석하는 문제다. 간단히 말하면, 최적의 값을 찾아내는 것을 의미한다.

최적화를 위한 첫걸음은 '문제 정의'다. 문제 정의에 필요한 것은 목적함수와 제약조건이다. 여기서 목적함수는 최소화 혹은 최대화가 되는 대상을 의미하고, 제약조건은 결과가 도출돼야 하는 범위 및 조건을 의미한다.

SLSQP(Sequential Least SQuares Programming)는 복잡한 현실 문제를 단순화해 목적함수를 이차식으로 근사해 풀고 다음 번 지점을 예측해 다시 동일한 방법을 수행하는 문제를 푸는 알고리즘으로서 비선형 최적화 문제를 해결할 수 있다. SLSQP는 제약조건(constraint)과 상하한선(bound)이 있는 조건에서 사용할 수 있다.

4.3.4 포트폴리오 최적화(최소분산포트폴리오 및 샤프비율)

최소분산포트폴리오(Minimum Volatility Portfolio, MVP)는 포트폴리오의 변동성이 낮은 포트폴리오다.

▼ 그림 4-19 최소분산포트폴리오

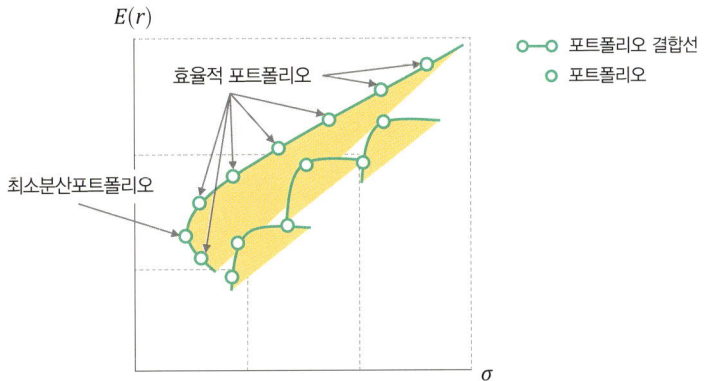

3장에서 다섯 개 종목의 1년치 종가를 이용해 비중이 다른 수만 개의 포트폴리오를 만들어 효율적 경계선을 그렸는데, 이번에는 추가적으로 최적화 알고리즘 SLSQP를 이용함으로써 최소분산포트폴리오의 투자 비중을 구해보자.

이번 최적화 코드는 이미 3장에서 설명한 코드(주가 데이터 가져오기, 수익률 계산, 공분산 계산, 효율적 투자선 분산 차트 등)에 이어지는 내용이다. 따라서 중복되는 코드는 건너뛰고 최적화를 위한 코드만 설명한다.

```
# 최적화 라이브러리를 임포트한다
from scipy.optimize import minimize

# 이번 최적화는 위험 최소화이므로 포트폴리오 분산 함수를 목적함수로 만든다
def obj_variance( weights, covmat ):
    return np.sqrt( weights.T @ covmat @ weights )

# 다음은 목적함수 obj_variance( )에 사용되는 공분산 행렬인데, 일간수익률 공분산을 연간으로 환산한다
covmat = cov_daily * 250

# 처음에는 투자 자금을 다섯 종목에 균등하게 20%씩 투자하는 것으로 시작한다
weights = np.array( [ 0.2, 0.2, 0.2, 0.2, 0.2 ] )
```

```python
# 각 종목의 투자 비중 한도는 0~100%이며 튜플로 지정한다
bnds = ( (0,1), (0,1), (0,1), (0,1), (0,1) )

# 제약조건은 투자 비중 100%인데(무차입투자), 제약조건을 따로 함수로 만들지 않고 람다(lambda)
함수, lambda x: np.sum(x) - 1로 만들었다
cons = ({ 'type': 'eq', 'fun': lambda x: np.sum(x) - 1 })

# 목적함수, 초깃값, 알고리즘, 범위, 제약식을 입력해 최적화를 수행한다
res = minimize( obj_variance, weights, (covmat), method='SLSQP', bounds=bnds, constraints=cons )

# 결과를 출력한다(마지막 x 값이 최적화된 투자 비중이다)
print( res )
```

> 결과

```
     fun  0.1951085770743293
     jac  array([0.19483189, 0.19543133, 0.19500574, 0.19502595, 0.19522101])
 message  'Optimization terminated successfully.'
    nfev  63
     nit  9
    njev  9
  status  0
 success  True
       x  array([0.20595945, 0.30464832, 0.4218103 , 0.02849997, 0.03908196])
```

이번에는 3장의 분산형 차트에서 최소분산포트폴리오를 ★로 표시해보자.

```python
# 3장에서 구한 일간수익률 평균과 최적화로 얻은 투자 비중을 곱해 최소분산포트폴리오의 기대수익률
을 구한다
rets = np.sum( ret_daily.mean( ) * res[ 'x' ] ) * 250

# 최소분산포트폴리오의 위험을 구한다
vol = np.sqrt( res[ 'x' ].T @ covmat @ res[ 'x' ] )

# 차트에 표시하기 위해 np.array로 변환한다. p_volatility와 p_returns는 3장에서 n_ports만큼
의 포트폴리오를 만들면서 저장한 수익률과 변동성이다
p_volatility = np.array( p_volatility )
p_returns = np.array( p_returns )

# 변수 n_ports만큼 색상을 무작위로 얻어 ○로 표시되는 포트폴리오 색상을 지정한다
colors = np.random.randint( 0, n_ports, n_ports )
```

```python
# 분산형 차트를 그린다. 아래 코드 대부분은 3장에서 이미 사용한 것이며, plt.scatter( vol,
  rets, marker="*", s=500, alpha=1.0 )만 추가했다. 실행 결과 최소분산포트폴리오의 수익률과 위
  험이 분산 차트로 표시된다

plt.style.use( 'seaborn' )
plt.scatter( p_volatility, p_returns, c=colors, marker='o', cmap=mpl.cm.jet )
plt.scatter( vol, rets, marker="*", s=500, alpha=1.0 )
plt.xlabel( 'Volatility (Std. Deviation)' )
plt.ylabel( 'Expected Returns' )
plt.title( 'Efficient Frontier' )
plt.show( )
```

결과

▼ 그림 4-20 최소분산포트폴리오(★)

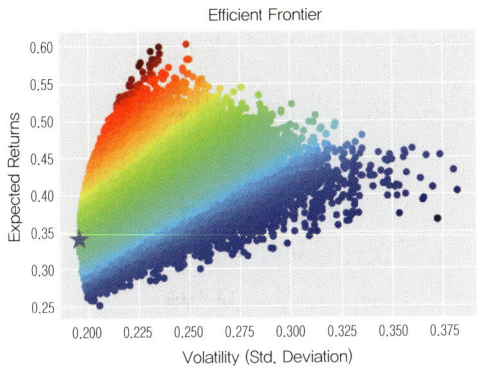

이번에는 샤프비율 최적화를 이용해 최소분산포트폴리오의 투자 비중을 구해보자. 최적화를 위한 설정이 동일하거나 비슷하면 목적함수가 달라진다.

샤프비율은 위험 한 단위당 얻을 수 있는 수익의 크기를 의미한다. 앞서 살펴본 최적화는 포트폴리오의 위험을 최소화하는 것인데, 샤프비율은 반대로 최대화해야 한다. scipy.optimize.minimize는 이름 그대로 최소화하는 최적화다. 따라서 목적함수를 '$\frac{1}{sharpe\ ratio}$'로 작성해 이를 최소화하는 것이 샤프비율을 최대화하는 최적화가 된다.

```python
# 최적화 라이브러리를 임포트한다
from scipy.optimize import minimize

# 목적함수를 선언한다
def obj_sharpe( weights, returns, covmat, rf ):
    ret = np.dot( weights, returns )
```

```python
    vol = np.sqrt( np.dot( weights.T, np.dot( covmat, weights ) ) )
    return 1 /( ( ret-rf ) / np.sqrt( vol ) )

# 이전과 마찬가지로 종목 개수(n_asset)와 공분산을 준비한다
n_assets = len( tickers )
covmat = cov_daily*250

# 무위험수익률
rf = 0.01

# 초기 투자 비중은 종목 개수만큼 균등하게 정한다
weights = np.ones( [n_assets] ) / n_assets

# 투자 비중의 범위는 0~100%이고 이를 종목 개수만큼 튜플로 만든다
bnds = tuple( ( 0., 1.) for i in range( n_assets ) )

# 앞서 최적화 함수 constraint1(), constraint2()를 정의해 제약식을 만든 방법과 같다
# 제약식은 람다(lambda) 함수로 만든다
cons = ( { 'type': 'eq', 'fun': lambda w:  np.sum(w) - 1} )

# minimize( ) 함수에 목적함수, 초기 투자 비중, 투자 비중을 제외한 목적함수에 전달할 나머지 매
# 개변수, 최적화 알고리즘, 범위, 제약조건을 전달한다
res = minimize( obj_sharpe, weights, ( ret_annual, covmat, rf ), method='SLSQP',
bounds=bnds, constraints=cons )
```

다음은 최적화 결과를 차트로 그리기 위한 코드다. 코드는 n개의 종목으로 다양한 투자 비중을 조합해 구성한 30,000개의 포트폴리오를 만든다. 투자 비중은 랜덤하게 정해지며, 그 합계는 1.0(100%)이다. 또한, 수익률, 위험을 계산하고 수익률, 위험, 투자 비중을 리스트에 담는다. 그리고 matplotlib를 이용해 여러 가지 효과를 준 분산형 차트로 그린 것이다.

```python
p_returns = [ ]
p_volatility = [ ]
p_weights = [ ]

n_assets = len( tickers )
n_ports = 30000

for s in range( n_ports ):
    wgt = np.random.random( n_assets )
    wgt /= np.sum( wgt )
    ret = np.dot( wgt, ret_annual )
    vol = np.sqrt( np.dot( wgt.T, np.dot(cov_annual, wgt ) ) )
```

```python
        p_returns.append( ret )
        p_volatility.append( vol )
        p_weights.append( wgt )

rets = np.sum( ret_daily.mean( ) * res[ 'x' ] ) * 250
vol = np.sqrt( res[ 'x' ].T @ covmat @ res[ 'x' ] )
p_volatility = np.array( p_volatility )
p_returns = np.array( p_returns )

colors = p_returns/p_volatility
plt.style.use( 'seaborn' )
plt.scatter( p_volatility, p_returns, c=colors, marker='o', cmap=mpl.cm.jet )
plt.scatter( vol, rets, marker="*", s=500, alpha=1.0 )
plt.xlabel( 'Volatility (Std. Deviation)' )
plt.ylabel( 'Expected Returns' )
plt.title( 'Efficient Frontier' )
plt.show( )
```

결과

▼ 그림 4-21 샤프비율 최적화 결과

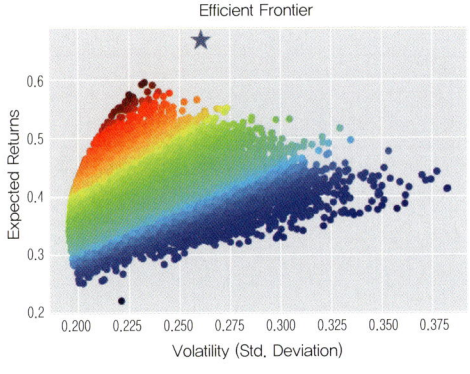

4.4 현실에 응용하기

CAPM에서 자산의 기대수익률이 결정된다는 것은 자산의 균형가격이 결정된다는 의미인데, 현실에서는 이를 이용해 주식 또는 투자 안의 가치 평가나 투자분석을 할 수 있다. CAPM을 통해 구한 기대수익률이 순현가법으로 투자분석을 할 때는 할인율로 사용되고, 내부수익률로 투자분석을 할 때는 기준 수익률 역할을 하기 때문이다. 불확실한 상황에서 투자 의사를 결정해야 할 때 CAPM을 통해 구한 기대수익률은 확실한 상황(위험이 없는 상태)에서 시장이자율의 역할을 대신한다.

일반 투자자 입장에서 여러 종목으로 구성된 포트폴리오를 구성하려면 재력이라고 부를 만한 자본이 필요하다. 그리고 현실과 이론은 같지 않다는 것을 알기에 굳이 이론으로만 알아둘 뿐 이론을 실제에 사용하지 않는다.

우리 주변에서 가장 쉽게 볼 수 있으면서 투자 가능한 포트폴리오는 ETF(Exchange Traded Fund)다. 상장지수 펀드(ETF) 또는 상장지수 투자신탁은 주식시장에서 거래가 가능한 투자신탁(펀드) 상품이다. ETF는 주식, 원자재, 채권 등과 같은 자산으로 구성된다.

미국은 1993년부터 증시에서 ETF가 거래되기 시작한 ETF의 원조다. 오랜 역사를 자랑하는 만큼 거래되는 ETF의 종류도 다양해 선택의 폭이 넓으며 고배당, 모멘텀, 바이백(buy-back), 저변동성과 같은 다양한 투자 스타일의 ETF가 상장돼 있다. 지수가 떨어지면 수익을 내는 '인버스 ETF', 기초자산지수(가령 KOSPI200)보다 변동폭을 2~4배로 크게 만든 '레버리지 ETF'도 있다.

수많은 ETF 중 저변동성 ETF로 미국 블랙록(BlackRock)에서 운용하는 iShares Edge MSCI Min Vol USA ETF[USMV US]가 있다. USMV ETF는 2011년에 상장됐는데, USMV는 종목 간의 상관관계를 고려해 최소분산포트폴리오를 구성하고 동시에 섹터 편입 비중 제한을 통해 예상치 못한 시장 충격에 대비한다.

▼ 그림 4-22 iShares Edge MSCI Min Vol USA ETF 상품 페이지(ishares.com/us/products/239695/ishares-msci-usa-minimum-volatility-etf#/)

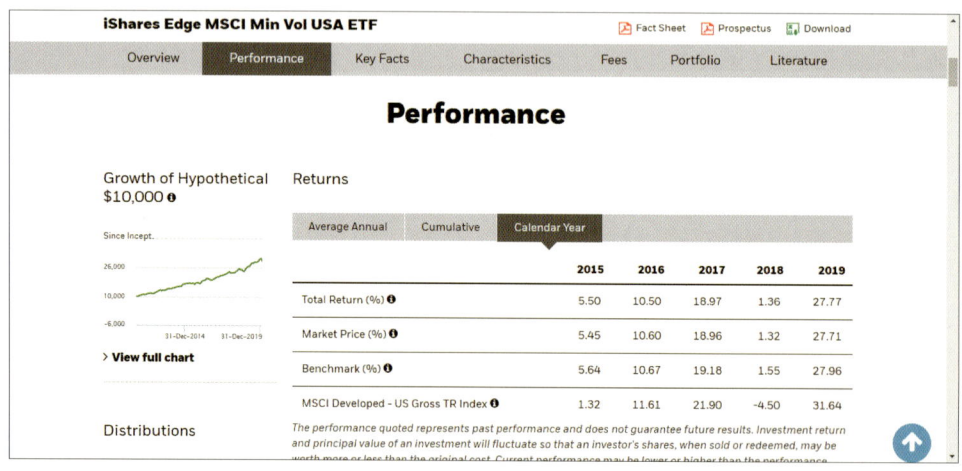

이러한 종목 선정 기준 덕분에 일반적으로 경기에 둔감하거나 배당과 관련이 높은 업종의 편입 비중이 벤치마크 지수 대비 높은 편이다. 시장 대비 저베타 특성을 갖고 있으므로 시장이 하락하는 국면에서 시장 대비 성과 초과(outperform)하는 모습을 보인다.

▼ 그림 4-23 USMV US 펀드에 10,000달러를 투자한 경우의 누적수익률 성과를 보여준다

앞서 벤치마크라는 용어가 나왔는데, 포트폴리오에는 벤치마크라는 성과평가 잣대가 있다. 패시브 전략을 갖는 포트폴리오에서는 추종지수라고도 한다. 벤치마크든 추종지수든 간에 국내에는 KOSPI, KOSPI200이 있고, 미국에는 대형주 주가지수인 S&P500 등이 있다. 앞서 USMV ETF의 투자 성과를 보여주는 자료표(Fact Sheet)에서는 펀드 베타에 대한 벤치마크로 S&P500과 비교하고 있다.

베타는 포트폴리오가 벤치마크 변동에 반응하는 정도를 나타내는데, 가령 레버리지 ETF를 설계하는 데 참고가 될 수 있다. 베타는 포트폴리오를 평가하는 절대 기준이 아니라 벤치마크 대비 상대 기준이다.

memo

5장

블랙-리터만 모델

5.1 피셔 블랙과 블랙-리터만 모델

5.2 간단히 알아보는 베이지안 확률

5.3 역최적화로 구하는 균형기내수익률

5.4 투자자 전망

5.5 블랙-리터만 공식

5.6 위험조정상수(τ)

5.7 균형기대수익률과 투자자 전망 결합

5.8 세 가지 자산을 가정한 예시

5.9 블랙-리터만 모델 최적화

5.10 현업에서의 블랙-리터만 모델

평균-분산 모델은 현대 포트폴리오 투자의 근간인데, 수익은 유지하면서 위험이 감소된다는 분산 투자 효율성을 수학적으로 증명한 것이다. 즉, 새로운 자산배분으로 투자 세계에서 새로운 영토를 발견한 것이다.

▼ 그림 5-1 마코위츠는 Low Risk/High Return을 자산배분으로 보여줬다

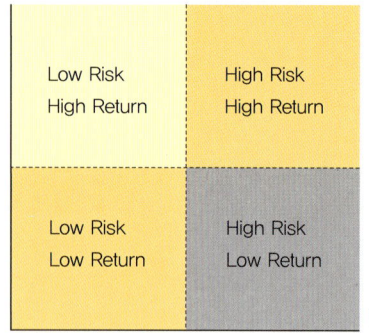

서로 다른 자산들 간에 발생하는 분산의 방향 차이가 상호 간에 상쇄간섭을 일으켜 포트폴리오 전체 변동성을 낮출 수 있으며, 이는 효율적 투자선에서도 확인할 수 있듯이 투자 효율성 극대화로 이어진다.

평균-분산 모델이 분산 투자 효율성을 수학적으로 증명하기는 했지만, 현실 시장에서 적용하기에는 몇 가지 한계가 있었다. 우선 과거 자료만 갖고 기대수익률과 변동성을 다루고 있으므로 투자 대상의 미래가치를 장담하지 못한다. 또한, 다수 자산에 투자 비중이 배분되지 않고 일부 자산에 과도한 비중으로 투자되는 경우가 잦아서 분산 투자라는 포트폴리오 투자의 기본 취지와 멀어지는 역설적인 상황이 된다는 점도 문제였다. 이는 기대수익률/위험 측정 오차가 최적화 단계에서 증폭돼 포트폴리오 투자 비중이 민감하게 반응하기 때문이다. 이로 인한 특정 자산 편중이 그러한 문제에 해당한다.

▼ 그림 5-2 블랙-리터만 모델 특징

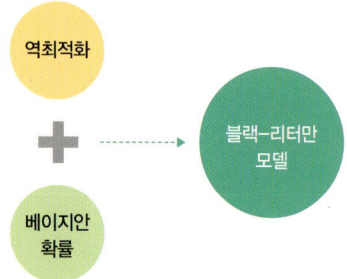

1990년에 처음 발표된 블랙-리터만 모델은 '베이즈 정리'를 바탕으로 투자자산군에 대한 투자자 기대를 반영해 이러한 문제들을 효과적으로 제거할 수 있었고, 이후 현재까지 가장 보편적으로 활용되는 자산배분 모델이 됐다.

이 모델은 자산배분은 투자 가능한 모든 자산의 시장가치에 따라 비례적이어야 한다는 균형 가정에서 출발한다. 마코위츠 모델이 수익률과 변동성을 토대로 비중을 계산했다면, 블랙-리터만 모델은 변동성과 비중을 통해 기대수익률을 계산한다.

쉬어가는 코너   **피셔 블랙과 로버트 리터만**

1997년의 노벨 경제학상 수상자 발표는 금융공학을 공부한 사람들을 깜짝 놀라게 했다. 주식옵션 가격결정 공식을 개척한 공로로 마이런 숄즈(Myron Scholes)와 로버트 머튼(Robert Merton)이 노벨 경제학상을 받은 것이다.

이전에도 옵션의 이론가격에 관한 연구와 모델이 이어졌지만, '블랙-숄즈 모델'로 불리는 이 공식은 대표적인 옵션 이론가격 산정 기준으로서 전 세계 파생금융상품시장이 수십조 달러 규모로 성장할 수 있는 바탕이 됐다.

▼ 그림 5-3 『Fischer Black and The Revolutionary Idea of Finance』

한 가지 아쉬운 점은 블랙 교수가 세상에 없다는 사실이었다. 모델의 창안자 중 한 명인 피셔 블랙(Fischer Black)은 1994년 후두암 진단을 받고 1995년 8월 57세의 나이로 세상을 떠났다.

그는 1984년 골드만삭스에 들어갔고, 이후 전무이사 및 파트너로 승진했다. 즉, 투자이론의 현장인 월스트리트로 뛰어든 것이다.

피셔 블랙의 전기(biography)인 『Fischer Black and The Revolutionary Idea of Finance』(페리 멀링 컬럼비아 대학교 경제학과 교수, amazon.com/Fischer-Black-Revolutionary-Idea-Finance/dp/1118203569)는 블랙-숄즈 공식을 이해하기 위해 머리를 싸맨 금융공학도들에게 그의 일생을 들려준다.

로버트 리터만(Robert Litterman)은 케포스 캐피털(Kepos Capital)의 창립 파트너이자 케포스 캐피털 내 리스크위원회 의장이다. 2009년 골드만삭스에서 23년간 근무하다가 은퇴했으며 리서치, 리스크 관리, 투자 및 사고 리더십(Thought Leadership) 활동을 했다. 또한 그는 골드만삭스에 있는 동안 싱가포르 GIC 이사회 투자 및 위험 위원회의 외부 고문으로 6년간 활동했다.

○ 계속

▼ 그림 5-4 로버트 리터만 트위터

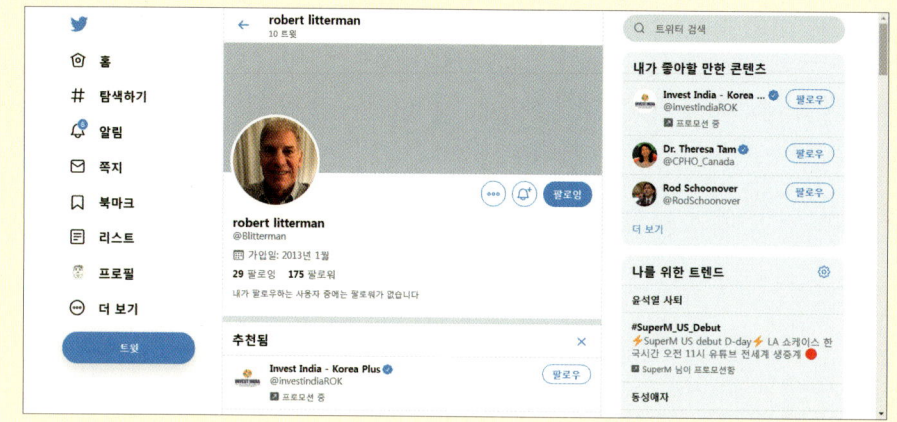

그는 골드만삭스에서 9년 동안 피셔 블랙과 긴밀하게 일했다. 피셔와 함께 블랙–리터만 글로벌 자산배분 모델을 공동으로 개발했으며, 자산운용 부문에서 전사적 리스크 기능을 개발하고 정량적 투자전략그룹을 이끌고 있다.

5.1 피셔 블랙과 블랙–리터만 모델

최적화된 자산배분 포트폴리오를 위한 현대적인 자산배분 포트폴리오 이론은 마코위츠의 평균–분산 최적화 이론에서 시작됐다. 그러나 현실적으로 자본시장에서 활용하기에는 어려운 점이 많았다. 이를 보완하기 위한 여러 통계적 노력도 있었지만 대부분 역부족이었다.

평균–분산 모델은 기대수익률과 변동성을 사전에 알고 있다는 가정이 필요하고, 특정 자산에 자산배분이 집중될 수 있다는 점 등과 같은 문제가 있었다. 블랙–리터만 모델은 이러한 문제를 효과적으로 제거해 현재까지 가장 보편적으로 활용되고 있는 자산배분 모델이다.

1991년 골드만삭스의 피셔 블랙과 로버트 리터만은 〈Journal of Fixed Income〉에 'Asset Allocation Combining Investor Views with Market Equilibrium'이라는 논문을 발표한다. 이것이 널리 알려진 블랙–리터만 모델이다. 이 모델은 자산의 시장가치에 비례한 자산배분에서 한 걸음 더 나아가 기대수익률에 대한 투자자의 견해를 고려한 분산 투자를 통해 리스크를 줄일 수 있음을 보여준다. 다만 자산의 기대수익률 분포나 자산가격에 대한 예상치를 알아야 하며 통계적인 최적화 작업이 필요하다. 그럼에도 블랙–리터만 모델은 발표 이후 '자산배분의 표준'이라고 할 만큼 널리 사용된다.

1. 자산 각각의 시가총액 비중을 구한다. 이를 통해 내재균형수익률을 계산한다. 시가총액은 발행주식수와 주식가격의 곱으로, 해당 기업의 경제적 가치를 의미한다. 블랙과 리터만은 최적화된 포트폴리오를 찾는 과정에서 나온 것을 시가총액으로 본 것이다.
2. 기대수익률에 대한 분석 또는 전망을 설정한다. 이를 사전분포(prior distribution)로 설정한다.
3. 내재균형수익률과 사전분포(투자자의 분석)를 이용해 사후분포(posterior distribution)를 구한다.

앞의 3단계를 세분하고 계산 순서를 간략하게 정리하면 다음과 같다.

1. 시장 비중, 과거 종가 데이터, 무위험이자율 등과 같은 필요한 데이터 수집
2. 위험회피계수(λ)
3. 위험조정상수(τ)
4. 균형기대수익률(π)
5. 시장 전망 반영과 결합
6. 결합전망기대수익률($E(r)$)
7. 최적 투자 비중

마코위츠의 평균-분산 모델은 기대수익률과 위험을 갖고 효율적 포트폴리오를 찾는다. 그리고 윌리암 샤프는 이를 발전시켜 여기에 무위험자산을 더함으로써 자본자산가격결정모델(CAPM)을 완성했다. 블랙-리터만 모델은 균형기대수익률과 투자자 전망을 결합해 계산한 기대수익률을 평균-분산 모델의 모수로 활용해 최적 포트폴리오를 구성한다.

▼ 그림 5-5 블랙-리터만 모델의 계산 및 구성 요소

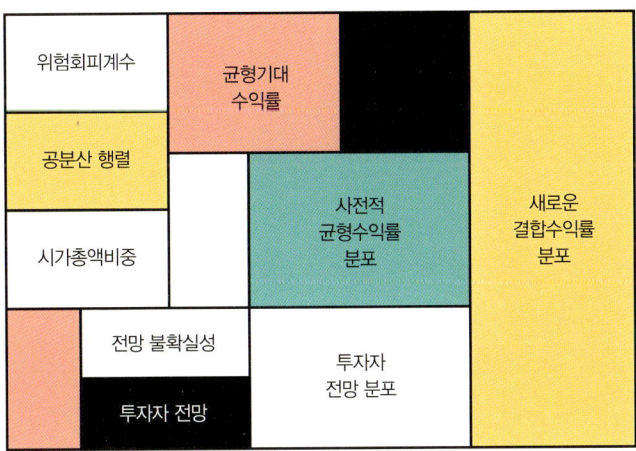

다음은 평균-분산 모델과 블랙-리터만 모델을 여러 속성으로 비교해본 것이다.

▼ 표 5-1 평균-분산 모델과 블랙-리터만 모델 비교

모델	평균-분산 모델	블랙-리터만 모델
개요	자산 간 수익률, 분산, 상관계수를 고려해 위험 대비 수익률이 최대가 되도록 배분	시장포트폴리오를 효율적 배분으로 가정하고, 투자자 전망을 추가하는 방식
수익률	과거 자산군별 장기평균수익률을 사용	내재수익률(역최적화 이용)+투자자 전망
표준편차	과거 자산군별 장기표준편차를 사용	자산군별 수익률표준편차+전망 불확실성
목적함수	위험조정수익률 최대화	기대수익률로 최적화하거나, 제한조건에 따라 위험조정수익률을 최대화함
장점	자산 분석에 활용	자산별로 기대수익률에 투자자 전망 반영
단점	극단적 배분 문제(코너해)	성과가 투자 전망에 좌우되며, 일부 자산의 시장 비중을 구하기 어려움

5.2 간단히 알아보는 베이지안 확률

베이지안 확률 또는 베이즈 이론은 영국 수학자이자 장로교 목사인 토마스 베이즈(Thomas Bayes)(1701~1761년)에게서 비롯됐다. 그에 대해 알려진 것은 별로 없는데, 런던에서 출생해 켄트(영국 남동부의 주)에서 살았고 수학과 관련된 어떤 책도 발표하지 않았다. 사후에 저서 두 권이 출간됐지만 큰 주목을 받지는 못했다.

베이즈가 세상을 떠나고 2년이 지난 후 신학자인 리처드 프라이스(Richard Price)가 왕립학회에 그 논문을 보냈고 1764년 왕립학회 회보에서 공개됐다.

▼ 그림 5-6 토마스 베이즈 초상화(위키백과(https://bit.ly/2KilliT))

보통 확률은 관심이 있는 사건이 일어난 횟수를 전체 시도 횟수로 나누는 경험확률이다. 가령 동전의 앞면이 나올 확률을 구한다면, 동전 앞면이 나온 횟수를 동전을 던진 모든 횟수로 나누는 것이 경험확률의 한 가지 예다. 즉, 사건의 발생 빈도에 의존하는 빈도주의 확률론이다. 빈도주의 확률에서 사건은 일정한 확률로 반복시행이 가능한 경우에 맞는다. 베이즈 확률은 일어나지 않는 일에 대한 확률을 불확실성(uncertainty)으로 보고 사건과 관련한 확률로 새롭게 일어나는 사건을 추정하는 것이다.

베이즈 이론은 비교적 최근에야 주목받기 시작했다. 수학과 컴퓨터의 발전, 실험으로 밝혀진 결과들 등으로 인해 비로소 인정받게 된 것이다.

베이즈 이론은 파격적일 만큼 단순하다는 것이 매력이다. '현실에서 얻은 데이터를 토대로 미래를 예측한다'가 전부다. 베이즈 이론의 공식은 다음과 같다.

$$P(H|E) = \frac{P(H) \cdot P(E|H)}{P(E)}$$

- $P(H|E)$: 증거 E가 관찰된 상황에서 가설 H가 참일 확률
- $P(H)$: 가설 H가 참일 확률
- $P(E|H)$: 가설 H가 참일 때 증거 E가 관측될 확률
- $P(E)$: 증거 E가 관측될 확률

증거가 많을수록 예측은 더 정확해진다. 베이즈 이론의 또 다른 장점은 자가 수정적이라는 것이다. 증거가 바뀌면 결과도 저절로 수정된다.

베이즈 이론을 간단히 살펴보기 전에 먼저 확률의 덧셈정리와 곱셈정리를 알아보자.

확률의 덧셈, 즉 확률의 합사건은 $P(A \cup B) = P(A) + P(B) - P(A \cap B)$이다. 여기서 $P(A \cap B)$는 확률의 곱셈이다. 이것은 확률의 곱사건을 의미하며 사건 A와 사건 B가 함께 일어날 확률을 말한다.

$$\text{확률의 덧셈정리 } P(A \cup B) = P(A) + P(B) - P(A \cap B)$$
$$\text{확률의 곱셈정리 } P(A \cap B) = P(B|A) \times P(A) = P(A|B) \times P(B)$$

다음 그림은 베이즈 확률을 설명하기 위한 다이어그램이다.

▼ 그림 5-7 베이즈 확률 다이어그램

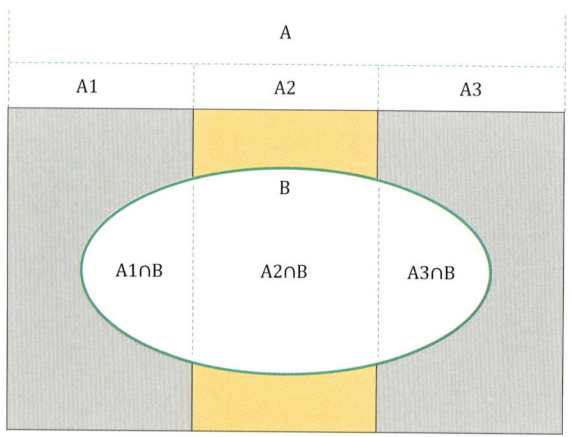

그림에서 사건 A는 그보다 작은 소사건 $A1$, $A2$, $A3$로 구성된 확률공간이다. 이때 $A1$, $A2$, $A3$는 동시에 일어날 수 없다. 따라서 확률의 덧셈정리에 따라 셋의 확률합은 사건 A의 확률이 된다.

$$P(A) = P(A1) + P(A2) + (A3)$$

사건공간 B 역시 세 개의 확률공간으로 구성돼 있다. B의 사건 중 $A1 \cap B$는 $A1$과 B가 동시에 일어나는 확률의 곱이다. 나머지 $A2 \cap B$, $A3 \cap B$도 마찬가지다. 그리고 $A1 \cap B$, $A2 \cap B$, $A3 \cap B$ 세 사건은 동시에 일어나지 않는다(그림에서 겹치는 공간이 없다). 따라서 B의 확률은 $A1 \cap B$, $A2 \cap B$, $A3 \cap B$ 확률의 합계다.

$$P(B) = P(A1 \cap B) + P(A2 \cap B) + (A3 \cap B)$$

A와 B라는 두 사건이 있고, 각 사건이 발생할 확률을 $P(A)$, $P(B)$라고 하자. $A|B$는 사건 B가 일어난 후에 사건 A가 일어나는 것을 의미한다. 사건 B가 일어났을 때 사건 A의 확률은 다음과 같다.

$$P(A|B) = \frac{P(A \cap B)}{P(B)} = \frac{P(B|A)P(A)}{P(B)}$$

베이지안 확률 예제

방 안에 크기와 모양이 같은 상자가 두 개 있는데 하나는 파란색, 다른 하나는 노란색이다. 파란 상자에는 검은 공 두 개, 흰 공 두 개가 들어있고, 노란 상자에는 검은 공 한 개, 흰 공 세 개가 들어있다.

▼ 그림 5-8 공이 들어있는 파란 상자와 노란 상자

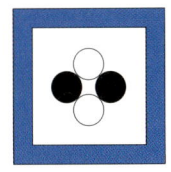
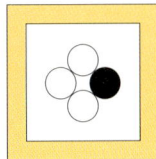

친구가 공을 하나 가져오기로 하고, 방에 들어가서 검은 공을 하나 들고 나왔다. 노란 상자에서 꺼낸 공이 검은 공일 확률은 얼마일까?

친구가 파란 상자와 노란 상자 중 하나를 택할 확률은 각각 1/2이다. 그리고 파란 상자를 선택한 후 거기서 검은 공을 꺼낼 확률은 2/4이다. 물론 흰 공을 꺼낼 확률도 2/4이다. 그러나 노란 상자를 선택한 후 거기서 검은 공을 꺼낼 확률은 1/4이고 흰 공을 꺼낼 확률은 3/4이다. 각각의 경우를 구분해 그림으로 정리하면 다음과 같다.

▼ 그림 5-9 경우별 확률

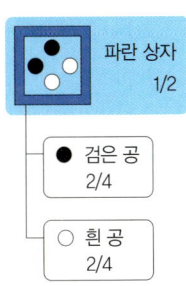
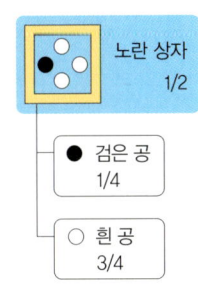

통계 수업에서 확률분포의 면적은 확률을 의미한다고 배웠다. 위의 확률을 사각형의 면적으로 보고 공을 뽑는 네 가지 경우를 상자로 표시하면 다음 그림과 같다. 상자 면적은 확률이고, 면적은 가로와 세로의 곱이다(상자의 전체 넓이는 확률값으로 따지면 1.0이다).

▼ 그림 5-10 각 경우의 사전확률

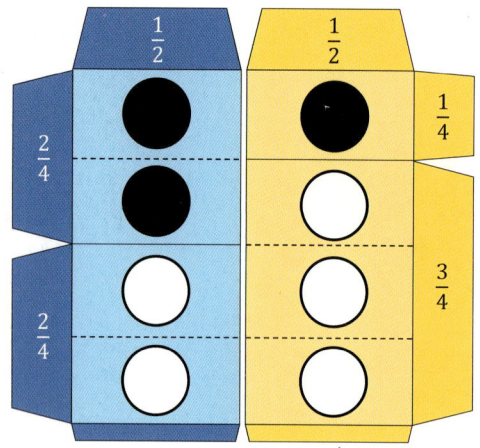

파란 상자와 검은 공이 교차하는 면적은 (1/2×2/4)이다. 파란 상자와 흰 공이 교차하는 면적도 (1/2×2/4)이다. 노란 상자와 검은 공이 교차하는 면적은 (1/2×1/4)이다. 노란 상자와 흰 공이 교차하는 면적은 (1/2×3/4)이다. 여기까지는 친구가 검은 공을 가져오기 전이므로 사전확률이라고 한다. 확률의 합계는 1.0, 면적도 1이다.

$$= (1/2 \times 2/4) + (1/2 \times 2/4) + (1/2 \times 1/4) + (1/2 \times 3/4) = 1$$

그러나 친구가 검은 공을 들고 나오는 것을 본 순간 새로운 정보를 알게 된다. 이제 흰 공과 관련된 부분은 생각하지 않아도 된다. 즉, 단순 확률에서 조건부 확률이 되므로, 흰 공이 있던 상자의 나머지 부분은 잘라버린다고 생각해보자.

▼ 그림 5-11 흰 공과 관련된 경우는 무시할 수 있다

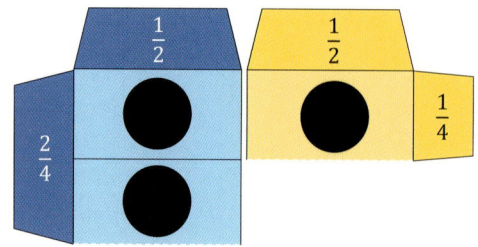

그러나 전체 확률은 1이어야 하므로, 두 개의 확률 $\left(\frac{1}{2} \times \frac{2}{4}\right)$, $\left(\frac{1}{2} \times \frac{1}{4}\right)$을 비례를 유지하면서 정규화한다. 즉, 두 개의 사각형 면적 비율을 유지하면서 두 사각형 면적의 합계가 1이 되도록 한다(앞서 1.4.2절 '기간수익률의 평균, 산술평균과 기하평균'에서 살펴본 같은 면적을 갖는 직사각형과 정사각형 예제와 같은 원리다).

$$\left(\frac{1}{2} \times \frac{2}{4}\right) : \left(\frac{1}{2} \times \frac{1}{4}\right) = \frac{1}{4} : \frac{1}{8}$$

정규화를 위해 분모인 4와 8의 최소공배수인 16을 공평하게 비례식 1/4 : 1/8 양쪽에 곱하면 다음과 같이 된다.

$$\frac{16}{4} : \frac{16}{8} = 4 : 2 = 2 : 1 = \frac{2}{3} : \frac{1}{3}$$

우리의 관심사는 노란 상자에서 검은 공이 나올 확률인데, 직관적으로 봐도 노란 상자에서 검은 공이 나올 확률은 세 개(전체 검은 공의 개수) 중 한 개인 1/3이다.

▼ 그림 5-12 검은 공이 노란 상자에서 나올 확률은 1/3이다

$$P(\text{노란 상자} | \text{검은 공}) = \frac{P(\text{노란 상자} \cap \text{검은 공})}{P(\text{검은 공})}$$

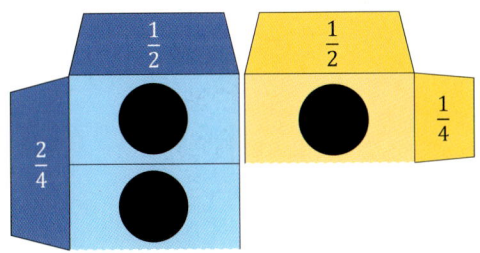

$$\left(\frac{1}{2} \times \frac{2}{4}\right) \quad : \quad \left(\frac{1}{2} \times \frac{1}{4}\right)$$
$$= \frac{1}{4} \quad : \quad \frac{1}{8}$$

그림으로 설명한 예제를 앞서 설명한 식으로 풀면 다음과 같다.

$$P(\text{노란 상자} \mid \text{검은 공}) = \frac{P(\text{노란 상자} \cap \text{검은 공})}{P(\text{검은 공})}$$

$$= \frac{P(\text{노란 상자} \cap \text{검은 공})}{P(\text{파란 상자} \cap \text{검은 공}) + P(\text{노란 상자} \cap \text{검은 공})}$$

$$= \frac{P(\text{노란 상자})P(\text{검은 공} \mid \text{노란 상자})}{P(\text{파란 상자})P(\text{검은 공} \mid \text{파란 상자}) + P(\text{노란 상자})P(\text{검은 공} \mid \text{노란 상자})}$$

$$= \frac{\frac{1}{2} \times \frac{1}{4}}{\left(\frac{1}{2} \times \frac{2}{4}\right) + \left(\frac{1}{2} \times \frac{1}{4}\right)} = \frac{\frac{1}{8}}{\frac{2}{8} + \frac{1}{8}} = \frac{\frac{1}{8}}{\frac{3}{8}} = \frac{1}{3}$$

5.3 역최적화로 구하는 균형기대수익률

PORTFOLIO WITH PYTHON

블랙-리터만 모델은 평균-분산 모델을 기반으로 시장에 내재된 균형기대수익률과 투자자 전망을 반영해 전망 결합 기대수익률을 산출한다. 평균-분산 모델은 과거 수익률과 위험을 고려한 자산배분 모델로, 자산의 투자 전망을 반영하기 어렵고 일부 자산에 투자 비중을 많이 배분하는 문제가 있다.

블랙-리터만 모델은 시가총액이 시장균형을 이룬 투자 비중이라고 가정하며 그에 내재된 균형기대수익률을 사용해 이러한 문제를 해결하고, 베이지안 방법(Bayesian approach)을 이용해 투자 전망을 수익률에 반영했다. 블랙-리터만 모델의 주요 가정 중 하나는 실제 평균에 대한 사전적인 조건부 확률분포는 알려져 있지만 실제 평균은 알려져 있지 않다는 것이며, 이를 'Unknown Mean and Known Variance'라고 한다.

블랙-리터만 모델은 샤프의 내재수익률(즉, CAPM으로 도출한 균형기대수익률)을 바탕으로 한다. 자본자산가격결정모델(CAPM)의 근간이 되는 샤프의 내재수익률은 다음과 같은데,

$$E(r_i) = r_f + \beta\bigl(E(r_m) - r_f\bigr)$$

다음과 같이 베타와 공분산, 기대수익률 등을 대입해

$$\beta = \frac{cov(r_i, r^T w_m)}{\sigma_m^2}, \pi = E(r) - r_f, \delta = \frac{E(r_m) - r_f}{\sigma_m^2}$$

다음과 같은 균형기대수익률을 도출한다.

$$\pi = \lambda \Sigma w_m$$

포트폴리오를 구성할 때 블랙-리터만 모델은 자산의 시가총액 비중을 균형 비중으로 가정하고, 이 비중을 역으로 계산해 자산별 수익률(균형기대수익률)을 계산한다.

시가총액이라는 것은 앞서 밝힌 바와 같이 발행주식수와 현재 주가를 곱한 것인데, 각 자산의 시가총액 합계가 전체 시장의 크기다. 전체 시장을 하나의 포트폴리오로 본다면 각 자산은 포트폴리오의 구성 자산이다. 따라서 각 자산의 시가총액은 포트폴리오에서 차지하는 비중인 것이다.

5.3.1 균형기대수익률(Π)

'시장은 항상 옳다'라는 말이 있다. 이 말은 시장이 시장 참가자들의 수많은 매수/매도 주문을 통해 초과공급과 초과수요가 바로 해소돼 항상 균형 상태라는 의미다.

블랙-리터만 모델에서 시장 내 각 자산의 시가총액이 균형 잡힌 결과라는 것이다. 즉, 현재 자본시장의 시가총액을 균형자산배분(Equilibrium Asset Allocation)으로 본다.

그리고 투자수익률과 위험을 기초로 효율적인 자산배분을 찾던 방식과 반대로 균형 있게 배분된 투자자산(이미 알려진 정보)에서 균형기대수익률(Implied Equilibrium Return) 또는 내재초과균형수익률(Implied Excess Equilibrium Return)('초과'는 무위험수익률을 초과하는 것을 말한다)을 구하는데, 이를 역최적화(reverse optimization)라고 한다.

블랙-리터만 모델에서는 위험회피계수와 투자자산들의 수익률 상관계수, 균형 배분된 시가총액 비중을 통해 균형기대수익률을 구한다. 균형기대수익률이란 시장에 내재된 자산의 균형기대수익률(Π, $n \times 1$ 벡터)을 의미한다. 균형기대수익률(Π)은 다음 식을 이용해 계산한다. 그리고 여기에 투자자의 분석을 더하는 형태다.

$$\Pi = \lambda \Sigma w_{mkt}$$

- Π: 균형기대수익률($n \times 1$ 벡터)
- λ: 투자자의 위험회피계수(스칼라 상수)

- Σ: 과거 수익률의 공분산 행렬($n \times n$ 행렬)
- w_{mkt}: 자산시가총액 비중($n \times 1$ 벡터)
- n: 자산의 수

▼ 그림 5-13 균형기대수익률 데이터 구조 유형

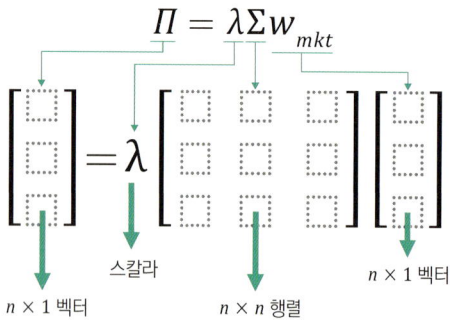

실무에서는 변형된 형태로 균형기대수익률 $\Pi = \lambda\Sigma w_{mkt}$에 무위험이자율($r_f$)을 더하기도 한다. 그러므로 다음과 같은 식으로도 사용할 수 있다.

$$총내재수익률 = \Pi + r_f$$

이렇게 균형기대수익률과 무위험이자율을 더한 것을 '총내재수익률(Total Implied Return)'이라고 한다. 앞에서 내적곱(dot product) 함수 dot을 다룬 바 있는데, 이번에는 dot 함수를 사용한다. 균형기대수익률 코드에 앞서 먼저 내적곱 연산을 간단히 알아보자(np는 numpy 라이브러리를 가리킨다).

np.dot은 두 배열의 내적곱을 계산하기 위한 것이다. 가령 벡터 [1 2]와 행렬 $\begin{bmatrix} 4 & 5 & 6 \\ 7 & 8 & 9 \end{bmatrix}$의 내적곱은 다음과 같은 원리와 코드로 계산된다.

$$\begin{bmatrix} 1 & 2 \end{bmatrix} \times \begin{bmatrix} 4 & 5 & 6 \\ 7 & 8 & 9 \end{bmatrix} = \begin{bmatrix} 1 \times 4 + 2 \times 7 & 1 \times 5 + 2 \times 8 & 1 \times 6 + 2 \times 9 \end{bmatrix} = \begin{bmatrix} 18 & 21 & 24 \end{bmatrix}$$

```
import numpy as np
x = np.array( [ 1, 2 ] )
y = np.array( [ [ 4, 5, 6 ], [7, 8, 9] ] )
print( np.dot( x, y ) )
```

▼ 그림 5-14 내적곱 연산

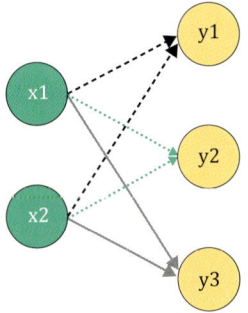

다음은 역최적화로 균형기대수익률을 구하는 예시 코드의 일부다(R은 연율화된 초과수익률, W는 시가총액의 비중이다).

```
# 포트폴리오 수익률 평균 및 분산
mean = sum( R * W )
var = np.dot( np.dot( W, C ), W )

# 위험회피계수(lambda)
lmbda = ( mean - rf ) / var

# 균형기대수익률
pi = np.dot( np.dot( lmbda, C ), W )
```

5.3.2 위험회피계수(λ)

위험회피계수(λ)는 투자자의 위험에 대한 태도를 의미하며 포트폴리오의 위험 대비 수익률을 수치화한 계수다. 위험회피계수가 클수록 무위험자산 투자 비중이 높아지고, 위험자산 투자 비중은 낮아진다.

위험회피계수는 초과수익률을 수익률의 분산으로 나눈 것이다.

$$\lambda = \frac{r_{BM} - r_f}{\sigma_{BM}^2}$$

- r_{BM}: 시장포트폴리오 기대수익률 또는 각 자산의 기대수익률을 시가총액 비중에 따라 가중 평균한 평균수익률
- r_f: 무위험이자율 또는 무위험자산 수익률
- σ_{BM}^2: 시장포트폴리오 수익률 분산

위에서 시장포트폴리오 수익률 분산은 다음과 같이 계산했다.

$$\sigma^2 = W_{mkt}^T \Sigma W_{mkt}$$

CAPM에서는 무위험이자율과 위험프리미엄을 가정해 기대수익률을 추정하지만, 블랙-리터만 모델에서는 목표수익률과 무위험이자율을 갖고 위험회피계수를 구한다. 위험회피계수를 계산하는 코드는 앞서 균형기대수익률 계산 코드에서 살펴봤다.

```
# 포트폴리오 수익률 평균 및 분산
mean = sum( R * W )
var = np.dot( np.dot( W, C ), W )

# 위험회피계수(lambda)
lmbda = ( mean - rf ) / var

# 균형기대수익률
pi = np.dot( np.dot( lmbda, C ), W )
```

5.3.3 자산의 공분산 행렬(Σ)

자산의 공분산 행렬은 각 자산의 무위험수익률(또는 이자율)을 초과하는 수익률 간의 공분산을 계산한다.

$$\text{자산의 공분산 행렬} = COV(\text{자산수익률} - \text{무위험이자율})$$

공분산(covariance)이란 두 변수가 함께 변화하는 정도를 나타내는 지표를 말한다. 가령 x와 y라는 두 데이터가 있을 때

```
x = [ 8, 3, 6, 6, 9, 4, 3, 9, 3, 4 ]
y = [ 6, 2, 4, 6, 10, 5, 1, 8, 4, 5 ]
```

이를 차트로 그리면 다음과 같다.

```
import matplotlib.pyplot as plt

x = [ 8, 3, 6, 6, 9, 4, 3, 9, 3, 4 ]
y = [ 6, 2, 4, 6, 10, 5, 1, 8, 4, 5 ]
```

```
plt.rcParams[ "figure.figsize" ] = ( 6, 4 )
plt.plot( x, y, 'o' )
plt.show( )
```

▼ 그림 5-15 x와 y의 산포도

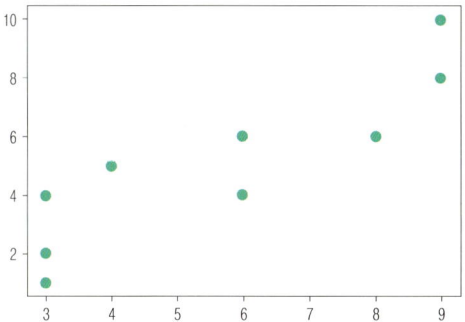

np.cov를 사용해 공분산을 계산한다.

```
import numpy as np

x = [ 8, 3, 6, 6, 9, 4, 3, 9, 3, 4 ]
y = [ 6, 2, 4, 6, 10, 5, 1, 8, 4, 5 ]
cov = np.cov( x, y )
print( cov )
```

그런데 이때 x와 y의 공분산뿐만 아니라 x와 y 각각의 분산도 계산된다.

결과

```
array( [ [ 6.05, 5.61 ],
        [ 5.61, 6.98 ] ] )
```

원하는 x와 y의 공분산(5.61)만 얻으려면 cov[0, 1]만 취하면 된다.

다음은 수익률의 공분산을 구하는 코드다.

```
# 공분산 계산
covars = np.cov( returns )
```

5.3.4 자산시가총액 비중(W_{mkt})

자산시가총액 비중은 시장 전체의 시가총액 중 각 자산이 차지하는 시가총액의 비중을 의미한다.

$$\text{자산시가총액 비중} = \frac{\text{자산 시가총액}}{\text{시장 시가총액 합계}}$$

비중은 전체 합으로 나누는 분수 계산이다. 가령 다음은 여덟 개 회사 각각의 시가총액을 여덟 개 회사의 시가총액 합계로 나눠 W에 저장하는 코드다.

```
cap = { 'PFE':201102000000,'INTC':257259000000,'NFLX':184922000000,
        'JPM':272178000000,'XOM':178228000000,'GOOG':866683000000,
        'JNJ':403335000000,'AAPL':1208000000000,'AMZN':1178000000000
      }

W = np.array( caps ) / sum( caps ) # 시가총액의 비율 계산
```

시가총액은 간단히 네이버 금융(finance.naver.com)에서 찾아볼 수도 있다.

▼ 그림 5-16 KOSPI시장 시가총액별 기업 순위

탭	N	종목명	현재가	전일비	등락률	액면가	거래량	상장주식수	시가총액
코스피 / 코스닥	1	삼성전자	51,300	▲ 400	+0.79%	100	3,288,548	5,969,783	3,062,498
	2	SK하이닉스	83,000	▲ 100	+0.12%	5,000	1,025,296	728,002	604,242
	3	삼성전자우	41,550	▲ 100	+0.24%	100	230,331	822,887	341,909
	4	현대차	123,500	0	0.00%	5,000	166,189	213,668	263,880
	5	삼성바이오로직스	393,500	▲ 10,000	+2.61%	2,500	88,792	66,165	260,359
	6	셀트리온	199,500	▲ 2,500	+1.27%	1,000	171,746	128,336	256,031
	7	NAVER	153,500	▲ 1,000	+0.66%	100	73,105	164,813	252,989
	8	현대모비스	238,500	▲ 1,500	+0.63%	5,000	124,449	95,307	227,306
	9	LG화학	303,500	▲ 2,000	+0.66%	5,000	64,734	70,592	214,248
	10	신한지주	43,600	▲ 50	+0.11%	5,000	279,568	474,200	206,751

해외 주식의 경우 야후 파이낸스(Yahoo Finance)(finance.yahoo.com/)에서 시가총액을 찾아볼 수 있다(검색창에서 종목 티커를 조회하면 다음과 같은 화면이 나오는데, **Summary** 탭의 Market Cap 항목이 시가총액이다).

▼ 그림 5-17 애플 종목의 Summary 탭

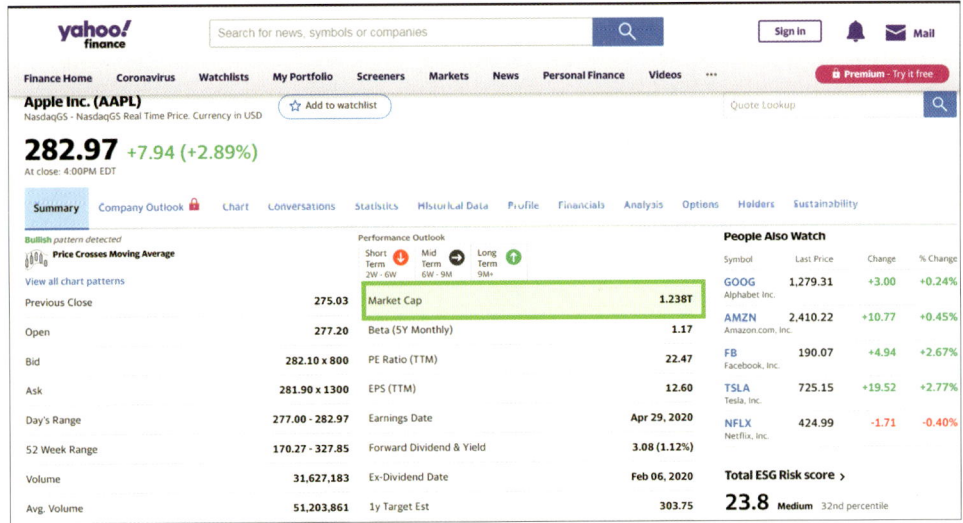

pandas_datareader 라이브러리의 get_quote_yahoo 함수는 현재 시점의 시가총액을 비롯한 70여 개의 각종 정보를 야후 파이낸스에서 가져와 제공한다(language, region, …, marketCap, forwardPE, priceToBook, …, price).

▼ 그림 5-18 get_quote_yahoo 함수 결괏값

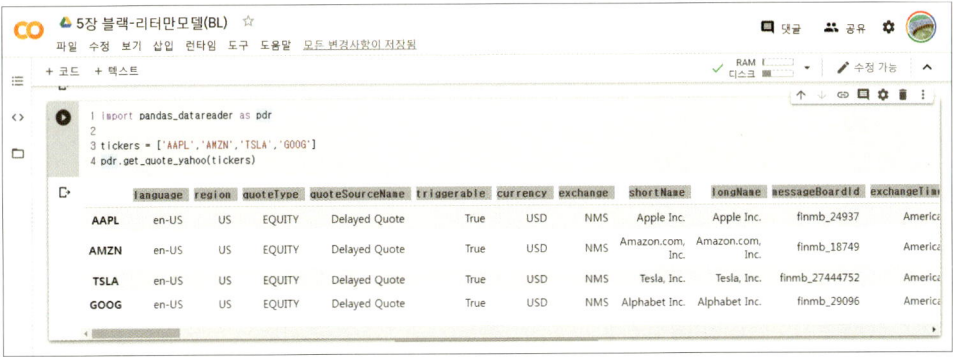

다음 코드와 같이 Market Cap 항목만 가져올 수도 있다. 이 책의 실습을 잘 따라 하고 있으리라 믿고 결과를 생략한 부분이 왕왕 있으므로, 그냥 지나치지 말고 직접 결과를 확인해보자.

```
import pandas_datareader as pdr

tickers = [ 'AAPL','AMZN','TSLA','GOOG' ]
pdr.get_quote_yahoo( tickers )[ 'marketCap' ]   # 'marketCap'만 가져온다.
```

앞서 균형기대수익률 수식에서

$$\Pi = \lambda \Sigma w_{mkt}$$

균형기대수익률(Π)을 초과수익률(μ)로 바꾸고 식을 정리하면, 포트폴리오의 최적 비중을 구하는 다음과 같은 식이 된다.

$$w = (\lambda \Sigma)^{-1} \mu$$

균형기대수익률(Π)은 시장균형점으로 블랙–리터만 모델의 시작이다.

5.4 투자자 전망

블랙–리터만 모델에서 균형기대수익률에 투자자 전망을 반영하는 방법으로는 절대적 전망과 상대적 전망이 있다.

▼ 그림 5-19 투자 전망 유형

가령 대형주가 절대적인 5%의 수익률을 낼 것이라는 견해는 절대적인 전망(벤치마크 대비 몇 % 더 높거나 낮다는 의미가 아니라 딱 5%라는 의미)이다. 일본 국채 수익률이 미국 국채 수익률보다 25bp(bp는 basis point의 약자로, 25bp는 0.25%를 의미한다)만큼 앞설 것이라는 전망은 자산 상대 전망이다.

대형성장주(Large Growth)와 소형성장주(Small Growth) 포트폴리오의 수익률이 대형가치주(Large Value)와 소형가치주(Small Value) 포트폴리오의 수익률보다 2% 앞설 것이라는 견해는 그룹 상대 전망이다.

자산수익률의 확률분포는 시간의 흐름에 따라 변하지 않는다는 가정하에 과거 자료를 이용한다. 그리고 이와 같은 가정하에서는 과거 수익률의 빈도수 분포로부터 미래 수익률의 확률분포를 알 수 있다고 한다. 반면 기대수익률은 미래에 실현될 수익률의 사전적 기대값이지만, 실무에서는 이미 실현된 수익률의 평균값을 사용하기도 한다. 기대수익률은 평균이 π이고 분산이 Σ인 정규분포를 따르는 것으로 알려져 있다.

$$\mu \sim N(\pi, \Sigma)$$

- π: 기대수익률 평균($n \times 1$ 행렬)
- Σ: 수익률의 공분산($n \times n$ 행렬)

사전분포에 해당하는 투자자 전망은 다음과 같이 정의한다.

$$P \cdot E(r) = Q + \varepsilon, \varepsilon \sim N(Q, \Omega)$$

- P: 투자자 전망 행렬(n개의 자산에 대한 k개의 전망으로 구성된 $k \times n$ 행렬)
- $E(r)$: 기대수익률($n \times 1$ 행렬)
- Q: 투자자 전망에 대한 기대수익률(전망 벡터 $k \times 1$ 행렬)
- ε: 투자자 전망 오차항($k \times 1$ 행렬)
- Ω: 오차항 공분산 행렬($k \times k$ 행렬)

일반적으로 포트폴리오 투자자산의 기대수익을 말할 때는 공분산 행렬을 사용해 불확실성의 수준을 표시한다. 마찬가지로 투자자 전망에서 산출된 기대수익률 Q에 대해서도 같은 논리가 적용돼 전망에 대한 오차항을 덧붙인다.

$$Q + \varepsilon = \begin{bmatrix} x_1 \\ \vdots \\ x_n \end{bmatrix} + \begin{bmatrix} \varepsilon_1 \\ \vdots \\ \varepsilon_n \end{bmatrix}$$

투자자 전망 행렬(P), 초과수익률 공분산(Σ), 위험조정상수(τ)를 사용해 오차항 공분산 행렬(Ω)을 다음과 같이 계산한다.

$$\Omega = P(\tau \Sigma)P^T$$

$$\Omega = \begin{bmatrix} P_1 \Sigma P_1 \tau & \cdots & 0 \\ \vdots & \ddots & \vdots \\ 0 & \cdots & P_k \Sigma P_k \tau \end{bmatrix}$$

(공분산 행렬(Ω)은 항등행렬이므로 ⋮와 ⋯으로 표시된 부분은 0이다.)

Ω 값은 전망치에 대한 불확실성의 정도를 수치화한 것이며 전망에 대한 분산으로 표현된다. 전망에 대한 신뢰가 낮으면 분산의 정도가 높고, 신뢰가 높으면 분산의 정도가 낮다.

블랙–리터만 기대수익률을 계산하기 위해 균형기대수익률과 투자자 전망을 결합한다. 결합할 때는 베이지안 방법을 사용한다. 투자자의 전망하에 기대수익률을 업데이트하면 다음과 같다.

$$E(\mu|views) = [(\tau E)^{-1} + P^T \Omega^{-1} P]^{-1} [E^{-1}\Pi + P^T \Omega^{-1} Q]$$

투자자의 전망이 확실해 오차가 없다면, 즉 $\Omega = 0$이므로 다음과 같이 할 수 있다.

$$E(\mu|views) = \Pi + \tau \Sigma P^T [\tau P \Sigma P^T]^{-1} [Q - P\Pi]$$

전망은 행렬의 형태로 표현하는데, 전망 행렬의 행에는 전망이 배치되고 열에는 자산이 배치된다. 절대적 전망의 경우 모든 자산의 전망의 합, 즉 행의 합은 '1'이 된다. 그리고 상대적 전망의 경우 전망의 합은 '0'이 되도록 한다. 가령 상대적으로 성과 초과를 전망하는 자산을 1로, 그에 비해 성과 미달할 것으로 보이는 자산은 −1로 설정해 그 합이 0이 되도록 한다. 만일 성과에 대한 견해가 없다면 0이다.

실무상 전망 행렬을 구성하는 방법은 애널리스트와 같은 전문가의 전망을 사용할 수 있지만, 그 외 여러 가지 방법도 자유롭게 사용할 수 있다. 가령 전망 행렬은 수익률 모멘텀을 이용해 구성할 수 있다. 모멘텀은 주가의 증가 또는 감소 추세를 측정한 지표인데, 일정 기간 내 수익률을 자산의 표준편차로 나눈 값이며 동일한 위험에 대한 개별 자산의 수익률을 의미한다.

▼ 그림 5-20 투자자의 전망 행렬 P

- 절대적 전망: 자산 1은 가장 좋은 성과를 낼 것이다.
- 상대적 전망: 자산 3은 자산 2보다 좋은 성과를 낼 것이다.

$$P = \begin{bmatrix} 1 & 0 & 0 \\ 0 & -1 & 1 \end{bmatrix}$$

자산 1, 자산 2, 자산 3

절대적 전망: 행의 합은 1
상대적 전망: 행의 합은 0

성과에 대한 견해가 없으므로 0

그림 5-20의 전망 행렬에서 첫 번째 행은 절대적 전망이며, 자산 2와 자산 3에 대한 의견은 없고 자산 1에 대한 전망만 있다. 두 번째 행은 상대적 전망이며, 자산 1에 대한 의견은 없고 자산 3이 자산 2보다 상대적으로 더 높은 수익률을 나타낼 것으로 전망한다.

다음은 투자자의 전망을 계량해 전망에 따른 기대수익률 Q와 투자자의 전망 행렬 P, 그리고 전망의 불확실성 Ω를 만드는 과정이다(전체 파일은 깃허브 참고).

다음 코드의 전망은 예를 든 것으로, 엑손모빌(Exxon Mobil)의 수익률이 JP모건(JPMorgan Chase & Co.)보다 2% 높고 존슨앤존슨(Johnson & Johnson)의 수익률이 넷플릭스(Netflix, Inc.)보다 2% 높다는 가상의 전망이다.

```python
views = [ ( 'XOM', '>', 'JPM', 0.02 ), ( 'NFLX', '<', 'JNJ', 0.02 ) ]
Q, P = CreateMatrixPQ( tickers, views )

# 위험조정상수
tau = .025

# 투자자 전망의 불확실성 계산
# 또는 tau * P * C * transpose( P )
omega = np.dot( np.dot( np.dot( tau, P ), C ), np.transpose( P ) )
```

위에서 사용한 CreateMatrixPQ( ) 함수는 다음과 같다.

```python
# 자산에 대한 투자자의 전망과 전망의 기대수익률을 행렬로 만든다
def CreateMatrixPQ( names, views ):
  r, c = len( views ), len( names )

# 투자 전망과 기대수익률 행렬
# views[i][3]은 기대수익률을 가리킴
  Q = [ views[ i ][ 3 ] for i in range( r ) ]

# 전망 행렬 P를 만들기 위해
# 구성 자산 딕셔너리 작성
  nameToIndex = dict( )
  for i, n in enumerate( names ):
    nameToIndex[ n ] = i

# 투자 전망
  P = np.zeros( [ r, c ] )
  for i, v in enumerate( views ):

# 가령 전망이 ( 'MSFT', '>', 'GE', 0.02 )라면
```

```
# views[ 1 ][ 0 ] <-- 'MSFT' --> 종목1(name1)
# views[ i ][ 1 ] <-- '>'    --> 비교 연산자 자리
# views[ i ][ 2 ] <-- 'GE'   --> 종목2(name2)
# views[ i ][ 3 ] <-- '0.02'
    name1, name2 = views[ i ][ 0 ], views[ i ][ 2 ]
    P[ i, nameToIndex[ name1 ] ] = +1 if views[ i ][ 1 ] == '>' else -1
    P[ i, nameToIndex[ name2 ] ] = -1 if views[ i ][ 1 ] == '>' else +1
return np.array(Q), P
```

5.5 블랙-리터만 공식

PORTFOLIO WITH PYTHON

균형기대수익률과 투자자의 전망은 베이지안 확률 기법을 통해 기대수익률을 확률변수로 취급한다.

포트폴리오가 n개의 자산으로 구성돼 있고 k개의 전망을 가진다면 블랙-리터만 사후결합수익률 ($n \times 1$ 행렬)은 다음과 같다.

$$E[R] = [(\tau\Sigma)^{-1} + P^T\Omega^{-1}P]^{-1}[(\tau\Sigma)^{-1}\Pi + P^T\Omega^{-1}Q]$$

- τ: 위험조정상수(스칼라 상수)
- Σ: 초과수익률 공분산 행렬($n \times n$ 행렬)
- P: 투자자산에 대한 전망 행렬($k \times n$ 행렬)
- Ω: 각 전망의 불확실성에 대한 공분산 대각행렬($k \times k$ 행렬)
- Π: 균형기대수익률벡터($n \times 1$ 행렬)
- Q: 전망기대수익률벡터($k \times 1$ 행렬)

위의 공식에서 두 번째 [ ] 안의 수식, 즉 $[(\tau\Sigma)^{-1}\Pi + P^T\Omega^{-1}Q]$ 안에 $(\tau\Sigma)^{-1}$과 $P^T\Omega^{-1}$이 보이는데, $(\tau\Sigma)^{-1}$은 균형기대수익률 Π에 대한 신뢰 가중치이고 $P^T\Omega^{-1}$은 투자자의 전망 Q에 대한 신뢰 가중치다. 결국 $[(\tau\Sigma)^{-1}\Pi + P^T\Omega^{-1}Q]$는 가중평균을 의미한다.

▼ 그림 5-21 블랙-리터만 공식의 의미

$$BL = \Pi + V$$

앞서 살펴본 블랙-리터만 식을 변형하면 시장에 내재된 균형기대수익률(Π)과 투자 전망에 의한 수익률(V, $n \times 1$ 행렬)로 나뉜다.

$$E[R] = \Pi + \tau \Sigma P^T [\Omega + \tau P \Sigma P^T]^{-1} [Q - P\Pi] = \Pi + V$$

투자자산이 하나인 포트폴리오를 가정해 간단한 계산 예를 들어보자. 다음과 같은 매개변수가 미리 주어진다고 가정한다.

- $\tau = 1$: 위험조정상수
- $\Pi = -2\%$: 내재균형수익률
- $\Sigma = 1.1\%$: 초과수익률 공분산
- $Q = 1\%$: 전망기대수익률
- $\Omega = 0.25\%$: 각각의 전망에 대한 불확실성

블랙-리터만 공식을 사용해 구한 기대수익률의 근사치는 다음과 같다.

$$\begin{aligned}
E[R] &= [(\tau\Sigma)^{-1} + P^T \Omega^{-1} P]^{-1} [(\tau\Sigma)^{-1}\Pi + P^T \Omega^{-1} Q] \\
&= [(1 * 0.011)^{-1} + 1^T * 0.0025^{-1} * 1]^{-1} [(1 * 0.011)^{-1} * (-0.02) + 1^T * 0.0025^{-1} 0.01] \\
&= 0.0020371 [(90.909)(-0.02) + 4000(0.01)] \\
&\approx 0.44\% \text{ (자산이 한 개이므로 } P = 1 \text{이다.)}
\end{aligned}$$

0.44%는 내재균형수익률(Π) -2%보다 기대수익률(Q) 1% 쪽에 가까운데, 이는 전망에 대한 불확실성(Ω)이 초과수익률의 공분산(Σ) 1.1%보다 낮아 전망에 대한 신뢰를 높이기 때문이다.

다음은 블랙-리터만 기대수익률 공식을 옮긴 것이다. 공식이 길어서 한 번에 쓰는 대신에 bl1, bl2, bl3, bl4로 나눠 작성한 후 다시 합쳐 연산하고 pi_adj에 저장한 것이다. 대부분의 연산이 내적곱이다.

공식이 길면 작성하기도 어렵지만, 결괏값이 이상해 틀린 부분을 찾으려 할 때도 불리하다. 이럴 때는 공식을 크게 나눠 각 부분의 이상 여부를 확인하는 것이 편리하다.

```python
# 투자자 전망과 합쳐진 균형초과수익률 계산
bl1 = inv( np.dot( tau, C ) )
bl2 = np.dot( np.dot( np.transpose( P ), inv( omega ) ), P )
bl3 = np.dot( inv( np.dot( tau, C ) ), pi )
bl4 = np.dot( np.dot( np.transpose( P ), inv( omega ) ), Q )
pi_adj = np.dot( inv( bl1+bl2 ), ( bl3+bl4 ) )
```

5.6 위험조정상수(τ)

통계학에서는 시장 전체의 데이터를 구하거나 처리하기가 쉽지 않으므로 표본조사를 한다. 그리고 모집단, 표본집단 등 데이터의 전체와 일부에 대한 각종 통계기법을 배운다.

즉, 자산시장 전체에 대한 균형수익률을 구하는 대신 일부 데이터를 추출해 샘플링하는 것이다. 그런데 실제 데이터와 표본 데이터 간에 차이가 생길 수 있다. 역최적화에서 균형기대수익률을 추정했지만, 기대수익률 분산값은 과거 데이터를 사용하고 있으므로 이를 조정해줘야 한다. 이러한 차이를 보정하는 장치가 위험조정상수(τ)다.

일반적으로 표본과 시장수익률에서 표본 개수가 증가하더라도 유의미한 차이는 없는데, 표준편차의 경우 표본 데이터 개수가 증가하면 작아진다. 따라서 표본 데이터 개수가 아무리 많아도 전체 데이터 개수보다 작기 때문에 표본 표준편차는 늘 전체 표준편차보다 크다. 위험조정상수(τ)는 이를 줄여서 보정해주는 역할을 하는 것이다.

자산가격 변동성을 계산할 때 다양한 가정이 들어가는데, 위험조정상수(τ)에 대해 적정 수준이 어느 정도인지는 정해진 바가 없다. 다만 1992년 논문에서 블랙은 자산의 균형수익률 변동성이 역사적 변동성보다 현저히 낮을 것으로 판단해 거의 0에 근접하는 값으로 보고 있다.

실무적으로 말하자면, 수식의 여러 항이 행렬이나 벡터지만 이 상수는 유일한 스칼라(scalar)이며 역사적 변동성(공분산)과 기대수익률 사이의 괴리를 조정하는 역할을 한다. 보통 τ 값은 0과 1 사이인데, τ 값이 높으면 기대수익률에 대한 확신이 낮고 τ 값이 낮으면 확신이 높다고 본다. τ 값은 초기에 0.01~0.05 사이에 임의적으로 결정된 값을 사용했지만, 현재 위험조정상수(τ)는 다음과 같이 계산해 사용하기도 한다.

$$위험조정상수(\tau) = \frac{1}{초과수익률\ 공분산(\Sigma)에\ 사용된\ 표본\ 개수(n)}$$

5.7 균형기대수익률과 투자자 전망 결합

블랙-리터만 모델의 특징 중 하나는 베이지안 통계를 도입한다는 것이다. 기대수익률을 계산할 때 주관적 확률 방법을 사용해 산출한 내재균형수익률에 시장 전망을 반영한다. 즉, 블랙-리터만 모델은 시장 비중을 역이용해 구한 내재균형수익률에 베이지안 확률을 이용해 주관적인 투자 전망(시장 전망)을 반영함으로써 기대수익률을 계산한다.

앞서 베이지안 확률을 설명했는데, 지금부터는 베이지안 확률로 블랙-리터만 모델을 전개하는 과정을 대략적으로 살펴보자.

사건 A와 B가 동시에 일어나는 사건(A,B)의 확률은 $Pr(A,B) = Pr(A|B)Pr(B) = Pr(B|A)Pr(A)$이다. 식 $Pr(A|B)Pr(B) = Pr(B|A)Pr(A)$를 $Pr(A|B)$에 대해 정리하면 다음과 같다.

$$Pr(A|B) = \frac{Pr(B|A)Pr(A)}{Pr(B)}$$

블랙-리터만 모델은 균형수익률(Π)이라는 사건에 투자자의 전망(view)이 반영돼(사전분포를 따르는) 기대수익률(E)을 도출하는 것으로, 사건 A와 B 자리에 균형수익률과 기대수익률을 대입하면 다음과 같다.

$$Pr(E|\Pi) = \frac{Pr(\Pi|E)\,Pr(E)}{Pr(\Pi)}$$

위 식은 복잡한 전개 과정을 거쳐 다음과 같은 사후적인(posterior) 정규분포를 도출한다.

$$E|\Pi \sim N([(\tau\Sigma)^{-1} + P^T\Omega^{-1}P]^{-1}[(\tau\Sigma)^{-1}\Pi + P^T\Omega^{-1}Q], [(\tau\Sigma)^{-1} + P^T\Omega^{-1}P]^{-1})$$

일반적으로 기대수익률($\hat{E}(r)$) 추정은 최소자승법을 이용하며, 추정은 복잡한 수리적 과정을 거치면서 다음과 같이 정리된다.

$$\hat{E}(r) = \left[(IP^T)\begin{pmatrix}\tau\Sigma & 0 \\ 0 & \Omega\end{pmatrix}^{-1}\begin{pmatrix}I \\ P\end{pmatrix}\right]\left[(IP^T)\begin{pmatrix}\tau\Sigma & 0 \\ 0 & \Omega\end{pmatrix}^{-1}\begin{pmatrix}\Pi \\ Q\end{pmatrix}\right]$$

$$= \left[(\tau\Sigma)^{-1} + P^T\Omega^{-1}\begin{pmatrix}I \\ P\end{pmatrix}\right]^{-1}\left[(\tau\Sigma)^{-1} + P^T\Omega^{-1}\begin{pmatrix}\Pi \\ Q\end{pmatrix}\right]$$

$$= [(\tau\Sigma)^{-1} + P^T\Omega^{-1}P]^{-1}[(\tau\Sigma)^{-1} + P^T\Omega^{-1}Q]$$

$$= \Pi + \left[\Sigma P^T\left[P\Sigma P^T + \frac{\Omega}{\tau}\right]^{-1}\right](Q - P\Pi)$$

$$= \Pi + [\Sigma P^T[P\Sigma P^T + \Omega^T]^{-1}](Q - P\Pi)$$

식에서 각각의 항은 다음을 의미한다.

- τ: 위험조정상수, 역사적 변동성과 기대수익률 사이의 괴리 조정
- Σ: 자산의 공분산 행렬
- P: 각 자산에 대한 투자자의 전망, P^T는 P의 전치행렬
- Ω: 각 자산의 전망(기대)수익률
- Q: 전망의 불확실성, 전망치의 분산

5.8 세 가지 자산을 가정한 예시

간단한 예시를 살펴보면 이론을 실무로 옮기는 데 도움이 된다. 앞서 설명한 수식과 코드로 가득 찬 내용보다 예시를 통해 전반적인 계산 과정을 훑어보는 것이 더 큰 도움이 되리라 믿는다.

대형주, 소형주, 중형주로 구성된 포트폴리오를 가정한다. 2019년 9월부터 2020년 12월 사이의 월간 시장포트폴리오 수익률은 r_{BM}이라 하고, 2020년 12월 말 시가총액을 세 개 종목의 시가총액 합계로 나눠서 포트폴리오의 투자 비중(W_{mkt})으로 삼기로 한다. 그리고 무위험수익률(r_f)은 국고채 3년물을 사용한다고 하자.

$$r_{BM} = [0.028, 0.069, 0.085]$$

$$W_{mkt} = \begin{bmatrix} 대형주 \\ 중형주 \\ 소형주 \end{bmatrix} = \begin{bmatrix} 0.582 \\ 0.320 \\ 0.098 \end{bmatrix}$$

$$r_f = 0.0098$$

그리고 자산 간 수익률 공분산 행렬(Σ)은 다음과 같다.

$$\Sigma = \begin{bmatrix} 0.0078 & 0.0033 & 0.0026 \\ 0.0033 & 0.0216 & 0.0029 \\ 0.0026 & 0.0029 & 0.0323 \end{bmatrix}$$

위에서 미리 주어진 값을 갖고 투자자의 위험회피계수(λ)와 시장포트폴리오 수익률의 분산(σ^2)을 다음과 같이 계산한다.

$$\sigma_{BM}^2 = W_{mkt}^T \Sigma W_{mkt} = [0.582 \quad 0.32 \quad 0.098] \begin{bmatrix} 0.0078 & 0.0033 & 0.0026 \\ 0.0033 & 0.0216 & 0.0029 \\ 0.0026 & 0.0029 & 0.0323 \end{bmatrix} \begin{bmatrix} 0.582 \\ 0.32 \\ 0.098 \end{bmatrix} = 0.007$$

$$\lambda = \frac{E(r) - r_f}{\sigma_{BM}^2} = \frac{[0.582 \quad 0.32 \quad 0.098]\begin{bmatrix} 0.028 \\ 0.069 \\ 0.085 \end{bmatrix} - 0.0098}{0.007} = 5.36$$

그러면 균형기대수익률을 다음과 같이 구할 수 있다.

$$\Pi = \lambda \Sigma w_{mkt} = 5.36 \times \begin{bmatrix} 0.0078 & 0.0033 & 0.0026 \\ 0.0033 & 0.0216 & 0.0029 \\ 0.0026 & 0.0029 & 0.0323 \end{bmatrix} \begin{bmatrix} 0.582 \\ 0.32 \\ 0.098 \end{bmatrix} = \begin{bmatrix} 0.032 \\ 0.049 \\ 0.030 \end{bmatrix}$$

이제 투자자 전망이 사전분포를 결정한다. 우선 투자자의 전망 행렬이자 항등행렬인 P를 다음과 같이 설정한다. 전망 1(절대적 전망)은 대형주 수익률이 5.4%가 될 것으로 전망한다. 전망 2(상대적 전망)는 소형주의 수익률이 중형주의 수익률과 비교해서 약 7% 이상 앞설 것으로 예상한다.

따라서 시장 전망 수익률 Q는 다음과 같이 표로 정리된다.

▼ 표 5-2 시장 전망 수익률 Q

Q	시장 전망 수익률
전망 1	5.40%
전망 2	7.00%

그리고 연산을 위해 행렬로 다음과 같이 표시한다.

$$Q = \begin{bmatrix} 0.054 \\ 0.070 \end{bmatrix}$$

전망 1은 절대적 전망으로 대형주, 중형주, 소형주에 대한 각 전망의 합계가 1이어야 한다. 대형주 외에 중형주, 소형주에 대한 전망은 없으므로 이들의 전망 값은 모두 0이다. 대형주에 대한 전망이 있고 합계가 1이어야 하므로 절대적 전망은 [1, 0, 0]이다(대형주, 중형주, 소형주 순서).

전망 2는 각 자산에 대한 전망 값의 합계가 0이어야 한다. 그리고 상대적 전망으로 성과가 나을 것으로 예상되면 1, 미달이면 -1, 전망이 없다면 0이다. 대형주에 대한 전망은 없으므로 0, 중형주는 소형주에 비해 못할 것으로 전망되므로 -1, 소형주는 중형주보다 나을 것으로 전망되므로 1이다. 결국 상대적 전망은 [0, -1, 1]이다(대형주, 중형주, 소형주 순서).

따라서 시장 전망 행렬 P는 다음과 같다.

$$P = \begin{bmatrix} 1 & 0 & 0 \\ 0 & -1 & 1 \end{bmatrix}$$

그리고 위험조정상수는 $1/n$인데, 이때 n은 공분산을 산출할 때 사용한 데이터의 개수다. 2019년 9월부터 2020년 12월까지 16개월 간의 자료를 사용하므로 $\tau = 1/n = 1/16 = 0.0625$로 설정한다.

투자자 전망의 불확실성, 분산(즉, 오차항 공분산 행렬)은 다음과 같이 계산한다.

$$\Omega = P(\tau\Sigma)P^T$$

즉, 전망 행렬 × (위험조정상수×공분산 행렬) × 전치한 전망 행렬이다. 참고로 오차항 공분산 행렬은 대각 방향 외 나머지 성분이 0이므로 실무에서 또는 프로그래밍을 할 때 차원에 맞는 항등행렬(identity matrix)(단위행렬이라고도 하며 주대각선상의 성분들이 모두 1이고 그 밖에는 모두 0인 정사각행렬)을 곱해주기도 한다.

$$\Omega = P(\tau\Sigma)P^T$$

$$= \begin{bmatrix} 1 & 0 & 0 \\ 0 & -1 & 1 \end{bmatrix} * \begin{bmatrix} 0.0626 * \begin{bmatrix} 0.0078 & 0.0033 & 0.0026 \\ 0.0033 & 0.0216 & 0.0029 \\ 0.0026 & 0.0029 & 0.0323 \end{bmatrix} \end{bmatrix} * \begin{bmatrix} 1 & 0 \\ 0 & -1 \\ 0 & 1 \end{bmatrix}$$

$$= \begin{bmatrix} 0.0005 & 0 \\ 0 & 0.003 \end{bmatrix}$$

이제 다음 블랙–리터만 모형으로 결합전망기대수익률을 구한다.

$$E(E(r)|\Pi) = [(\tau\Sigma)^{-1} + P^T\Omega^{-1}P]^{-1} \times [(\tau\Sigma)^{-1}\Pi + P^T\Omega^{-1}Q] = part1 \times part2$$

수식이 길어 계산이 복잡하므로 수식을 이등분해 첫 부분(part1)인 $[(\tau\Sigma)^{-1} + P^T\Omega^{-1}P]^{-1}$을 계산해 보자.

$$(\tau\Sigma)^{-1}$$
$$= \begin{bmatrix} 0.0626 \times \begin{bmatrix} 0.0078 & 0.0033 & 0.0026 \\ 0.0033 & 0.0216 & 0.0029 \\ 0.0026 & 0.0029 & 0.0323 \end{bmatrix} \end{bmatrix}^{-1}$$
$$= \begin{bmatrix} 2218.53 & -315.19 & -152.79 \\ -315.19 & 794.80 & -46.97 \\ -152.79 & -46.97 & 511.43 \end{bmatrix}$$

$$P^T\Omega^{-1}P$$
$$= \begin{bmatrix} 1 & 0 \\ 0 & -1 \\ 0 & 1 \end{bmatrix} \begin{bmatrix} 2035.77 & 0 \\ 0 & 333.14 \end{bmatrix} \begin{bmatrix} 1 & 0 & 0 \\ 0 & -1 & 1 \end{bmatrix}$$
$$= \begin{bmatrix} 2035.77 & 0 & 0 \\ 0 & 333.14 & -333.14 \\ 0 & -333.14 & 333.14 \end{bmatrix}$$

$$[(\tau\Sigma)^{-1} + P^T\Omega^{-1}P]^{-1}$$
$$= \begin{bmatrix} \begin{bmatrix} 2218.53 & -315.19 & -152.79 \\ -315.19 & 794.80 & -46.97 \\ -152.79 & -46.97 & 511.43 \end{bmatrix} + \begin{bmatrix} 2035.77 & 0 & 0 \\ 0 & 333.14 & -333.14 \\ 0 & -333.14 & 333.14 \end{bmatrix} \end{bmatrix}^{-1}$$
$$= \begin{bmatrix} 0.00025 & 0.0001 & 0.0001 \\ 0.0001 & 0.0011 & 0.0005 \\ 0.0001 & 0.0005 & 0.0014 \end{bmatrix}$$

이번에는 수식의 나머지 절반(part2)인 $[(\tau\Sigma)^{-1}\Pi + P^T\Omega^{-1}Q]$를 계산한다. 수식의 가운데에 위치한 + 연산자를 중심으로 다시 반반씩 나눠 계산한다.

$$(\tau\Sigma)^{-1}\Pi = \begin{bmatrix} 2218.53 & -315.19 & -152.79 \\ -315.19 & 794.80 & -46.97 \\ -152.79 & -46.97 & 511.43 \end{bmatrix} \begin{bmatrix} 0.032 \\ 0.049 \\ 0.030 \end{bmatrix} = \begin{bmatrix} 49.86 \\ 27.43 \\ 8.40 \end{bmatrix}$$

$$P^T\Omega^{-1}Q = \begin{bmatrix} 1 & 0 & 0 \\ 0 & -1 & 1 \end{bmatrix}^T \begin{bmatrix} 0.0005 & 0 \\ 0 & 0.003 \end{bmatrix}^{-1} \begin{bmatrix} 0.054 \\ 0.070 \end{bmatrix}$$

$$= \begin{bmatrix} 1 & 0 \\ 0 & -1 \\ 0 & 1 \end{bmatrix} \begin{bmatrix} 2035.77 & 0 \\ 0 & 333.14 \end{bmatrix} \begin{bmatrix} 0.054 \\ 0.070 \end{bmatrix}$$

$$= \begin{bmatrix} 109.93 \\ -23.32 \\ 23.32 \end{bmatrix}$$

이제 수식의 두 번째 절반을 완성하면 다음과 같다.

$$[(\tau\Sigma)^{-1}\Pi + P^T\Omega^{-1}Q] = \begin{bmatrix} 49.86 \\ 27.43 \\ 8.40 \end{bmatrix} + \begin{bmatrix} 109.93 \\ -23.32 \\ 23.32 \end{bmatrix} = \begin{bmatrix} 159.79 \\ 4.11 \\ 31.72 \end{bmatrix}$$

마지막으로 첫 번째 절반(*part1*)인 $[(\tau\Sigma)^{-1} + P^T\Omega^{-1}P]^{-1}$의 결과와 두 번째 절반(*part2*)인 $[(\tau\Sigma)^{-1}\Pi + P^T\Omega^{-1}Q]$를 곱해 대형주, 중형주, 소형주의 결합기대수익률을 구하면 다음과 같다.

$$E(E(r)|\Pi) = [(\tau\Sigma)^{-1} + P^T\Omega^{-1}P]^{-1} \times [(\tau\Sigma)^{-1}\Pi + P^T\Omega^{-1}Q]$$

$$= \begin{bmatrix} 0.00025 & 0.0001 & 0.0001 \\ 0.0001 & 0.0011 & 0.0005 \\ 0.0001 & 0.0005 & 0.0014 \end{bmatrix} \times \begin{bmatrix} 109.93 \\ -23.32 \\ 23.32 \end{bmatrix} = \begin{bmatrix} 4.25\% \\ 3.63\% \\ 6.16\% \end{bmatrix} \leftarrow \begin{bmatrix} \text{대형주} \\ \text{중형주} \\ \text{소형주} \end{bmatrix}$$

마지막으로 최종 투자 비중 W_{BL}을 다음과 같이 계산한다.

$$W_{BL} = (\lambda\Sigma)^{-1}\big(E(E(r)|\Pi) - r_f\big)$$

$$= \left(5.36 \times \begin{bmatrix} 0.0078 & 0.0033 & 0.0026 \\ 0.0033 & 0.0216 & 0.0029 \\ 0.0026 & 0.0029 & 0.0323 \end{bmatrix}\right)^{-1} \times \left(\begin{bmatrix} 4.25\% \\ 3.63\% \\ 6.16\% \end{bmatrix} - 0.0098\right)$$

$$= \begin{pmatrix} 65.7\% \\ 9.7\% \\ 23.6\% \end{pmatrix}$$

(단, 최종 투자 비중 W_{BL}의 합계가 100%가 아니라 99%이므로 약간의 보정과 최적화가 필요하다.)

5.9 블랙-리터만 모델 최적화

블랙-리터만 모델의 최적화 조건은 다음과 같다.

$$Max \sum_{i=1}^{n} \mu BL_i - \frac{\lambda}{2} \sum_{i=1}^{n} \sum_{j=1}^{n} \sigma_{ij} w_i w_j$$

$$Subject\ to\ \sum_{i=1}^{n} w_i = 1, w_i \geq 0, i = 1, 2, 3, \dots, n$$

위의 식을 통해 각각의 자산에 대한 투자 비중(w_i)을 구할 수 있다. 블랙-리터만 모델은 각 자산의 시가총액을 변수로 입력해 자산별 적정수익률을 산정하는 방식인데, 이를 역최적화라고 부른다.

이번 최적화 코드에서 이전과 다른 점이 하나 있다면, 최적화를 함수로 분리하고 두 개의 최적화 함수(solveWeights와 solveFrontier) 안에 목적함수(obj)를 포함시킨 것이다. 즉, 다음과 같이 함수 안에 함수를 만든 것으로, 이는 파이썬 언어의 특징 중 하나다.

```
def 함수명1( ):
    코드
    def 함수명2( ):
        코드
```

가령 다음의 print_hello( ) 함수는 print_message( )라는 함수를 갖고 있다.

```
def print_hello( ):
    hello = 'Hello, world!'
    def print_message( ):
        print( hello )
    print_message( )
```

따라서 print_hello( )를 실행하면 print_hello( ) → print_message( ) 순서로 호출한다.

다음은 무위험수익률, 수익률, 공분산으로 샤프비율을 최대로 하는 접점포트폴리오 최적화를 수행하는 코드다.

```python
import matplotlib.pylab as plt
import numpy as np
from numpy.linalg import inv
import pandas as pd
```

```python
from pandas_datareader import data as web
from scipy.optimize import minimize

# 파이썬은 함수 안에 함수를 정의할 수 있다
# 최적 비중 계산을 위해 다음과 같이 목적함수를 정의한다
def solveWeights( R, C, rf ):
    def obj( W, R, C, rf ):
        mean = sum( R * W )
        var = np.dot( np.dot( W, C ), W )

        # 샤프비율을 효용함수로 한다
        util = ( mean - rf ) / np.sqrt( var )

        # 효용함수 극대화는 효용함수 역함수를 최소화하는 것이다
        return 1 / util

    # 투자자산 개수
    n = len( R )

    # 동일 비중으로 최적화 시작
    W = np.ones([n]) / n

    # 비중 범위는 0~100% 사이(공매도나 차입조건이 없음)
    bnds = [ ( 0., 1. ) for i in range( n ) ]

    # 제약조건은 비중합 = 100%
    cons = ( { 'type': 'eq', 'fun': lambda W: sum( W ) - 1. } )

    # 최적화
    res = minimize( obj, W, ( R, C, rf ), method='SLSQP', constraints=cons, bounds=bnds )

    # 최적화의 성공 여부를 확인한다
    if not res.success:

        # 최적화에 실패한 경우
        raise BaseException( res.message )

    # 최적화 결과를 돌려준다
    return res.x

# 무위험수익률, 수익률, 공분산으로 효율적 투자선 계산
```

```python
def solveFrontier( R, C, rf ):

# 파이썬은 함수 안에 함수를 정의할 수 있다
# 최적 비중 계산을 위해 다음과 같이 목적함수를 정의한다
    def obj( W, R, C, r ):

# 주어진 수익률에서 분산을 최소화하는 비중 계산
        mean = sum( R * W )
        var = np.dot( np.dot( W, C ), W )

# 최적화 제약조건 페널티
        penalty = 100 * abs( mean - r )
        return var + penalty

# 효율적 투자선을 구성하는 평균-분산을 돌려줄
# 리스트를 미리 준비한다
    frontier_mean, frontier_var = [ ], [ ]

# 투자자산 개수
    n = len( R )

# 수익률 최저에서 최대 사이를 반복한다
    for r in np.linspace( min( R ), max( R ), num=20 ):

# 최적화 함수에 전달할 초깃값을 동일 비중으로 시작한다
        W = np.ones([n]) / n

# 최적화 함수에 전달할 범위조건과 제약조건을 미리 준비한다
# 범위조건: 각 구성 자산의 투자 비중은 0~100% 사이다
# 제약조건: 전체 투자 비중은 100%이다
        bnds = [ ( 0, 1 ) for i in range( n ) ]
        cons = ( { 'type': 'eq', 'fun': lambda W: sum(W) - 1. } )

# 최적화 함수 minimize( )는 최적화할 obj 함수와
# 최적화를 시작할 초깃값을 인수로 받는다
        res = minimize( obj, W, ( R, C, r ), method='SLSQP', constraints=cons, bounds=bnds )
        if not res.success:

# 최적화에 실패한 경우
            raise BaseException( res.message )
```

```python
# 효율적 투자선 평균과 분산 리스트에
# 최적 포트폴리오 수익률과 분산 추가
    frontier_mean.append( r )
    frontier_var.append( np.dot( np.dot( res.x, C ), res.x ) )
  return np.array( frontier_mean ), np.array( frontier_var )

# 효율적 포트폴리오 최적화: 위 두 개의 최적화 함수를 호출한다
def optimize_frontier( R, C, rf ):

# 접점포트폴리오 계산
  W = solveWeights( R, C, rf )

# 투자 비중으로 계산한 평균과 분산
  tan_mean = sum( R * W )
  tan_var = np.dot( np.dot( W, C ), W )

# 효율적 포트폴리오 계산
  eff_mean, eff_var = solveFrontier( R, C, rf )

# 비중, 접점포트폴리오의 평균/분산, 효율적 포트폴리오의 평균/분산을
# 딕셔너리 데이터형으로 돌려준다
  return { 'weights':W, 'tan_mean':tan_mean, 'tan_var':tan_var, 'eff_mean':eff_mean, 'eff_var':eff_var }

# 자산에 대한 투자자의 전망과 전망의 기대수익률을 행렬로 만든다
def CreateMatrixPQ( names, views ):
  r, c = len( views ), len( names )

# 투자 전망과 기대수익률 행렬
# views[ i ][ 3 ]은 기대수익률을 가리킴
  Q = [ views[ i ][ 3 ] for i in range( r ) ]

# 전망 행렬 P를 만들기 위해
# 구성 자산 딕셔너리 작성
  nameToIndex = dict( )
  for i, n in enumerate( names ):
    nameToIndex[ n ] = i

# 투자 전망
  P = np.zeros( [ r, c ] )
  for i, v in enumerate( views ):

# 가령 전망이 ( 'MSFT', '>', 'GE', 0.02 )라면
```

```python
# views[ i ][ 0 ] <-- 'MSFT' --> name1
# views[ i ][ 1 ] <-- '>'
# views[ i ][ 2 ] <-- 'GE'   --> name2
# views[ i ][ 3 ] <-- '0.02'
    name1, name2 = views[ i ][ 0 ], views[ i ][ 2 ]
    P[ i, nameToIndex[ name1 ] ] = +1 if views[ i ][ 1 ] == '>' else -1
    P[ i, nameToIndex[ name2 ] ] = -1 if views[ i ][ 1 ] == '>' else +1
  return np.array( Q ), P

"""데이터 읽기"""
# 여덟 개 주식을 야후 파이낸스에서 가져오고 시가총액은 cap에 저장했다
tickers=[ 'PFE', 'INTC', 'NFLX', 'JPM', 'XOM', 'GOOG', 'JNJ', 'AAPL', 'AMZN' ]
cap = { 'PFE':201102000000, 'INTC':257259000000, 'NFLX':184922000000,
    'JPM':272178000000, 'XOM':178228000000, 'GOOG':866683000000,
    'JNJ':403335000000, 'AAPL':1208000000000, 'AMZN':1178000000000
  }

# 빈 리스트를 준비한다
prices, caps = [ ], [ ]

# 여덟 개 종목을 반복하면서 수정주가와 시가총액을 저장한다
for s in tickers:
  pxclose = web.DataReader( s, data_source='yahoo', start='01-01-2018', end='31-12-2019' )[ 'Adj Close' ]
  prices.append( list( pxclose ) )
  caps.append( cap[ s ] )

"""최적화에 사용할 필요한 값을 미리 계산"""
# 포트폴리오 내 종목의 개수
n = len( tickers )

# 시가총액의 비율 계산
W = np.array( caps ) / sum( caps )

# prices를 numpy matrix로 변환
prices = np.matrix( prices )

# 수익률 행렬을 만들어 계산한다
rows, cols = prices.shape
returns = np.empty( [ rows, cols - 1 ] )
for r in range( rows ):
  for c in range( cols - 1 ):
    p0, p1 = prices[ r, c ], prices[ r, c + 1 ]
```

```python
        returns[ r, c ] = ( p1 / p0 ) - 1

# 수익률 계산
expreturns = np.array( [ ] )
for r in range( rows ):
    expreturns = np.append( expreturns, np.mean( returns[ r ] ) )

# 공분산 계산
covars = np.cov( returns )
R = ( 1 + expreturns ) ** 250 - 1    # 연율화
C = covars * 250    # 연율화

# 무위험이자율
rf = .015

# display 함수는 데이터를 출력하며
# 이는 코랩에서만 사용할 수 있다
# 수익률과 시가총액 비중을 출력한다
display( pd.DataFrame( { 'Return': R, 'Weight (based on market cap)': W }, index=tickers ).T )

# 공분산을 출력한다
display( pd.DataFrame( C, columns=tickers, index=tickers ) )

"""과거 데이터를 이용한 최적화"""
# 평균-분산 최적화
opt1 = optimize_frontier( R, C, rf )

"""블랙-리터만 역최적화"""
# 포트폴리오 수익률 평균 및 분산
mean = sum( R * W )
var = np.dot( np.dot( W, C ), W )

# 위험회피계수
lmbda = ( mean - rf ) / var

# 균형초과수익률
pi = np.dot( np.dot( lmbda, C ), W )

"""균형기대수익률로 최적화"""
# 균형기대수익률로 최적화(투자자의 전망 없이)
```

```python
opt2 = optimize_frontier( pi+rf, C, rf )

"""투자자 전망과 기대수익률, 전망의 불확실성 계산"""
views = [ ( 'XOM', '>', 'JPM', 0.02 ), ( 'NFLX', '<', 'JNJ', 0.02 ) ]
Q, P = CreateMatrixPQ( tickers, views )

# 위험조정상수
tau = .025

# 투자자 전망의 불확실성 계산
# tau * P * C * transpose( P )
omega = np.dot( np.dot( np.dot( tau, P ), C ), np.transpose( P ) )

"""블랙-리터만 모델 최적화"""
# 투자자 전망을 더한 균형초과수익률 계산
bl1 = inv( np.dot( tau, C ) )
bl2 = np.dot( np.dot( np.transpose( P ), inv( omega ) ), P )
bl3 = np.dot( inv( np.dot( tau, C ) ), pi )
bl4 = np.dot( np.dot( np.transpose( P ), inv( omega ) ), Q )
pi_adj = np.dot( inv( bl1+bl2 ), ( bl3+bl4 ) )

opt3 = optimize_frontier( pi_adj + rf, C, rf )

# 세 개의 최적화 결과를 테이블 형식으로 정리해 출력한다
from IPython.core.display import display, HTML
pd.options.display.float_format = '{:.2%}'.format

# 첫 번째 최적화 결과
display( HTML( '<h2>Historical returns</h2>' ) )
display( pd.DataFrame( { 'Weight': opt1[ 'weights' ] }, index=tickers).T )

# 두 번째 최적화 결과
display( HTML( '<h2>Implied returns</h2>' ) )
display( pd.DataFrame( { 'Weight': opt2[ 'weights' ] }, index=tickers ).T )

# 세 번째 최적화 결과
display( HTML( '<h2>Implied returns with adjusted views</h2>' ) )
display( pd.DataFrame( { 'Weight': opt3[ 'weights' ] }, index=tickers ).T )

# plotAssets와 plotFrontier는 차트를 그리기 위한 함수다
def plotAssets( tickers, R, C, color='black' ):
```

```python
    # 포트폴리오 구성 자산 출력
    plt.scatter( [ C[i, i] ** .5 for i in range( n ) ], R, marker='x', color=color )
    for i in range( n ):
        plt.text( C[i, i] ** .5, R[i], '  %s' % tickers[i], verticalalignment='center',
color=color )

def plotFrontier( result, label=None, color='black' ):
    # 최적화된 효율적 투자선 출력
    plt.text( result[ 'tan_var' ] ** .5, result[ 'tan_mean' ], 'tangent', verticalalignment='center', color=color )
    plt.scatter( result[ 'tan_var' ] ** .5, result[ 'tan_mean' ], marker='o', color=color )
    plt.plot( result[ 'eff_var' ] ** .5, result[ 'eff_mean' ], label=label, color=color,
linewidth=2, marker='D', markersize=9 )

# 첫 번째 최적화 결과를 차트로 출력
plotAssets( tickers, R, C, color='blue' )
plotFrontier( opt1, label='Historical returns', color='blue' )

# 두 번째 최적화 결과를 차트로 출력
plotAssets( tickers, pi+rf, C, color='green' )
plotFrontier( opt2, label='Implied returns', color='green' )

# 세 번째 최적화 결과를 차트로 출력
plotAssets( tickers, pi_adj+rf, C, color='red' )
plotFrontier( opt3, label='Implied returns (adjusted views)', color='red' )

# 차트에 공통된 속성을 지정한다(차트 크기, 제목, 범례, 축 이름 등)
plt.rcParams[ "figure.figsize" ] = ( 12, 10 )
plt.grid( alpha=0.3, color='gray', linestyle='--', linewidth=1 )
plt.title( 'Portfolio optimization' )
plt.legend( [ 'Historical returns(blue)', 'Implied returns(green)','Implied returns
with adjusted views(red)' ] )
plt.xlabel( 'Variance $\sigma$' )
plt.ylabel( 'Mean $\mu$' )
plt.show( )
```

다음은 세 개의 최적화 결과를 차트 하나에 출력한 것이다.

결과

▼ 그림 5-22 블랙-리터만 모델 최적화

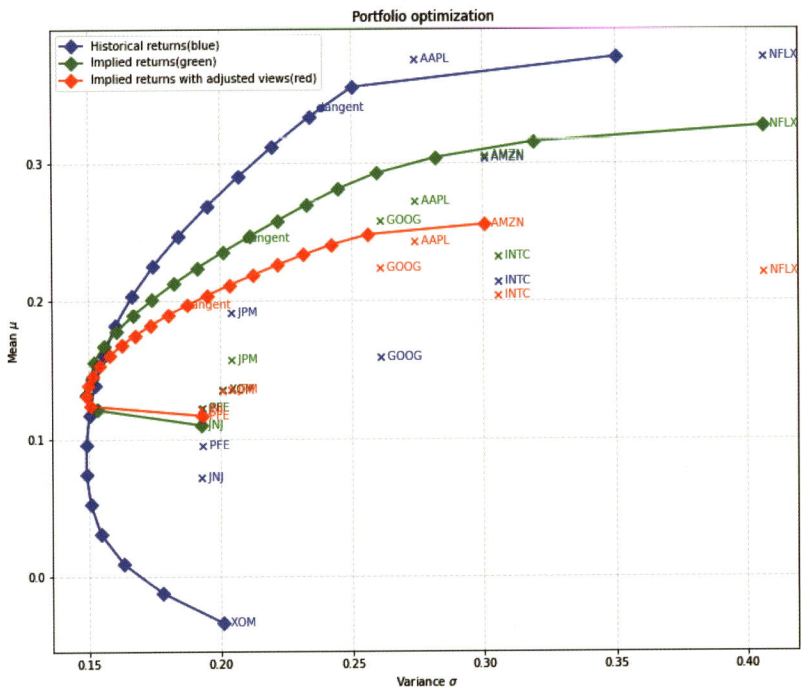

5.10 현업에서의 블랙-리터만 모델

PORTFOLIO WITH PYTHON

골드만삭스의 블랙과 리터만이 현실 세계에 적용 가능한 자산배분 모델을 1990년대 초에 발표한 이후 글로벌 연기금, 투자은행 들이 블랙-리터만 자산배분 모델을 적용하기 시작했다. 이들은 거액을 보유한 고객을 대상으로 현실 시장에 적합한 자산배분 포트폴리오를 서비스하고 있다.

운용자산 기준으로 글로벌 최대 로보어드바이저(Roboadviser)는 2008년 설립된 베터먼트(Betterment)이며, 2016년 3월 말 기준으로 베터먼트의 운용자산은 약 5조 원이다.

✔ 그림 5-23 베터먼트 홈페이지(https://www.betterment.com)

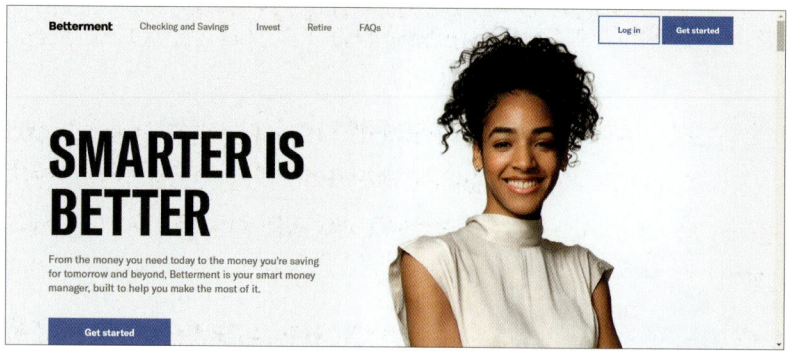

베터먼트는 수익률이 아닌 자산배분에 초점을 맞추고 블랙-리터만 모델을 사용하고 있다는 점을 홈페이지에서 밝히고 있다.

✔ 그림 5-24 블랙-리터만 모델을 사용하고 있음을 홈페이지에서 밝히고 있다(betterment.com/resources/portfolio-optimization/)

Driving performance

The two modern techniques we used are the Black-Litterman model and a downside-risk optimization model. These two models complement each other like yin and yang—one model helps us optimize for the upside, while the other helps us see what the downside might look like.

The Black-Litterman Model: This model allows us to generate forward-looking returns estimates —the upside—based on actual data that includes the collective intelligence of all investors around globe. (To be sure, this is a general description of this model; for an academic view, see here.)

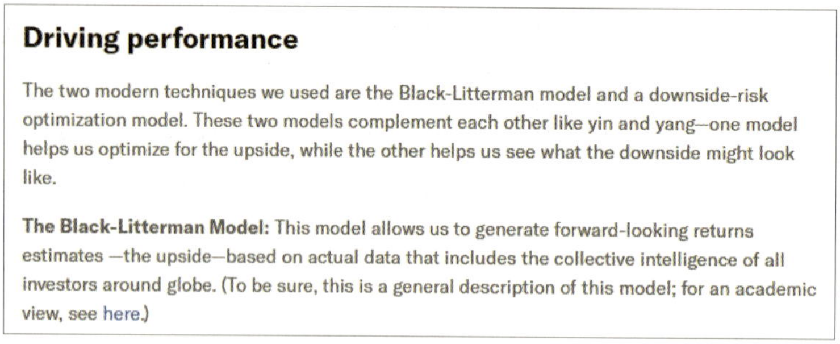

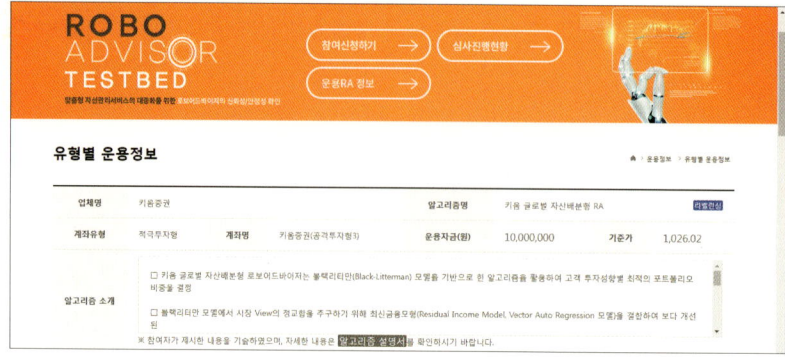

로보어드바이저의 효시로 알려진 미국의 웰스프론트, 베터먼트, 영국의 넛멕 등과 같은 업체들은 분산 투자를 하면서 투자자산의 시장가치를 고려해 투자 비율을 책정하는 블랙-리터만 모델을 따르고 있다.

✔ 그림 5-25 로보어드바이저 테스트베드에 소개된 펀드 정보

미국 주식 포트폴리오 백테스트 사이트인 포트폴리오 비주얼라이저는 블랙-리터만 모델을 사용한 자산배분 서비스를 온라인으로 제공하고 있다. 실리콘밸리 스타트업인 이 회사는 일반인들이 쉽게 하기 어려운 자산배분 서비스를 제공하고 있다(https://www.portfoliovisualizer.com/black-litterman-model).

▼ 그림 5-26 포트폴리오 비주얼라이저에서 포트폴리오를 구성하는 화면

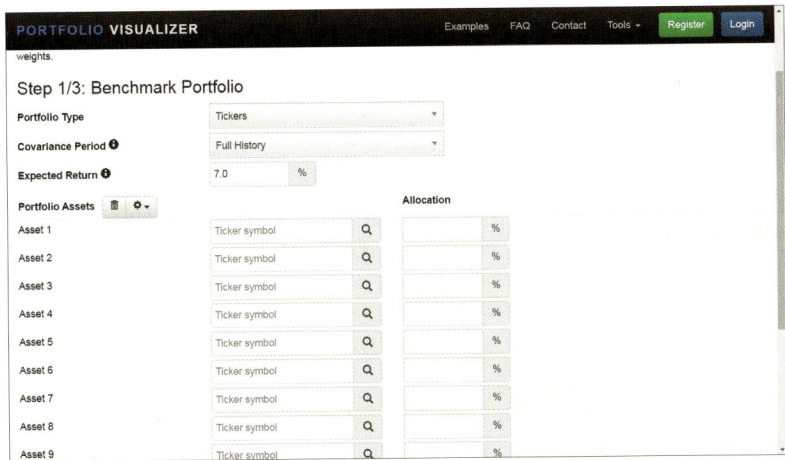

▼ 그림 5-27 포트폴리오 비중을 선택하는 화면

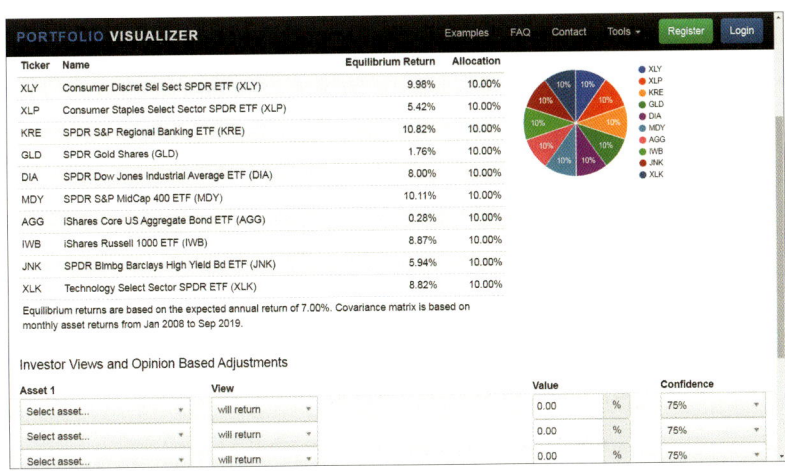

블랙-리터만 모델을 현실에서 얼마나 사용하는지는 로보어드바이저 산업 전망을 통해 확인할 수 있다. 통계 전문 서비스인 스탯스타(statista.com)는 로보어드바이저 산업이 2019년에 전년 대비 76% 성장하고 가입자 수 역시 800만 명 이상으로 전년 대비 약 26% 순증할 것으로 전망했다.

▼ 그림 5-28 스탯스타 홈페이지(statista.com/outlook/337/109/robo-advisors/united-states)

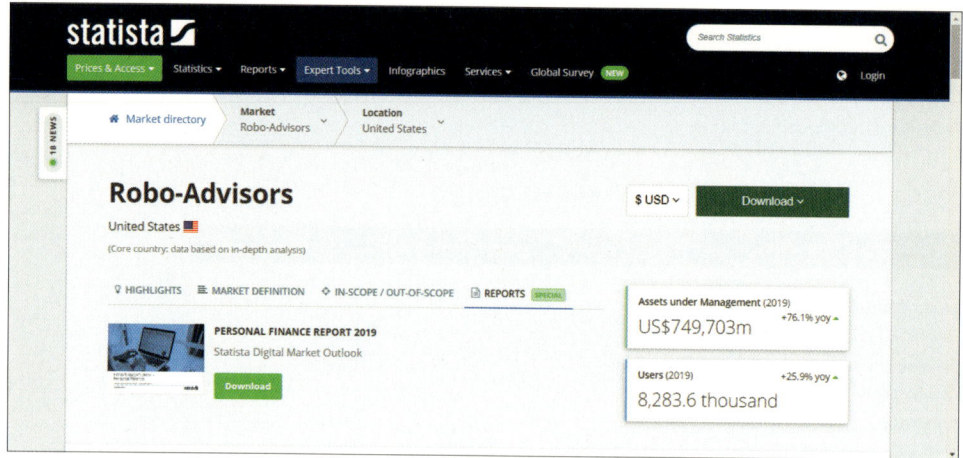

▼ 그림 5-29 운용 규모

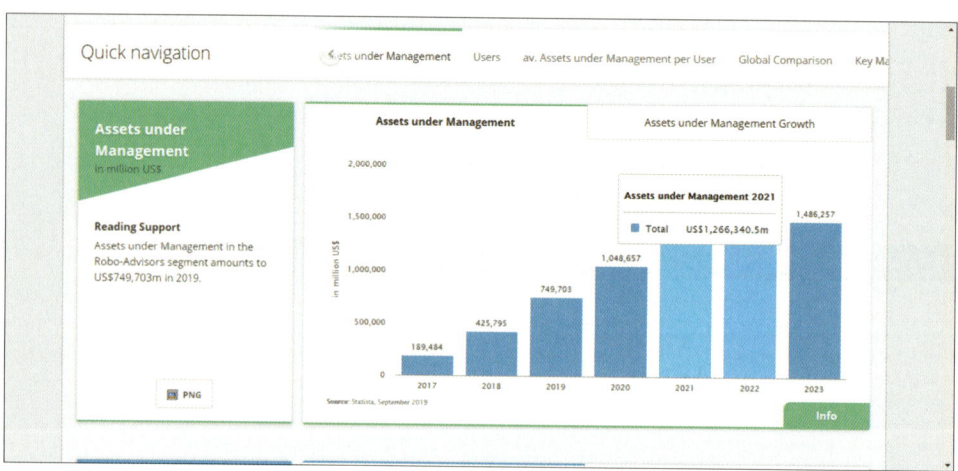

6장

파마–프렌치 3요인 모델

6.1 효율적 시장 가설과 유진 파마
6.2 베타는 죽었다
6.3 파마–프렌치 3요인 모델
6.4 프렌치 교수가 제공하는 요인 데이터
6.5 파이썬을 이용한 요인 데이터 구하기와 회귀분석

1991년 배우로 데뷔한 레오나르도 디카프리오는 1994년 영화 '길버트 그레이프(What's Eating Gilbert Grape)'로 아카데미 남우조연상 후보에 첫 지명된 이래 2005년 '에비에이터(The Aviator)', 2007년 '블러드 다이아몬드(Blood Diamond)', 2014년 '더 울프 오브 월스트리트(The Wolf of Wall Street)'로 남우조연상 한 번과 남우주연상 세 번, 작품상 한 번까지 총 다섯 번이나 아카데미상 후보에 이름을 올렸지만 단 한 차례도 수상하지 못했다. 그러다가 마침내 2016년 2월 개최된 88회 아카데미 시상식에서 '레버넌트(The Revenant)'로 남우주연상을 수상했다.

노벨 경제학상 수상자 중에도 이와 비슷한 인물이 있다. 바로 유진 파마(Eugene Fama) 교수다. 그는 2007년과 2008년에 유력한 후보로 지목됐지만 수상에 실패했으며, 특히 2008년에는 후보로 거의 거론되지 않았던 프린스턴 대학의 폴 크루그먼(Paul Krugman) 교수가 모두의 예상을 깨고 수상의 영예를 안았다. 2009년에도 언론은 유진 파마를 유력한 후보로 언급했지만 역시 수상하지 못했다.

그리고 마침내 2013년 금융시장 결정 요인을 실증적으로 연구한 공로로 라스 피터 핸슨(Lars Peter Hansen), 로버트 실러(Robert Shiller)와 함께 노벨 경제학상을 수상했다. 이 세 사람의 조합은 매우 흥미로운데, 파마는 왜 시장이 효율적인지를 보여주고, 실러는 시장이 그렇지 않다는 것을 보여주며, 핸슨은 어째서 둘 다 옳은지 보여주는 경제학적 도구를 제공하기 때문이다. 이 셋의 관계는 마치 싸우는 두 사람과 싸움을 말리는 한 사람이 있는 모습이었다.

유진 파마는 '효율적 시장'을 가정하는 시카고 학파이고, 파마 교수의 효율적 시장 가설을 공격해 온 로버트 실러는 인간 행위에 따른 비효율성의 개입을 중시하는 하버드 학파다. 따라서 둘의 학문적 배경은 서로 정반대였다(두 사람의 대결 구도는 주식형 펀드시장에서 인덱스 펀드와 액티브 펀드로 이어진다).

한편 라스 피터 핸슨 교수는 시장의 효율성과 비효율성을 모두 인정하면서 투자자들이 새로운 균형점을 빨리 발견한다면 거시경제의 위험도 줄어들 수 있다는 입장이었다.

여담이지만 『국가에 대한 구제금융(Bailout Nation)』의 저자이면서 리트홀츠 웰스 매니지먼트(Ritholtz Wealth Management LLC)의 공동창업자이자 회장인 배리 리솔츠(Barry Ritholtz)는 2013년 10월 워싱턴포스트에 기고한 '실러는 어떻게 파마가 노벨상을 받도록 도왔는가(How Shiller helped Fama win the Nobel)?'에서 '만약 실러가 거기서 그만뒀더라면, 젊은 파마 교수는 이미 수십 년 전에 스웨덴으로 날아가 노벨상을 거머쥐었을 것이다'라는 말을 했을 정도다. 여기서 '거기'란 파마 교수와 프렌치(French) 교수의 요인 모델(factor model) 연구를 말하는데, 실증적 연구보다는 이론적 연구를 더 중요하게 보는 노벨상의 성향을 감안하면 파마 교수는 수십 년 전에 효율적 시장 이론으로 이미 노벨상을 받았을 것이라는 이야기다.

6.1 효율적 시장 가설과 유진 파마

1900년 프랑스의 수학자 루이 바셸리에(Louis Bachelier)는 최초로 금융상품 가격의 변화를 확률적 과정으로 표현했다. 자신의 논문 '투기의 이론(The Theory of Speculation)'에서 주식시장의 움직임을 처음으로 분석했는데, 이후 수많은 학자가 주식시장 움직임을 연구해왔다.

'현대 금융의 아버지'인 유진 파마는 1960년대에 쓴 박사 학위 논문 '주식시장 가격의 행태(The behavior of stock-market prices)'(〈Journal of business〉, 1965년)에서 주식시장 가격의 움직임을 연구했는데, 논문의 결론은 한마디로 '주가는 예측할 수 없다'였다.

▼ 그림 6-1 유진 파마의 논문 '주식시장 가격의 행태'

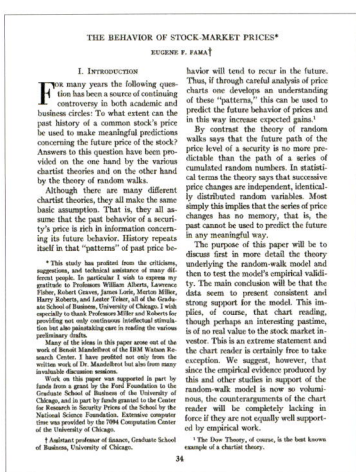

이렇게 해서 탄생한 이론이 '효율적 시장 이론'이다. 시장은 효율적이므로 이미 투자자들은 모든 정보를 알고 있으며 가격에 반영돼 있다는 이론이다.

효율적 시장 이론에서 시장의 효율성은 크게 약형(weak), 준강형(semi-strong), 강형(strong)으로 나뉜다.

▼ 그림 6-2 효율적 시장

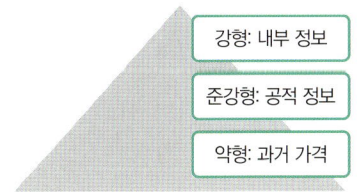

- **약형 효율적 시장**: 과거의 주가 정보가 현재 주가에 반영된다.
- **준강형 효율적 시장**: 과거의 주가와 공적인 정보가 현재 주가에 반영된다.
- **강형 효율적 시장**: 과거의 주가, 공적인 정보, 내부 정보 등과 같은 모든 정보가 현재 주가에 반영된다.

그러므로 주가를 장기적으로 맞힐 수 있는 사람은 존재하지 않으며, 제 아무리 훌륭한 펀드매니저라 하더라도 계속 맞힐 수는 없다는 것이 이론의 핵심이다. 종목 선정을 통해 주식시장을 이기는 것은 불가능하다는 '효율적 시장 이론'은 주식시장에서 패시브(passive) 전략인 인덱스 펀드의 이론적 기반이기도 하다. 또한, 개별 주식의 수익률은 체계적 위험에 대한 보상이라는 결론은 나중에 윌리엄 샤프의 자본자산가격결정모델(CAPM) 베타의 근간이 된다.

> **쉬어가는 코너** **유진 파마와 케네스 프렌치**
>
> 유진 파마는 이탈리아 이민 가정 출신으로 매사추세츠의 도시 서머빌(Somerville)에서 태어나 메드포드(Medford)와 몰든(Malden)에서 성장했다.
>
> 1956년 터프츠(Tufts) 대학에 진학했고, 졸업반이 됐을 때 경제학 교수인 해리 에른스트(Harry Ernst)의 추천으로 시카고 대학으로 진학해 경영학 석사 학위를 받은 후 박사 과정을 밟았다. 이후 파마는 1963년부터 시카고 대학에서 교수로 재직해왔다.
>
> 케네스 프렌치(Kenneth French)는 1954년 미국 뉴햄프셔주에서 태어났다. 1975년 리하이 대학교(Lehigh University)에서 기계공학과를 졸업한 후 1978년에는 MBA를, 1981년과 1983년에는 로체스터 대학(University of Rochester)에서 파이낸스 석사와 박사 학위를 취득했다. 2005년 로체스터 대학 석학(Distinguished Scholar)으로 선정됐으며, 현재 유진 파마 교수와 함께 디멘셔널 펀드 어드바이저(Dimensional Fund Advisors)의 이사이자 컨설턴트로 일하고 있다.
>
> ▼ 그림 6-3 디멘셔널 펀드 어드바이저의 파마 교수와 프렌치 교수(https://us.dimensional.com/about-us/our-people)
>
>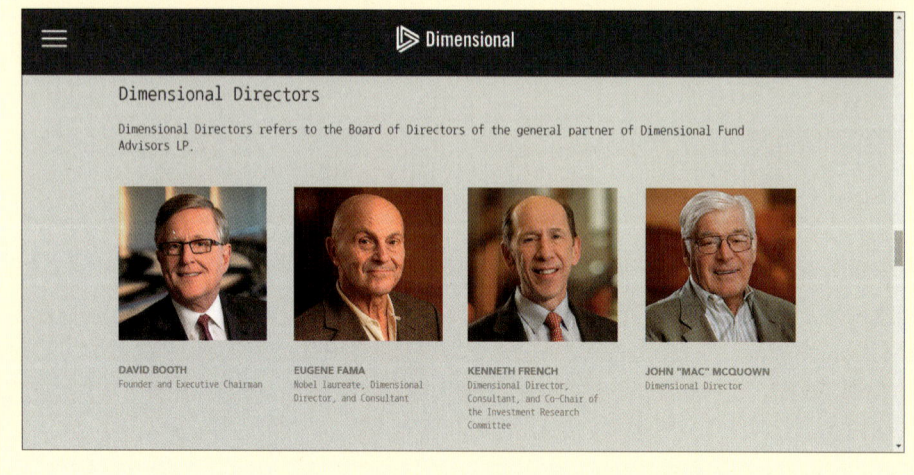

6.2 베타는 죽었다

파마-프렌치 3요인 모델에 앞서 CAPM을 다시 한 번 되짚어보자. CAPM에 따르면, 주식시장의 평균수익률을 능가하는 유일한 방법은 더 큰 위험을 감수하는 것이다. 1980년대에 CAPM은 폭넓게 받아들여져 많은 금융회사에서 CAPM을 컴퓨터 모델로 구현해 주식가격을 추정했다.

CAPM 모델에서 자산수익률에 영향을 주는 유일한 요인은 시장수익률이다(즉, 단일 요인 모델이다). 그런데 경험적으로 금융자산의 수익률을 결정하는 데는 CAPM이 제시한 시장수익률이라는 요소 외에 다양한 요인들이 작용한다. 따라서 새롭게 등장한 파마-프렌치 3요인 모델은 CAPM 이론에만 머물러 있던 학계가 다양한 요인 모델을 본격적으로 연구할 수 있게 물고랑을 터줬다.

CAPM을 확장해 자산의 수익률에 영향을 주는 n개의 요인이 있다고 가정하면, 수익률 모델은 다음과 같은 형태로 생각해볼 수 있다(여기서 f_n은 n번째 요인이다).

$$R = \alpha + \beta_1 f_1 + \beta_2 f_2 + \beta_3 f_3 + \ldots + \beta_n f_n$$

CAPM의 시장 베타로는 설명되지 않는 유의미한 알파(α)가 존재하는데, 이는 투자자의 주식 선택 능력으로 평가받았다. 그러나 이러한 알파도 투자자의 주식 선택 능력이 아닌 체계적 위험으로부터 비롯된 결과라는 가정하에 1993년 유진 파마와 케네스 프렌치는 주식수익률을 설명하고자 위와 같은 다변량 모델을 제안했다.

쉬어가는 코너 회귀분석의 기원과 골턴박스

회귀분석은 통계 데이터 분석에서 가장 널리 사용되는 분석 방법이다. '회귀'로 번역되는 'regression'이란 용어는 프랜시스 골턴(Francis Galton, 1822~1911)이 처음 사용했다. 골턴은 진화론으로 유명한 찰스 다윈(Charles Darwin)의 사촌동생이며 아버지와 아들의 키와 관련해 유전 관계를 설명하는 논문을 몇 편 발표했다.

골턴과 관련해 빼놓을 수 없는 것이 그의 이름을 딴 골턴박스(골턴보드 또는 빈 머신(bean machine)이라고도 함)다.

▼ 그림 6-4 골턴박스

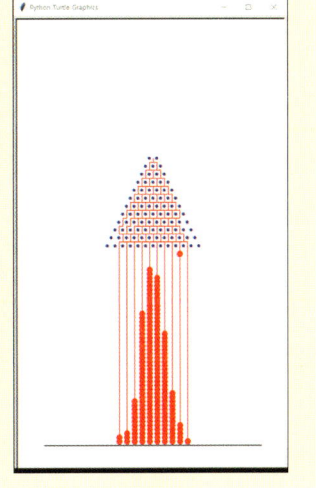

○ 계속

> 그림 6-4와 같이 골턴박스 위에서 구슬을 하나씩 굴려보자. 그러면 구슬은 중간에 격자 형태로 배치된 핀에 걸려 왼쪽 또는 오른쪽으로 이동하면서 하단에 쌓이게 된다. 여기서 신기한 점은 구슬을 굴리면 굴릴수록 가장자리 슬롯보다 가운데 슬롯에 더 많은 구슬이 모인다는 것이다. 마치 통계학 수업에서 배운 정규분포(normal distribution)의 모습과 비슷한 결과인데, 사실 비슷한 정도가 아니라 이것이야말로 바로 정규분포 그 자체다.
>
> 구슬이 핀에 걸려 왼쪽 또는 오른쪽으로만 이동하는 것은 동전 던지기처럼 결과가 오직 두 개인 베르누이 시행이며, 이러한 시행이 누적돼 정규분포가 되는 것이다(timebird.egloos.com/7400820에서 파이썬으로 만든 골턴박스 소스 코드를 볼 수 있다).

투자자는 위험을 기피하는 속성이 있다. 펀드 투자자들은 금융상품을 선택할 때 '원금 손실에 대한 우려'를 가장 중요하게 생각한다. 우리가 배운 금융지식에 따르면, 더 많은 보상이 있을 경우 더 큰 위험을 수용할 수 있다. 위험이 작으면 작은 보상에도 만족한다. 그러면 위험을 어떻게 측정할 것인가? 마코위츠와 샤프가 내린 정의는 변동성이다. 주식이나 포트폴리오의 가치가 오르락내리락 하는 정도가 변동성이고, 변동성이 크면 위험이 큰 것이다. 변동성은 표준편차로 측정하거나 베타로 측정한다.

흔히 위험과 수익률의 관계를 그래프로 그리면 우상향할 것으로 생각한다. 우리 머릿속에는 '하이 리스크(High Risk), 하이 리턴(High Return)'이라는 명제가 박혀 있기 때문이다. 그러나 실제로는 아무런 상관관계를 보이지 않는다. 변동성이 크다고 해서 수익률이 좋은 것은 아니다. 반대의 경우도 마찬가지다.

공매도를 한 투자자를 제외하고 매수를 한 투자자들은 하락장의 변동성(즉, 하방위험(downside risk))을 좋아하지 않는다. 오히려 상승장의 변동성은 반가워하며, 상승장의 변동성이 클수록 좋아한다. 이는 변동성으로 대변되는 위험을 기피하는 속성과 맞지 않는다. 투자자는 하방위험에 민감하게 반응할 수 있음을 의미한다고 해석할 수 있다. 따라서 위험지표(risk measure) 측면에서 살펴보면, 포트폴리오의 위험측정지표로 전통적인 표준편차가 한계를 지님에 따라 새로운 위험지표로 VaR, Expected shortfall(CVaR), 하방위험지표인 반분산(semi-variance) 등이 등장했다.

다시 본론으로 돌아와, 변동성의 척도 가운데 하나인 베타는 많은 연구를 거친 결과 '베타는 미래의 변동성을 예측할 수 없다'는 결론을 얻었다. 역발상 투자의 귀재이자 드레먼밸류매니지먼트(Dreman Value Management LLC)(dreman.com) 회장인 데이비드 드레먼(David Dreman)은 'CAPM은 투자자에게 도움이 되지 않고 오히려 해를 끼친다'며 '경제학 교과서에서 CAPM을 삭제할 시간'이라고 말할 정도다.

사실 유진 파마는 효율적 시장 이론의 아버지였지만 점차 그 이론과 거리를 뒀다. 1991년 유진 파마는 같은 시카고 대학 교수인 케네스 프렌치와 함께 위험과 수익을 주제로 '기대주 수익률의 단면(The Cross-Section of Expected Stock Returns)'이라는 논문을 발표했다. 이 논문에서는 1963년부터 1990년까지의 9,500개 주식을 대상으로 주가순자산비율, 주가수익비율, 시가총액이 낮은 주식들의 수익률이 장기적으로 높았으며 베타가 높은 주식과 낮은 주식을 비교해보면 수익률이 거의 비슷하다는 결론을 내렸다.

파마와 프렌치의 연구 결과에 따르면, 베타가 수익률을 설명하는 유일한 변수는 아니다.

> "Beta as the sole variable in explaining returns on stocks is dead."

'하나의 위험지표로 수익률을 설명할 수 없다'는 결론이 나오고 나서 1년이 지난 후 파마는 위험을 계산할 때 베타 외에 가치척도(장부가치 대 시장가치(high book to market))와 다른 기준(시가총액을 말하며, 소형주가 더 리스크가 크다(market capitalization, smaller caps are riskier))을 고려해야 한다는 논문 '주식 및 채권 수익률의 공통 위험 요소(Common risk factors in the returns on stocks and bonds)'(1993년)를 발표했다.

3요인 모델은 두 편의 논문(1992년과 1993년)을 통해 완성됐다. 논문 '기대수익률의 횡단면(The Cross-Section of Expected Stock Returns)'(1992년)은 베타가 주가 결정력이 없음을 실증적으로 보여주고, 시가총액(Size)과 장부가치 대 시장가치 비율(BE/ME) 변수(PBR의 역수와 같다)가 주가수익률을 더 잘 설명하는 변수라고 주장한다. 논문 '주식 및 채권 수익률의 공통 위험 요소(Common risk factors in the returns on stocks and bonds)'(1993년)는 SMB(Small Minus Big), HML(High Minus Low) 위험프리미엄을 도출해냈다.

6.3 파마-프렌치 3요인 모델

파마 교수는 케네스 프렌치 교수와 함께 1963년부터 1990년까지 27년에 걸친 9,500개 종목의 주가 추이를 분석한 결과를 토대로 1992년 논문에서 '파마-프렌치 3요인 모델'을 제시했다. 파마, 프렌치 교수의 논문이 말하려는 요지는 '베타로 측정한 주식의 위험은 수익률을 예측할 수 있는 지표가 아니다'라는 것이다.

여기서 3요인은 시가총액, BE/ME(= 주가순자산비율(PBR)의 역수), 시장이라는 세 가지 변수를 말한다. 파마 교수는 이를 통해 시가총액이 작고 PBR이 낮은 종목(가치주, 1 이하)일수록 초과수익을 올리기에 유리하다는 것을 증명해냈다.

파마-프렌치 3요인 모델은 CAPM을 기반으로 한 모델로 복수의 리스크를 고려한 것이다. 그 리스크는 시장 리스크, 가치 리스크, 규모 리스크라는 세 가지 리스크 요소를 말한다.

- SMB(Small Minus Big)는 규모(Size) 요인으로 시장가치의 크기를 나타내며 소형주 포트폴리오와 대형주 포트폴리오의 수익률 차이를 의미한다.
- HML(High Minus Low)은 가치(Value) 요인으로 장부가치와 시장가치 사이의 비율(BE/ME)을 나타낸다. BE/ME(PBR의 역수)가 높은(High-book-to-market-equity) 포트폴리오 수익률에서 BE/ME가 낮은(Low-book-to-market-equity) 포트폴리오 수익률을 차감한 값을 의미한다.

SMB와 HML은 소규모 기업과 장부가/시장가 비율이 높은 기업 대비 대규모 기업과 장부가/시장가 비율이 낮은 기업에 대한 시장의 평균적인 위험프리미엄을 나타낸다.

SMB와 HML 포트폴리오를 구성하는 방법은 다음과 같다. 기업의 시가총액 기준으로 상위 50%와 하위 50%에 속하는 기업들로 두 개의 포트폴리오(Big, Small)를 구성한다. 그리고 장부가/시장가 비율 기준으로 상위 30%, 중위 40%, 하위 30%에 속하는 기업들로 세 개의 포트폴리오(Value, Neutral, Growth)를 구성한다.

이렇게 기업 규모 기준 두 그룹과 장부가/시장가 기준 세 그룹을 서로 교차해 여섯 개의 기업 규모-장부가/시장가(BV, BN, BG, SV, SN, SG)를 구성한 후, SMB는 1/3(SV + SN + SG) - 1/3(BV + BN + BG), HML은 1/2(SV + BV) - 1/2(SG + BG)로 계산한다.

CAPM과 비교할 때 일반적으로 파마-프렌치 3요인 모델의 기대수익률이 높게 나오는데, CAPM과 달리 두 리스크 요소(Size, Value)를 추가로 고려하고 이에 대한 위험프리미엄을 반영하고 있기 때문이다.

파마-프렌치 3요인 모델의 시장기대수익률은 다음과 같다.

$$R_E = r_f + \beta_{MKT}(r_m - r_f) + \beta_{SMB}E_{SMB} + \beta_{HML}E_{HML}$$

- β_{MKT}: 주식의 체계적 위험과 그 민감도에 대한 보상
- β_{SMB}: 소형주 체계적 위험과 그 민감도에 대한 보상
- β_{HML}: 가치주 체계적 위험과 그 민감도에 대한 보상
- R_E: 주식평균수익률

- r_f: 무위험이자율 또는 무위험수익률
- r_m: 시장평균수익률
- $(r_m - r_f)$: 초과 시장수익률
- E_{SMB}: 소형주의 대형주에 대한 시장의 평균적인 위험프리미엄(소형주)
- E_{HML}: 높은 BE/ME의 낮은 BE/ME에 대한 위험프리미엄(가치주)

β_{MKT}, β_{SMB}, β_{HML}은 모두 리스크의 척도로서 베타이며 β_{MKT}는 시장포트폴리오 베타, β_{SMB}는 (소형주 포트폴리오 수익률 − 대형주 포트폴리오 수익률) 베타, β_{HML}은 ($\frac{장부가치}{시장가치}$ 비율이 높은 포트폴리오 수익률 − $\frac{장부가치}{시장가치}$ 비율이 낮은 포트폴리오 수익률) 베타다.

SMB는 세 개의 소형주 포트폴리오 수익률 평균에서 세 개의 대형주 포트폴리오 수익률 평균을 뺀 것이다.

$$SMB = \frac{1}{3}(Small\ Value + Small\ Neutral + Small\ Growth) - \frac{1}{3}(Big\ Value + Big\ Neutral + Big\ Growth)$$

SMB 계산에는 여섯 개의 포트폴리오가 필요하다. BE/ME(가치주, 성장주, 중립주)와 시가총액의 크기(소형, 대형)로 나눠 소형가치주, 소형중립주, 소형성장주와 대형가치주, 대형중립주, 대형성장주다.

HML은 대형가치주와 소형가치주의 수익률 평균에서 대형성장주와 소형성장주의 수익률 평균을 뺀 것이다.

$$HML = \frac{1}{2}(Small\ Value + Big\ Value) - \frac{1}{2}(Small\ Growth + Big\ Growth)$$

6.4 프렌치 교수가 제공하는 요인 데이터

프렌치 교수는 다트머스 대학교 내 개인 홈페이지의 데이터 라이브러리(Data Library) 페이지에 여러 논문에서 분석했던 미국 시장 데이터를 최근까지 계속 업데이트해오고 있다.

▼ 그림 6-5 프렌치 교수의 홈페이지(mba.tuck.dartmouth.edu/pages/faculty/ken.french)

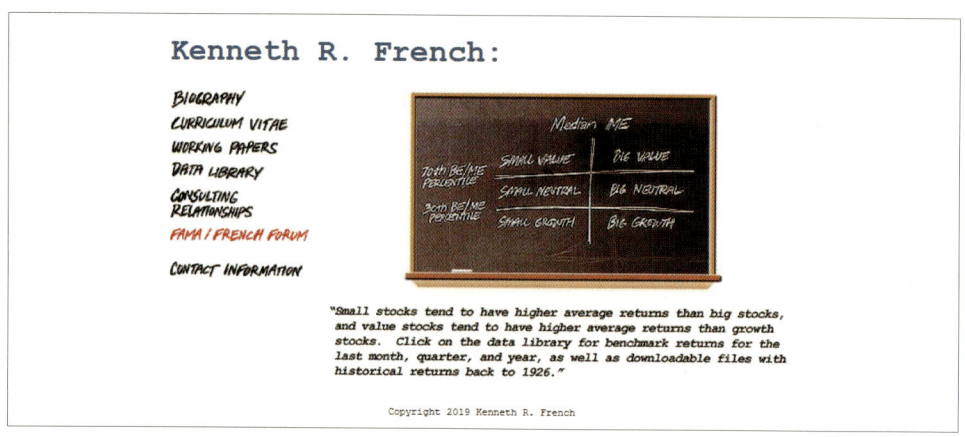

Data Library(mba.tuck.dartmouth.edu/pages/faculty/ken.french/data_library.html)를 클릭해보면 다음과 같은 페이지가 뜬다.

▼ 그림 6-6 Data Library 페이지

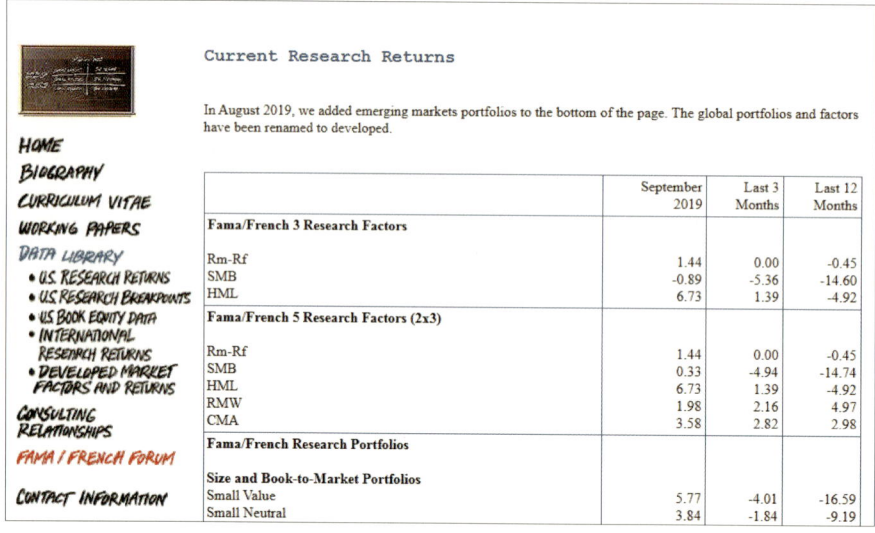

U.S. Research Returns Data 섹션에서 3요인과 5요인 포트폴리오 수익률 데이터를 내려받을 수 있다.

✔ 그림 6-7 U.S. Research Returns Data 섹션

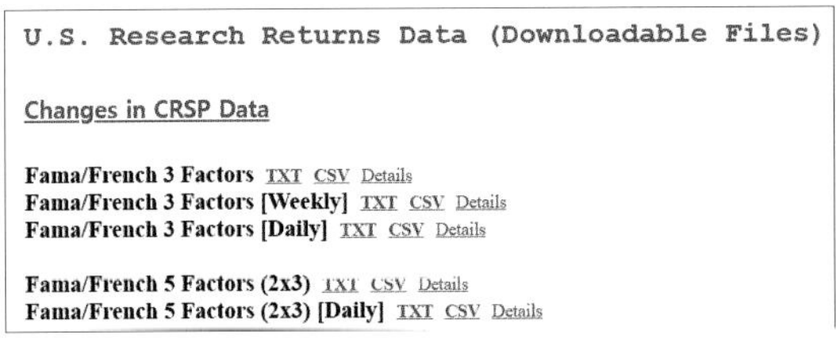
U.S. Research Returns Data (Downloadable Files)

Changes in CRSP Data

Fama/French 3 Factors TXT CSV Details
Fama/French 3 Factors [Weekly] TXT CSV Details
Fama/French 3 Factors [Daily] TXT CSV Details

Fama/French 5 Factors (2x3) TXT CSV Details
Fama/French 5 Factors (2x3) [Daily] TXT CSV Details

내려받은 파일을 열어보면 다음과 같은 데이터를 볼 수 있다.

✔ 그림 6-8 3요인/5요인 월간수익률 섹션

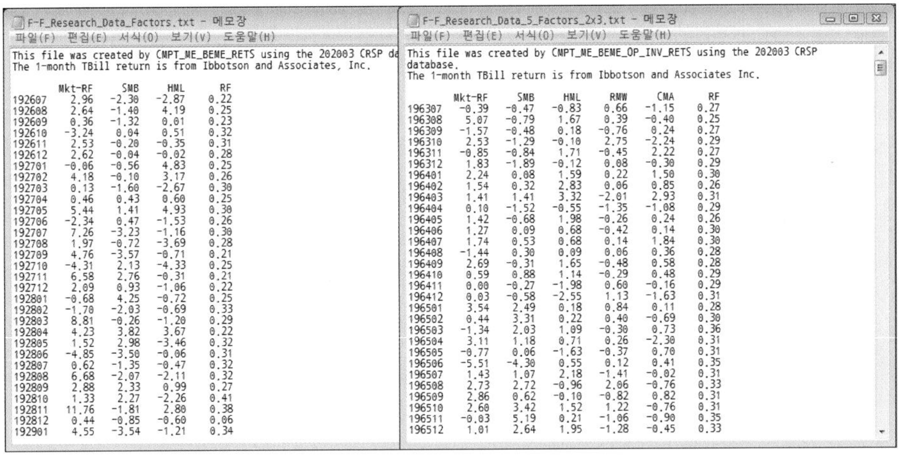
F-F_Research_Data_Factors.txt - 메모장
파일(F) 편집(E) 서식(O) 보기(V) 도움말(H)

This file was created by CMPT_ME_BEME_RETS using the 202003 CRSP da
The 1-month TBill return is from Ibbotson and Associates, Inc.

	Mkt-RF	SMB	HML	RF
192607	2.96	-2.30	-2.87	0.22
192608	2.64	-1.40	4.19	0.25
192609	0.36	-1.32	0.01	0.23
192610	-3.24	0.04	0.51	0.32
192611	2.53	-0.20	-0.35	0.31
192612	2.62	-0.04	-0.02	0.28
192701	-0.06	-0.56	4.83	0.25
192702	4.18	-0.10	3.17	0.26
192703	0.13	-1.60	-2.67	0.30
192704	0.46	0.43	0.60	0.25
192705	5.44	1.41	4.93	0.30
192706	-2.34	0.47	-1.53	0.26
192707	7.26	-3.23	-1.16	0.30
192708	1.97	-0.72	-3.69	0.28
192709	4.76	-3.57	-0.71	0.21
192710	-4.31	2.13	-4.33	0.25
192711	6.58	2.76	-0.31	0.21
192712	2.09	0.93	-1.06	0.22
192801	-0.68	4.25	-0.72	0.25
192802	-1.70	-2.03	-0.69	0.33
192803	8.81	-0.26	-1.20	0.29
192804	4.23	3.82	3.67	0.22
192805	1.52	2.98	-3.46	0.32
192806	-4.85	-3.50	-0.06	0.31
192807	0.62	-1.35	-0.47	0.32
192808	6.68	-2.07	-2.11	0.32
192809	2.88	2.33	0.99	0.27
192810	1.33	2.27	-2.26	0.41
192811	11.76	-1.81	2.80	0.38
192812	0.44	-0.85	-0.60	0.06
192901	4.55	-3.54	-1.21	0.34

F-F_Research_Data_5_Factors_2x3.txt - 메모장
파일(F) 편집(E) 서식(O) 보기(V) 도움말(H)

This file was created by CMPT_ME_BEME_OP_INV_RETS using the 202003 CRSP database.
The 1-month TBill return is from Ibbotson and Associates Inc.

	Mkt-RF	SMB	HML	RMW	CMA	RF
196307	-0.39	-0.47	-0.83	0.66	-1.15	0.27
196308	5.07	-0.79	1.67	0.39	-0.40	0.25
196309	-1.57	-0.48	0.18	-0.76	0.24	0.27
196310	2.53	-1.29	-0.10	2.75	-2.24	0.29
196311	-0.85	-0.84	1.71	-0.45	2.22	0.27
196312	1.83	-1.89	-0.12	0.08	-0.30	0.29
196401	2.24	0.08	1.59	0.22	1.50	0.30
196402	1.54	0.32	2.83	0.06	0.85	0.26
196403	1.41	1.41	3.32	-2.01	2.93	0.31
196404	0.10	-1.52	-0.55	-1.35	-1.08	0.29
196405	1.42	-0.68	1.98	-0.26	0.24	0.26
196406	1.27	0.09	0.68	-0.42	0.14	0.30
196407	1.74	0.53	0.68	0.14	1.84	0.30
196408	-1.44	0.30	0.09	0.06	0.36	0.28
196409	2.69	-0.31	1.65	-0.48	0.58	0.28
196410	0.59	0.88	1.14	-0.29	0.48	0.29
196411	0.00	-0.27	-1.98	0.60	-0.16	0.29
196412	0.03	-0.58	-2.55	1.13	-1.63	0.31
196501	3.54	2.49	0.18	0.84	0.11	0.28
196502	0.44	3.31	0.22	0.40	-0.69	0.30
196503	-1.34	2.03	1.09	-0.30	0.73	0.36
196504	3.11	1.18	0.71	0.26	-2.30	0.31
196505	-0.77	0.06	-1.63	-0.37	0.70	0.31
196506	-5.51	-4.30	0.55	0.12	0.41	0.35
196507	1.43	1.07	2.18	-1.41	-0.02	0.31
196508	2.73	2.72	-0.96	2.06	-0.76	0.33
196509	2.86	0.62	-0.10	-0.82	0.82	0.31
196510	2.60	3.42	1.52	1.22	-0.76	0.31
196511	-0.03	5.19	0.21	-1.06	-0.90	0.35
196512	1.01	2.64	1.95	-1.28	-0.45	0.33

그리고 바로 밑에는 시가총액, BE/ME 등으로 분류해 구성한 포트폴리오의 월간수익률 자료가 있다. Univariate로 시작하는 섹션은 한 가지 요인으로만 분류한 포트폴리오(가령 on Size는 시가총액으로만 구분한 포트폴리오), Bivariate로 시작하는 섹션은 두 가지 요인을 결합한 포트폴리오(가령 on Size and Book-to-Market은 시가총액과 BE/ME 비율로 분류한 포트폴리오)의 수익률을 보여준다.

✔ 그림 6-9 Univariate 섹션

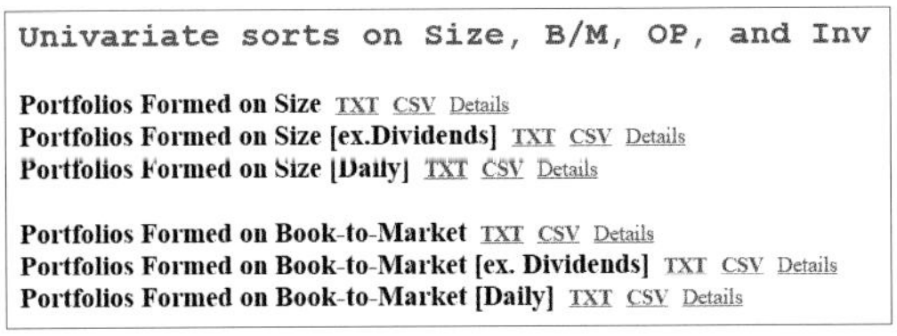
Univariate sorts on Size, B/M, OP, and Inv

Portfolios Formed on Size TXT CSV Details
Portfolios Formed on Size [ex.Dividends] TXT CSV Details
Portfolios Formed on Size [Daily] TXT CSV Details

Portfolios Formed on Book-to-Market TXT CSV Details
Portfolios Formed on Book-to-Market [ex. Dividends] TXT CSV Details
Portfolios Formed on Book-to-Market [Daily] TXT CSV Details

▼ 그림 6-10 날일 요인 포트폴리오 수익률

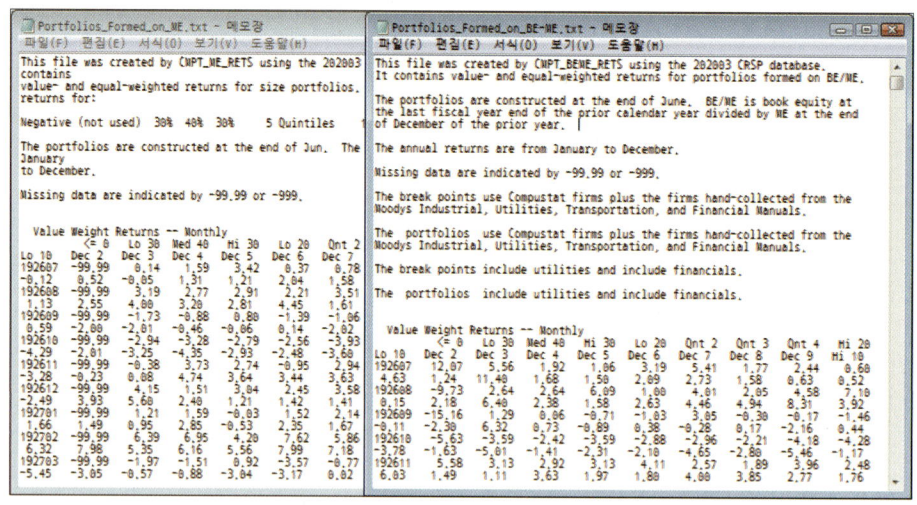

Details를 클릭하면 기간별 수익률과 요인별 포트폴리오 구성 방법 등을 볼 수 있다.

▼ 그림 6-11 파마-프렌치 모델 요인 설명

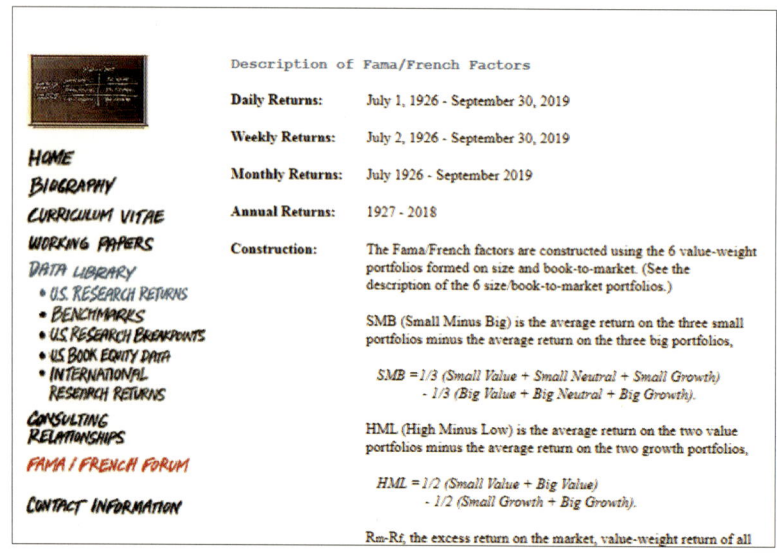

다음은 25 Portfolios Formed on Size and Book-to-Market의 CSV 파일로, 1926년 7월부터 월간으로 25개의 포트폴리오 수익률을 보여준다. 포트폴리오는 다섯 개로 분류한 시가총액(Market Equity, ME)과 다섯 개로 분류한 BE/ME를 다음과 같은 행렬 형태로 만들어 수익률을 구해둔 것이다.

▼ 그림 6-12 25 Portfolios Formed on Size and Book-to-Market 포트폴리오 구성

		SMALL				BIG
		ME1	ME2	ME3	ME4	ME5
LOW	BM1	Small LoBM	ME2 BM1	ME3 BM1	ME4 BM1	Big LoBM
	BM2	ME1 BM2	ME2 BM2	ME3 BM2	ME4 BM2	ME5 BM2
	BM3	ME1 BM3	ME2 BM3	ME3 BM3	ME4 BM3	ME5 BM3
	BM4	ME1 BM4	ME2 BM4	ME3 BM4	ME4 BM4	ME5 BM4
HIGH	BM5	Small HiBM	ME2 BM5	ME3 BM5	ME4 BM5	Big HiBM

가로 방향은 시가총액(ME)이며 ME1, ME2, ME3, ME4, ME5 순서대로 크다. 세로 방향은 BE/ME 비율인데, 아래로 갈수록 비율값이 커진다.

25 Portfolios Formed on Size and Book-to-Market의 CSV 파일에도 다음과 같이 월간 또는 연간 기준으로 가격가중 또는 동일가중 수익률, 포트폴리오 내 기업 수, 시가총액 평균 등 여러 종류의 데이터가 같이 담겨 있다.

> Average Value Weighted Returns -- Monthly
> Average Equal Weighted Returns -- Monthly
> Average Value Weighted Returns -- Annual
> Average Equal Weighted Returns -- Annual
> Number of Firms in Portfolios
> Average Market Cap

▼ 그림 6-13 25 Portfolios Formed on Size and Book-to-Market의 CSV 파일

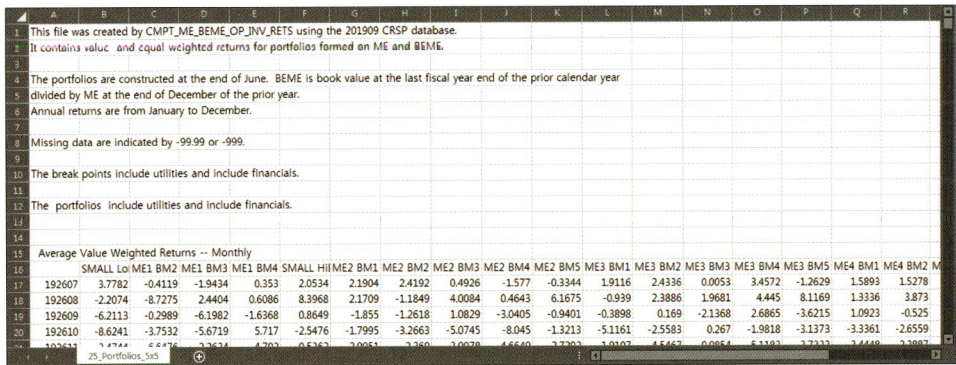

6.5 파이썬을 이용한 요인 데이터 구하기와 회귀분석

파마와 프렌치는 미국 주식시장에서 시가총액과 BE/ME(PBR의 역수)가 수익률에 대해 지배적인 설명력을 가진다는 것을 밝혀냈다. 프렌치 교수는 논문에서 분석했던 미국 시장 데이터를 6.4절에서 소개한 개인 데이터 라이브러리에 최근 일자까지 계속 업데이트해오고 있다.

그 덕분에 손쉽게 자료를 내려받을 수 있지만, 일일이 내려받아 압축을 풀고 파일의 내용을 확인하는 것은 아무래도 번거롭다. 다행히 Pandas는 이 자료를 내려받을 수 있는 pandas-datareader 라이브러리를 제공한다.

▼ 그림 6-14 pandas-datareader 홈페이지(pandas-datareader.readthedocs.io/en/latest/readers/famafrench.html#)

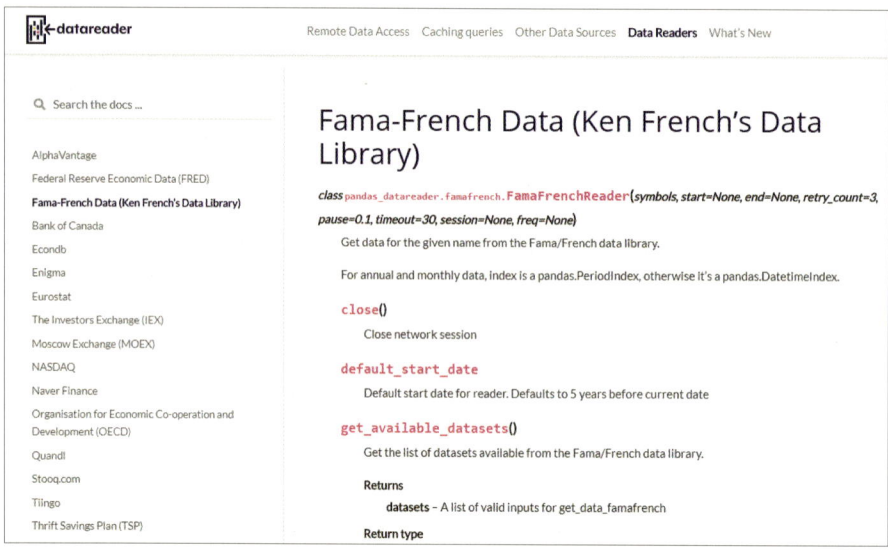

국내에서도 금융 관련 서비스를 제공하는 한다파트너스(Handa Partners)라는 회사가 한국 시장을 대상으로 프렌치 교수와 같은 시도를 하고 있다.

▼ 그림 6-15 한다파트너스 홈페이지(handapartners.com)

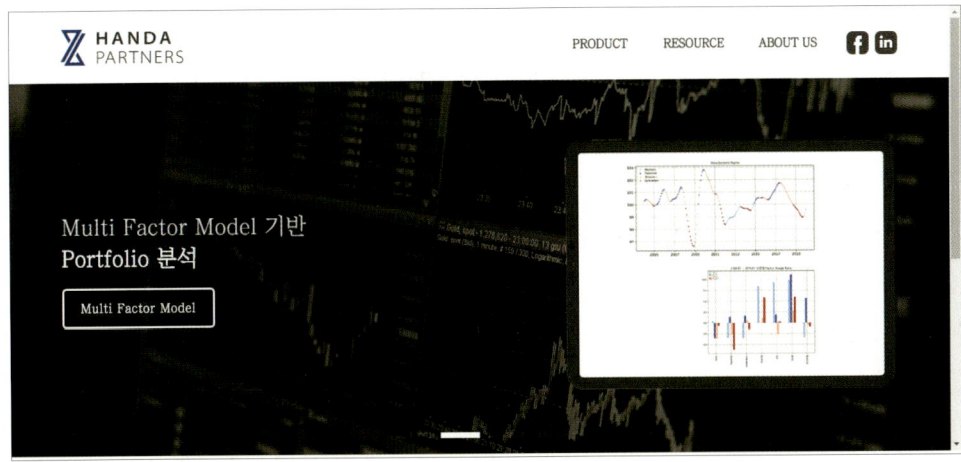

회사 홈페이지의 리서치 서비스(https://gitlab.com/pr_handa/research)에서 요인 자료와 논문 등을 이용할 수 있다(비상업적인 용도에 한함).

▼ 그림 6-16 리서치 자료(gitlab.com/pr_handa/research/-/tree/master/research_data)

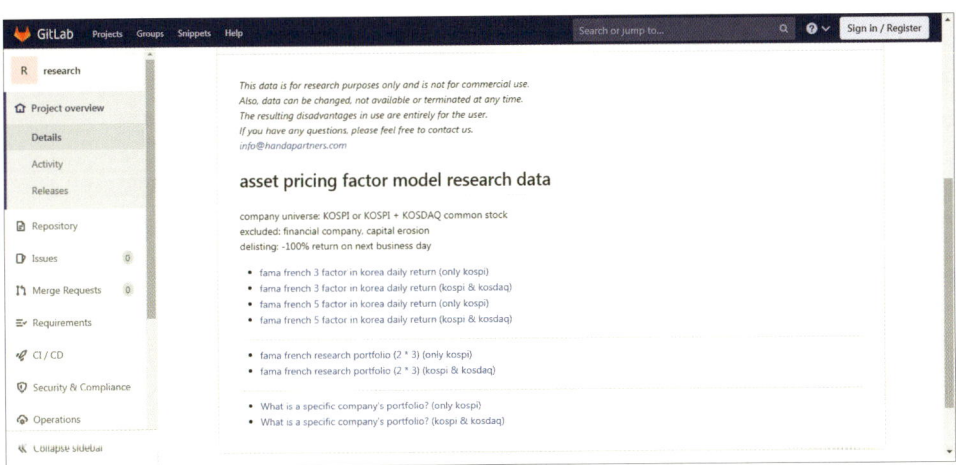

프렌치 교수의 데이터 라이브러리만큼 다양한 자료를 최신 일자로 제공하지는 않지만, 이런 시도를 하는 자체가 대단한 일이다. 파마-프렌치 다요인 모델을 실제 구현하려는 경우, 모델을 만들고 실행하고 분석하는 일보다 요인 모델을 위한 기초 시계열 데이터를 만드는 일이 더 힘든 작업일 것이다.

가령 한국 시장을 분석하려는 경우 분석 대상 기업을 선정하는 일(한다파트너스 제공 자료의 경우 금융회사와 자본잠식 중인 회사는 배제한다)조차도 쉽지 않을 것이다. 2019년 말 현재 한국거래소의 자료에 따르면, 유가증권시장과 코스닥시장에 총 2,204개의 기업이 상장돼 있다. 여기에는 부동산투자회사, 선박투자회사, 증권투자회사 같은 집합투자기구까지 포함돼 있다.

또 10년 이상의 분석 기간 동안 수천 개 기업들의 일자별 수익률 시계열 데이터를 만들어야 한다. 수익률 계산에 사용되는 주가는 액면분할, 유무상증자 등으로 생기는 주가 단층 현상을 보정하기 위해 수정주가로 사용해야 한다.

BE/ME 계산에 사용되는 BE는 재무제표에서 자본총계 계정을 사용해야 한다. 그런데 회계기준 체계가 2011년부터 K-GAAP(Korea Generally Accepted Accounting Principles)에서 K-IFRS(Korean International Financial Reporting Standards)로 바뀌었으므로 K-GAAP 시절에는 개별재무제표상의 자본총계 계정을 사용해야 하고, K-IFRS하에서는 연결재무제표상의 지배자본총계 계정을 사용해야 한다.

6.5.1 요인 데이터 구하기

pandas-datareader 라이브러리를 임포트해 이용 가능한 데이터셋을 확인하고, 데이터셋을 내려받아 내용을 확인하는 간단한 사용법을 알아보자.

먼저 다음과 같이 pandas_datareader.data와 pandas_datareader.famafrench를 임포트한다.

```
# 파마-프렌치 데이터 라이브러리로부터 직접 데이터를 가져오려면 다음 라이브러리를 임포트한다
import pandas_datareader.data as web
import pandas_datareader.famafrench as ff

# famafrench 패키지에서 get_available_datasets( ) 함수를 사용하면 이용 가능한 데이터셋이 무엇인지 알아볼 수 있다
datasets = ff.get_available_datasets( )

# len( ) 함수를 이용해 datasets에 이용 가능한 데이터셋이 몇 개 있는지 확인한다
print( 'No. of datasets:{0}'.format( len( datasets ) ) )
```

결과

```
No. of datasets:297
```

297개의 데이터셋이 제공되는 것을 알 수 있다(실행 시기에 따라 결과는 달라질 수 있다). 제공하는 데이터셋의 일부는 다음과 같다.

```
print( datasets )
```

결과

['F-F_Research_Data_Factors', 'F-F_Research_Data_Factors_weekly', 'F-F_Research_Data_Factors_daily', 'F-F_Research_Data_5_Factors_2x3', 'F-F_Research_Data_5_Factors_2x3_daily', 'Portfolios_Formed_on_ME',
...
'Emerging_Markets_4_Portfolios_BE-ME_OP', 'Emerging_Markets_4_Portfolios_OP_INV']

다음은 열 개의 인더스트리 포트폴리오에 대한 데이터셋을 얻기 위해 데이터셋 이름에 '10'과 'Industry'가 있는 데이터셋을 찾는 예다.

```
# 10과 Industry가 들어간 데이터셋만 찾아서 저장했다
# 세 개의 데이터셋이 있음을 알 수 있다
df_10_industry = [ dataset for dataset in datasets if '10' in dataset and 'Industry' in dataset ]

print( df_10_industry )
```

결과

['10_Industry_Portfolios','10_Industry_Portfolios_Wout_Div','10_Industry_Portfolios_daily']

```
# DataReader( ) 함수를 이용해 첫 번째 데이터셋(df_10_industry[0])인 '10_Industry_Portfolios'의 ''2017-06-23'부터 '2019-11-01'까지 데이터를 내려받는다
ds_industry = web.DataReader( df_10_industry[ 0 ], 'famafrench', start='2017-06-23', end='2019-11-01' )

# type( ) 함수를 사용해 내려받은 데이터셋의 데이터형을 확인한다. <class 'dict'>를 출력한 것을 보면 ds_industry가 키와 값으로 구성된 딕셔너리형임을 알 수 있다
print( type( ds_industry ) )
```

결과

<class 'dict'>

```python
# ds_industry의 키를 출력하면 여덟 개의 데이터와 데이터셋에 대한 설명('DESCR')이 있는 것을 볼
수 있다
ds_industry.keys( )
```

결과

```
dict_keys( [ 0, 1, 2, 3, 4, 5, 6, 7, 'DESCR' ] )
```

```python
# 데이터셋에 대한 설명을 출력해보면 다음과 같다. 어떤 종류의 데이터가 있고 데이터의 크기가 얼마
인지 알 수 있으므로 이러한 설명을 미리 보는 것이 좋다
print( ds_industry[ 'DESCR'])
```

결과

```
10 Industry Portfolios
----------------------
This file was created by CMPT_IND_RETS using the 202003 CRSP database. It contains
value- and equal-weighted returns for 10 industry portfolios. The portfolios are
constructed at the end of June. The annual returns are from January to December.
Missing data are indicated by -99.99 or -999. Copyright 2020 Kenneth R. French
  0 : Average Value Weighted Returns -- Monthly (497 rows x 10 cols)
  1 : Average Equal Weighted Returns -- Monthly (497 rows x 10 cols)
  2 : Average Value Weighted Returns -- Annual (42 rows x 10 cols)
  3 : Average Equal Weighted Returns -- Annual (42 rows x 10 cols)
  4 : Number of Firms in Portfolios (497 rows x 10 cols)
  5 : Average Firm Size (497 rows x 10 cols)
  6 : Sum of BE / Sum of ME (42 rows x 10 cols)
  7 : Value-Weighted Average of BE/ME (42 rows x 10 cols)
```

```python
# '10_Industry_Portfolios'의 앞부분만 출력해보면 다음과 같다
ds_industry[ 0 ].head( )
```

결과

	NoDur	Durbl	Manuf	Enrgy	HiTec	Telcm	Shops	Hlth	Utils	Other
Date										
2017-06	-0.98	3.51	1.28	-0.21	-2.11	-2.27	-1.90	5.56	-1.89	4.18
2017-07	-0.12	-1.12	2.16	2.11	3.78	5.30	0.06	0.53	2.96	1.44
2017-08	-1.71	-0.16	0.17	-5.17	3.04	-2.56	-1.66	1.79	2.15	-0.40
2017-09	-0.33	5.29	4.21	11.14	0.58	-1.68	2.50	1.50	-1.93	4.31
2017-10	0.10	1.20	2.85	0.29	6.86	-5.74	2.69	-2.24	3.05	2.03

같은 방법으로 이번에는 다섯 개의 요인 데이터셋을 구해보자.

```python
# 데이터셋 이름 중 '5'와 'Factor'가 들어간 데이터셋만 고른 후
# 리스트로 만들어 df_5_factor에 저장한다
df_5_factor = [ dataset for dataset in datasets if '5' in dataset and 'Factor' in dataset ]

# df_5_factor를 출력한다
print( df_5_factor )
```

결과

['F-F_Research_Data_5_Factors_2x3', 'F-F_Research_Data_5_Factors _2x3_daily', 'Developed_5_Factors', 'Developed_5_Factors_Daily', 'Developed_ex_US_5_Factors', 'Developed_ex_US_5_Factors_Daily', 'Europe_5_Factors', 'Europe_5_Factors_Daily', 'Japan_5_Factors', 'Japan_5_Factors_Daily', 'Asia_Pacific_ex_Japan_5_Factors', 'Asia_Pacific_ex_Japan_5_Factors_Daily', 'North_America_5_Factors', 'North_America_5_Factors_Daily', 'Emerging_5_Factors']

출력한 데이터셋 이름에는 모두 '5'와 'Factor'가 있다.

이번에는 위 데이터셋에서 첫 번째(df_5_factor[0]) 데이터셋인 'F-F_Research_Data_5_Factors_2x3'을 내려받는데, '2017-06-23'부터 '2019-11-01'까지의 자료를 받는다.

```python
# 내려받은 데이터셋은 키와 값으로 구성된 딕셔너리 형태다
ds_factors = web.DataReader( df_5_factor[ 0 ], 'famafrench', start='2017-06-23', end='2019-11-01' )

# 데이터셋의 키 값을 출력한다
print( '\nKEYS\n{0}'.format( ds_factors.keys( ) ) )

# 출력된 값을 보면 키 중에 'DESCR'이 있는데, 이는 데이터셋에 대한 설명을 담고 있다
```

결과

KEYS
dict_keys([0, 1, 'DESCR'])
DATASET DESCRIPTION
 F-F Research Data 5 Factors 2x3

```python
# 데이터셋의 설명을 출력해보면 다음과 같다.
print( 'DATASET DESCRIPTION \n {0}'.format(ds_factors[ 'DESCR'] ) )
```

결과

DATASET DESCRIPTION

```
F-F Research Data 5 Factors 2x3 daily
-------------------------------------
This file was created by CMPT_ME_BEME_OP_INV_RETS using the 202009 CRSP database. The
1-month TBill return is from Ibbotson and Associates Inc.

  0 : (30 rows x 6 cols)
  1 : Annual Factors: January-December (3 rows x 6 cols)
```

```python
# 가장 관심이 있는 실제 데이터는 첫 번째에 위치하고 있다(ds_factors[0])
# 모두 출력하지 않고 앞부분만 출력해보면 다음과 같다. 다섯 개의 요인과 무위험이자율을 볼 수 있다
ds_factors[ 0 ].head( )
```

결과

	Mkt-RF	SMB	HML	RMW	CMA	RF
Date						
2017-06	0.78	2.46	1.43	-2.23	-0.05	0.06
2017-07	1.87	-1.65	-0.33	-0.77	-0.21	0.07
2017-08	0.16	-1.80	-2.30	0.14	-2.42	0.09
2017-09	2.51	4.79	3.11	-1.38	1.64	0.09
2017-10	2.25	-1.96	0.07	0.93	-3.35	0.09

6.5.2 펀드 수익률과 요인 데이터 회귀분석

앞서 파마-프렌치 요인을 구하는 예를 살펴봤는데, 이번에는 월간 3요인(Mkt-RF, SMB, HML)을 구하고 펀드의 수익률을 구한 후 이를 회귀분석해보자.

```python
# 'F-F_Research_Data_Factors' 요인 데이터 구하기
# famafrench 모듈을 임포트한다
import pandas_datareader.data as web
import pandas_datareader.famafrench as ff
import pandas as pd

# 이용 가능한 데이터셋을 구한다
datasets = ff.get_available_datasets( )

# 월간 3요인(datasets[0])을 구한다
# 결과는 'F-F_Research_Data_Factors'이다
df_3_factor = datasets[ 0 ]

# 1980년 2월부터 2019년 6월까지의 요인 데이터를 내려받는다
```

```
ds_factors = web.DataReader( df_3_factor,'famafrench', start='1980-02-01', end='2019-
06-30' )

# ds_factors 변수를 출력한다
print( ds_factors )

# 나중에 구할 펀드 수익률과 합치기 위해 인덱스 종류를 변경한다
ds_factors[ 0 ].index = ds_factors[ 0 ].index.strftime( '%Y-%m' )

# ds_3_factors에 저장한다
ds_3_factors = ds_factors[ 0 ]
```

ds_factors = web.DataReader(df_3_factor, 'famafrench', start='1980-02-01', end='2019-06-30')에서 ds_factors는 키와 값 한 쌍으로 구성된 딕셔너리 타입이다. ds_factors는 세 개의 키를 갖고 있다. 키 0번은 네 개의 필드 Mkt-RF, SMB, HML, RF로 구성된 월간 데이터이고, 키 1번은 키 0번과 같은 동일한 컬럼을 가진 연간 데이터다. 그리고 마지막 키 DESCR은 요인 데이터셋에 대한 설명을 담고 있다. ds_factors 데이터셋은 다음과 같은 모습이다.

```
{
0:          Mkt-RF    SMB    HML    RF
   Date
   1980-02   -1.22  -1.82   0.62  0.89
   1980-03  -12.90  -6.64  -1.06  1.21
   1980-04    3.97   0.97   1.06  1.26
   ...         ...    ...    ...   ...
   2019-04    3.96  -1.77   2.00  0.21
   2019-05   -6.94  -1.25  -2.15  0.21
   2019-06    6.93   0.20  -0.82  0.18
1:          Mkt-RF    SMB    HML    RF
   Date
   1980      22.13   5.57 -25.06  11.24
   1981     -18.13   7.23  25.01  14.71
   1982      10.66   8.89  13.59  10.54
   ...         ...    ...    ...    ...
   2017      21.51  -4.90 -13.70   0.80
   2018      -6.93  -3.35  -9.22   1.81
   2019      28.28  -6.32 -10.88   2.14,
'DESCR':
  'F-F Research Data Factors\n------------------------\n\nThis file was created by
  CMPT_ME_BEME_RETS using the 202009 CRSP database. The 1-month TBill return is from
  Ibbotson and Associates, Inc. Copyright 2020 Kenneth R. French\n\n  0 : (473 rows x
  4 cols)\n  1 : Annual Factors: January-December (40 rows x 4 cols)'
}
```

이번에는 Fidelity Contrafund Fund(FCNTX)의 주가를 내려받고 초과 수익률을 계산한다. Fidelity Contrafund Fund(FCNTX)는 1967년에 설정된 대형 펀드로, 순자산이 1,000억 달러가 넘는다.

이번에는 앞서 구한 요인 데이터셋을 이용한 초과수익률을 독립변수로 하고 FCNTX 펀드의 월간 수익률 데이터를 종속변수로 설정한 후 회귀분석을 한다.

```python
# 필요한 패키지를 임포트한다
from pandas_datareader import data as web
import pandas as pd

# Fidelity Contrafund Fund(FCNTX)
ticker = "FCNTX"

# 1980년 1월부터 2019년 6월까지 펀드 월간(interval='m') 과거 주가 중 수정주가(Adj Close)를
# 구한다
pxclose = web.get_data_yahoo( ticker, start='1980-01-01', end='2019-06-30', interval='m' )[ 'Adj Close' ]

# 앞서 요인 자료와 합치기 위해 인덱스 종류를 변경한다
pxclose.index = pxclose.index.strftime( '%Y-%m' )

# 수익률을 계산한다
ret_data = pxclose.pct_change( )[ 1: ]

# 데이터프레임으로 변경한다
ret_data = pd.DataFrame( ret_data )

# 컬럼의 이름을 portfolio로 변경한다
ret_data.columns = [ 'portfolio' ]

# 회귀분석을 위해 두 개의 데이터프레임(ret_data, ds_3_factors)을 합친다
# 두 프레임의 인덱스를 기준으로 합치는 경우 매개변수 left_index와 right_index를 True로 한다
# 또 합치려는 두 프레임의 컬럼 데이터나 인덱스끼리 서로 일치하는 데이터만 합치는 경우 how 매개변
# 수를 'inner'로 한다
regress_data=ret_data.merge( ds_3_factors, how = 'inner', left_index = True, right_index = True )

# "Mkt-RF" 컬럼명을 "mkt_excess"로 변경한다
regress_data.rename( columns={ "Mkt-RF":"mkt_excess" }, inplace=True )

# 초과수익률(펀드 수익률-무위험수익률)을 계산하고 'port_excess' 컬럼을 만들어 저장한다
regress_data[ 'port_excess' ] = regress_data[ 'portfolio' ] - regress_data[ 'RF' ]
```

회귀분석을 위해 statsmodels 패키지를 임포트한다. statsmodels는 회귀분석과 시계열 처리를 위한 데이터 분석 패키지다.

```python
# statsmodels.api를 임포트한다
import statsmodels.api as smf

# port_excess를 종속변수로 하고 mkt_excess, SMB, HML을 독립변수로 해서 회귀분석을 실시한다
model = smf.formula.ols( formula = "port_excess ~ mkt_excess + SMB + HML", data = regress_data ).fit( )

# 회귀분석 결과, 회귀식의 계수와 기술통계량을 출력한다
print( model.params )
print( model.summary( ) )
```

회귀식을 수행한 결과, model.params에 저장된 회귀식의 계수값은 다음과 같다.

```
Intercept     -0.311119
mkt_excess     0.008059
SMB            0.010100
HML            0.005635
dtype: float64
```

다음은 model.summary( )를 실행해 얻은 회귀 모델 수행의 결과 요약이다.

결과

```
OLS Regression Results
==============================================================
Dep. Variable:         port_excess   R-squared:            0.005
Model:                         OLS   Adj. R-squared:      -0.001
Method:              Least Squares   F-statistic:         0.8470
Date:             Thu, 12 Nov 2020   Prob (F-statistic):   0.469
Time:                     05:20:39   Log-Likelihood:     -472.48
No. Observations:              473   AIC:                  953.0
Df Residuals:                  469   BIC:                  969.6
Df Model:                        3
Covariance Type:         nonrobust
==============================================================
                coef    std err      t    P>|t|   [0.025   0.975]
--------------------------------------------------------------
Intercept    -0.3111     0.031  -10.058   0.000   -0.372   -0.250
mkt_excess    0.0081     0.007    1.110   0.268   -0.006    0.022
SMB           0.0101     0.011    0.944   0.346   -0.011    0.031
HML           0.0056     0.011    0.508   0.612   -0.016    0.027
```

```
===========================================================================
Omnibus:                   830.537    Durbin-Watson:            1.671
Prob(Omnibus ):              0.000    Jarque-Bera (JB ):   432316.055
Skew:                       10.778    Prob(JB ):                 0.00
Kurtosis:                  149.530    Cond. No.                  4.78
===========================================================================
```

Warnings:
[1] Standard Errors assume that the covariance matrix of the errors is correctly specified.

쉬어가는 코너 | 흥미로운 파마-프렌치 모델 프로젝트

온라인에서 파마-프렌치 3요인 모델을 계산하고 시각화된 자료를 제공하는 프로젝트 웹 사이트를 소개한다. 알렉스 페트랠리아(Alex Petralia)라는 사람이 R로 만든 프로젝트이며, 2015년 자신의 블로그에 공개한 것이다.

블로그에 따르면 CAPM은 경험적으로 시장수익 변동성의 약 70%를 설명하지만, 파마-프렌치 3요인 모델은 90% 이상을 설명한다. (참고로 파이썬에서도 django, flask와 같은 웹 프레임워크로 웹 프로그래밍이 가능하지만, R은 Shiny 패키지(shiny.rstudio.com/)로 파이썬보다 더 쉽게 웹 프로그램을 만들 수 있다.)

▼ 그림 6-17 Alex Petralia 블로그(alexpetralia.com/datablog/2015/8/20/a-dynamic-approach-to-security-analysis)

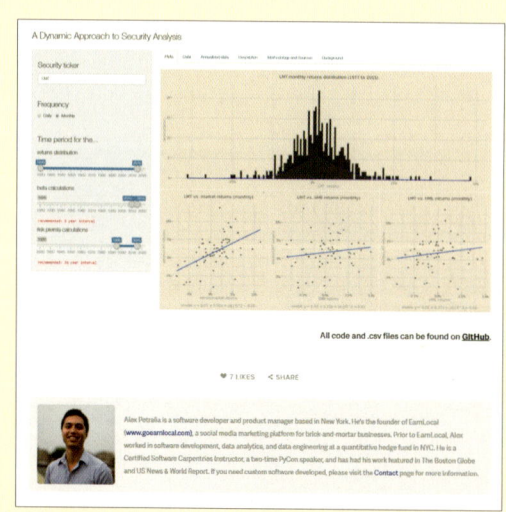

블로그에서 개발 동기도 확인할 수 있는데, 재무지표를 계산해 그 결과를 시각화하고 입력을 바꾸면 얼마나 유의적인 결과로 변화시킬 수 있는지를 예시하기 위한 것이라고 밝히고 있다.

프로그램의 소스는 그의 깃허브에서 이용할 수 있다.

▼ 그림 6-18 알렉스의 fama_french 깃허브 브랜치(github.com/alexpetralia/fama_french)

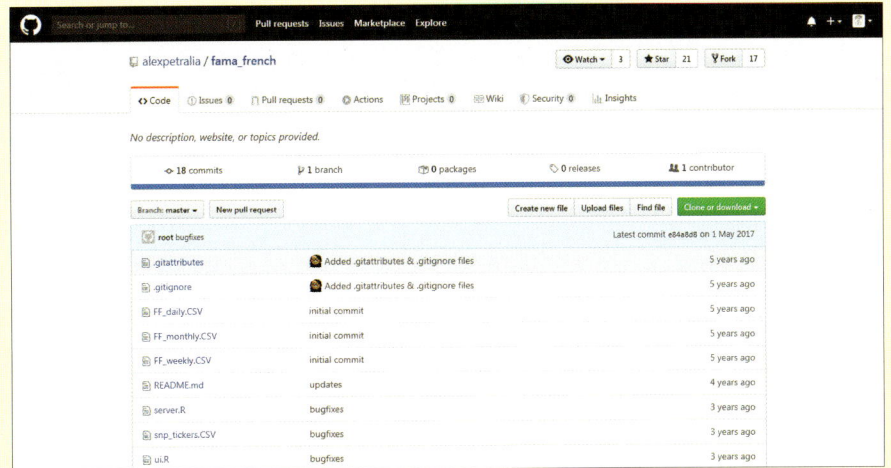

최신의 데이터를 제공하지는 않지만, 1963년부터 2015년까지의 일간, 주간, 월간 CSV 데이터를 갖고 운영되는 만큼 학습용으로 활용하기에는 좋을 듯하다.

프로젝트 사이트는 프로젝트 성격을 띠고 있으므로 도메인 이름이 따로 없으며, 서버의 IP 주소를 입력해 방문할 수 있다.

• http://52.2.13.97:3838/fama_french/

▼ 그림 6-19 Alex Petralia 프로젝트 사이트

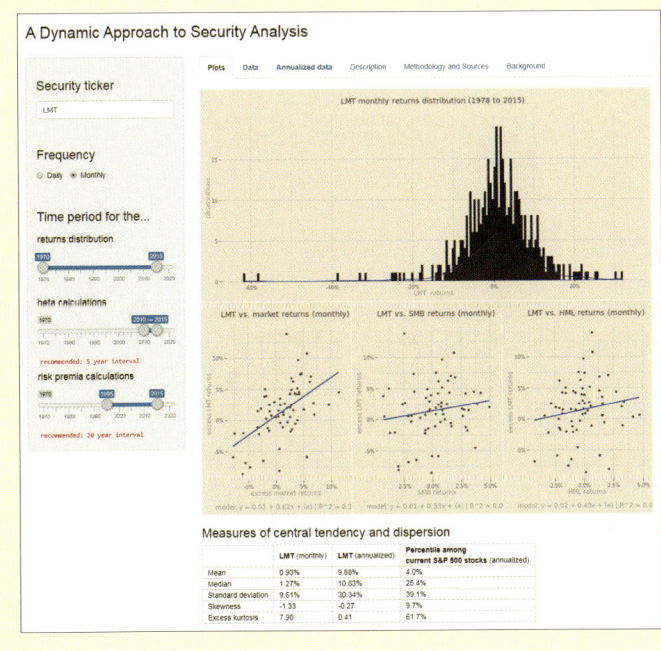

memo

7장

금융산업과
머신 러닝

7.1 머신 러닝 시작하기
7.2 머신 러닝 맛보기, 선형 회귀
7.3 K 최근접 이웃 알고리즘을 이용한 회귀
7.4 로지스틱 회귀

자산배분은 시장을 움직이는 중요 요인을 이해하고 미래의 자산수익률을 예측하는 것이 목표이며, 목표로 삼은 투자 결과를 얻기 위해 기대를 바탕으로 포트폴리오를 구축하는 것이다. 그러나 금융은 이자율, 환율, 원자재 가격, 공급과 수요 같은 거시경제적인 환경과 정치, 환경 등 비계량적이고 비경제적인 환경이 서로 영향을 미치면서 예측하기 어려운 확률이 지배하는 산업이다.

따라서 실무상 머신 러닝이나 딥러닝을 자산배분에 적용하려는 움직임도 나타난다. 가령 블랙-리터만 모델의 경우 투자자의 전망을 텍스트 마이닝이나 감성 분석으로 대신할 수 있을 것이다. 머신 러닝 같은 IT 기술을 활용하는 것이 회사의 수익을 높여줄 수 있을 뿐만 아니라, 새로운 사업 기회를 찾게 해주거나 일의 효율성을 극대화해준다는 것이 오랫동안 증명됐기 때문에 금융과 IT 기술의 조우는 더욱 늘어날 것이다.

세계적인 투자은행인 골드만삭스가 이러한 흐름을 잘 보여준다. 〈비즈니스 인사이더(Business Insider)〉는 2015년 4월 12일 '골드만 삭스는 기술 회사다(Goldman Sachs is a tech company)'라는 제목의 기사에서 골드만삭스의 변신을 자세히 소개하고 있다.

▼ 그림 7-1 〈비즈니스 인사이더〉 기사(businessinsider.com.au/goldman-sachs-has-more-engineers-than-facebook-2015-4)

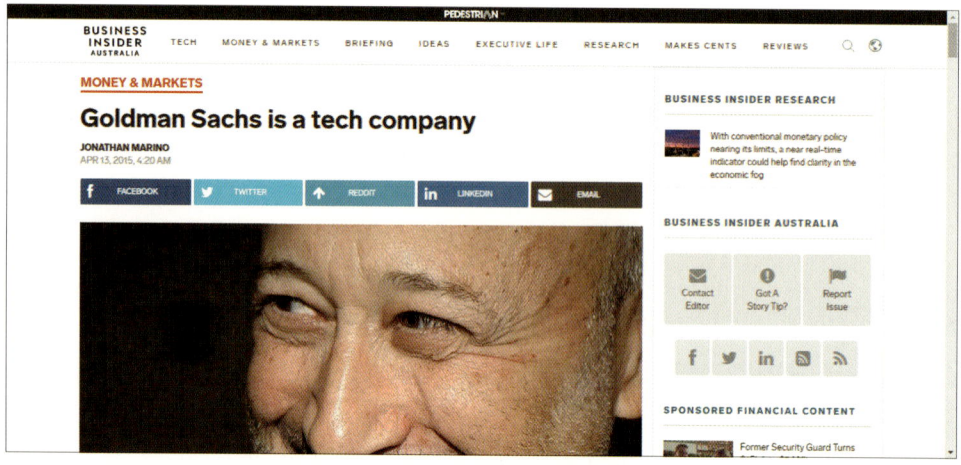

투자은행인 골드만삭스의 전 세계 직원 수는 33,000명인데, 그중 9,000명이 엔지니어와 프로그래머다. 즉, 전 직원의 30%가 IT 관련 직종이다. 페이스북의 IT 관련 직원 수가 9,199명, 트위터의 전체 직원 수가 3,638명, 링크드인의 전체 직원 수가 6,897명인 것을 생각해보면 골드만삭스의 IT 관련 인원이 얼마나 많은 수인지를 쉽게 짐작할 수 있다.

증권산업에서 머신 러닝을 활용하는 대표적인 사례는 알고리즘 트레이딩(algorithmic trading)이다. 알고리즘 트레이딩은 사람의 판단이 아닌 프로그램을 사용해 거래하는 것으로, 이미 미국에서는

2012년에 전체 거래의 85%를 차지할 정도로 일반화됐다. 우리가 흔히 주식시장에서 이야기하는 '외국인'은 사람이 아닌, 기관이나 헤지펀드에서 사용하는 알고리즘 트레이딩 프로그램이라고 생각해도 무방하다.

또 다른 활용 사례는 포트폴리오 관리이며 포트폴리오의 선정과 최적화, 요인 및 리스크 분석 등에 활용할 수 있다. 시장 요인을 정의하고, 리서치를 통해 요인을 선별하고, 머신 러닝 알고리즘을 위한 데이터를 만들고, 여러 가지 리스크에 대응하고 목표수익률을 거둘 수 있는 전술적 자산배분을 하는 것이다. 가령 블랙-리터만 모델의 경우 모델에 시장 전망을 베이지안 기법으로 반영하는데, 주관적인 사전확률을 정의하는 데 머신 러닝 알고리즘을 적용할 수 있다.

또한, 파생상품과 이를 이용한 헤징, 채권 투자 등에도 머신 러닝을 활용할 수 있다.

이 책에서는 초보자가 이해하기 쉬운 머신 러닝의 일부 내용만 다룰 것이다. 머신 러닝을 배우려면 기초적인 수학/통계이론(편미분, 벡터 연산, 베이지안 통계 등), 머신 러닝의 이론(퍼셉트론, 오차역전파 등), 머신 러닝 알고리즘(서포트 벡터 머신(SVM), 합성곱신경망(CNN), 순환신경망(RNN)), 머신 러닝 라이브러리(Scikit-learn, Tensorflow, Keras 등)와 같이 알아야 할 내용이 너무 방대하므로, 여기서 모든 내용을 다루는 것은 무리다. 따라서 머신 러닝의 기본 개념 중 하나인 회귀와 K-최근접 이웃(K-Nearest Neighbor, KNN) 알고리즘을 맛보기로 알아보고, 주가지수를 예측하거나 매매 전략을 구하는 예제를 살펴본다.

7.1 머신 러닝 시작하기

PORTFOLIO WITH PYTHON

다음 예를 생각해보면서 머신 러닝을 시작해보자. 수학 연산자(+, -, ×, ÷)가 지워진 수식이 있다. 우리는 숫자와 연산의 결과만 보고 연산자를 추측해 빈 칸을 채워넣을 수 있다.

▼ 그림 7-2 연산자가 지워진 수식

2 ☐ 2 ☐ 1 = 3

6 ☐ 2 ☐ 2 = 10

5 ☐ 3 ☐ 4 = 11

데이터 세 개를 주고 결과를 알려주면 해당하는 연산자를 맞힐 수 있다. 여기서 [2, 6, 5], [2, 2, 3], [1, 2, 4]는 문제(데이터)이고 [3, 10, 11]은 정답(결과)이다. 이것을 머신 러닝의 한 부류인 지도학습(supervised learning)이라고 한다. 지도학습은 미리 문제와 정답을 주고 학습 과정을 통해 연산이라는 알고리즘을 만드는 것이다.

즉, 데이터와 결과를 매치시키고 학습해 모델을 만드는 것, 문제와 정답을 비교하면서 패턴을 찾는 것을 지도학습이라고 한다. 따라서 많은 문제와 정답을 제공할수록 지도학습은 다음 문제의 정답을 정확히 맞힐 확률이 높아진다.

학습 과정에서 사용되는 문제/정답은 훈련용 데이터다. 보통 학습 과정에서 모든 데이터를 사용하지는 않으며, 전체 데이터의 80%를 훈련용으로 사용하고 나머지 20%는 검증용 데이터로 사용한다. 데이터가 충분하지 않다면 랜덤하게 훈련용 데이터/검증용 데이터를 선별해 사용하기도 한다. 이를 교차검증(cross validation)이라고 한다.

그러나 세상에는 정답이 없는 문제도 많다. 따라서 흔히 '비지도학습'이라고 불리는 자율학습이 등장했다. 자율학습(또는 비지도학습)은 미리 결과를 주지 않고, 데이터들의 속성을 분류해 구분하고 그룹으로 나누는 방법이다. 가령 우리가 유튜브 영상을 감상하면, 유튜브의 알고리즘이 채널의 시청자와 구독자, 시청자의 성별, 나이, 시청 시간을 분석하고 비슷한 사람들에게 광고와 영상을 추천한다.

즉, 자율학습은 데이터를 군집화하고 패턴을 찾아내는 것이다. 예를 들어 탁자 위에 플레잉 카드(playing cards)가 마구잡이로 섞여 있을 때, 우리는 어지럽혀진 사물들을 정리하려는 본능에 따라 카드의 그림(클로버(clobber), 스페이드(spade), 하트(heart), 다이아몬드(diamond))별로 분류할 수 있다. 또는 카드의 숫자나 색상별로 분류할 수도 있다. 미리 학습하지 않아도 카드 특성(그림, 숫자, 색상)을 분류하고 구분해 그룹으로 만드는 것이다.

▼ 그림 7-3 윈도의 프리셀 게임

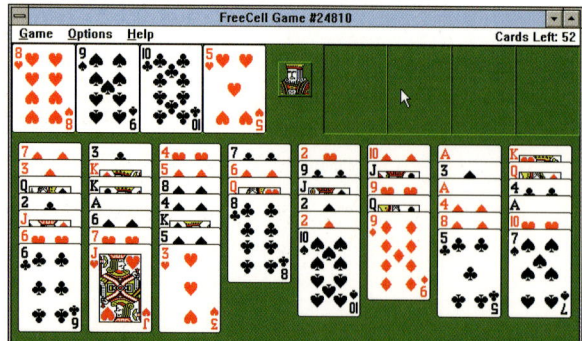

이처럼 지도학습과 자율학습은 데이터를 받고 학습을 하는 수동적인 알고리즘인데, 강화학습은 좀 다르다. 강화학습은 환경이 주어졌을 때 능동적으로 특정한 행위를 하고 이에 따라 점수를 받거나 페널티를 받으면서 머신(기계)이 학습하는 방법이다.

마치 게임에서 몹(mob)을 잡으면 레벨이 오르고 좋은 장비를 얻는 것, 또는 강아지에게 어떤 행동을 유도해 원하는 행동을 하면 간식을 주면서 훈련시키는 것과 비슷하다.

또 다른 머신 러닝 알고리즘으로는 사람의 뇌 속 뉴런을 모방한 방식이 있다. 이를 신경망 학습이라고 한다. 1940년대부터 그 연구가 시작됐지만, 초창기에는 데이터와 컴퓨팅 성능이 미미한 탓에 좋은 성과를 얻을 수 없었다. 그러나 오늘날에는 데이터가 많고 컴퓨터의 연산 능력도 좋아져서 신경망 학습은 인공지능 알고리즘 중에서 두각을 나타내고 있다.

한 번쯤 들어봤을 용어인 딥러닝은 좀 더 발전된 신경망 학습의 일종이다. 기존의 지도학습에서는 데이터와 정답을 제공하고 데이터 특성을 제공하는 등 사람의 개입이 필요했지만, 딥러닝은 학습할 때 인간의 신경망(뉴런) 같은 계층을 만들어 특징을 추출하고 분류한다. 계층은 각종 활성화 함수를 사용해 입력 신호를 가공하고 출력값을 도출한다.

딥러닝에는 다음과 같은 알고리즘을 많이 사용한다. 합성곱신경망(CNN) 알고리즘은 인간의 시신경 구조를 모방해 추출과 분류의 기능이 특화돼 있으므로 자연어 분류, 안면 인식 등에 유용하다. 순환신경망(RNN)은 반복적이고 순차적인 데이터 학습에 특화돼 음성 인식이나 번역 등에 사용된다. 최근에는 GAN(Generative Adversarial Network)이 주목받고 있다.

GAN은 두 개의 모델이 대결하며 학습하는 자율학습(비지도학습)의 일종이다. 이안 굿펠로(Ian Goodfellow)는 처음 GAN을 제안하면서 '위조지폐범과 경찰'에 비유했다. 한 모델이 위조지폐범이고, 나머지 모델이 위조지폐를 감별하는 경찰이다. 경찰에게 진짜 지폐를 보여주면 경찰은 진짜 지폐의 특성 패턴을 학습한다. 그다음에는 위조지폐범이 위조지폐(가짜 데이터)를 마구 만들어낸다.

처음에는 엉성한 위조지폐를 만들어내므로 경찰이 쉽게 위조지폐를 가려낼 수 있지만, 점점 더 정교한 위조지폐를 만들고 위조지폐를 구분하는 과정을 계속 반복하는 경쟁적인 학습이 지속되다 보면 어느 순간 위조지폐범은 진짜와 다를 바 없는 위조지폐를 만들게 된다. 또한, 경찰은 위조지폐와 진짜 지폐를 구분할 수 없는 상태에 이르게 된다.

GAN을 이용한 인상 깊은 사례를 하나 살펴보자. 바로 사람 얼굴을 만들어내는 것이다. 100K Faces 프로젝트(https://medium.com/generated-photos/press-aaeb26e632d1)가 10만 개의 사람 얼굴 사진을 공개했는데, 사진 속에 등장하는 얼굴은 모두 인공지능이 만들어낸 가짜다.

▼ 그림 7-4 100K Faces 프로젝트 프레스 페이지에 실린 가상 인물(miro.medium.com/max/1280/1*uTdHMhkZZx2HT_x8BDSlRQ.jpeg)

실제처럼 보이지만 존재하지 않는 가상의 인물 사진을 만들어내는 것은 마치 소설 같다. 소설 속 이야기는 실제 벌어진 일이 아니라 소설가의 창작으로 만들어낸, 우리 주변에서 벌어질 법한 가상의 이야기이기 때문이다.

7.2 머신 러닝 맛보기, 선형 회귀

머신 러닝이 할 수 있는 일은 분류, 회귀, 클러스터링, 차원축소 등으로 분류할 수 있으며, 각 분류 안에 여러 가지 머신 러닝 알고리즘이 있다. 머신 러닝 알고리즘을 살펴보면 K-최근접 이웃(KNN), 선형 회귀, 로지스틱 회귀 등과 같은 간단한 모델부터 서포트 벡터 머신(Support Vector Machine, SVM), 주성분 분석(Principal Component Analysis, PCA), K-평균(K-Means) 알고리즘 등과 같은 복잡한 모델까지 다양하다.

가장 먼저 기본적인 선형 회귀를 갖고 머신 러닝 알고리즘을 알아보자. 회귀(regression)는 통계학에서도 배우는데, 보통 통계학 수업에서는 분석적 해를 구한다.

가령 어느 함수에 1을 입력하면 3이 나오고, 2를 입력하면 5가 나오고, 3을 입력하면 7이 나온다고 하자.

$$X = [1, 2, 3] \rightarrow Y = [3, 5, 7]$$

이 함수에 4를 입력하면, 즉 X = 4일 때 Y 값은 어떻게 될까? 직관적으로 Y = 9임을 알 수 있다. 우리 머릿속에 다음과 같은 함수가 만들어진 것이다.

$$F(x) = 2X + 1$$

그러나 변수 X가 여러 개이고 데이터가 많아지는 등 식이 복잡해지면 머릿속으로만 계산할 수 없다. 이제 컴퓨터에게 선형 회귀를 맡겨봐야 한다.

앞서 머릿속 계산으로 F(x) = 2X + 1이라는 식을 세웠듯이 다음과 같이 가설 함수 H를 세운다. 머신 러닝에서는 함수를 가설 함수(H)라고 부른다.

$$H(W, b) = Wx + b$$

▼ 그림 7-5 y = Wx + b와 y = Wx 함수

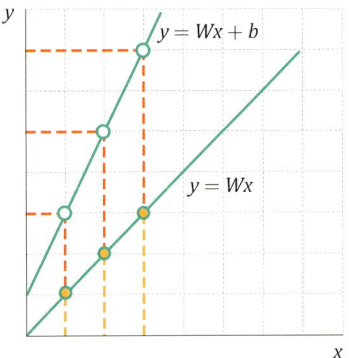

함수 H는 W와 b를 입력받는 함수다. 이미 알고 있는 입력값 1, 2, 3을 함수에 주면 3, 5, 7을 돌려주면 된다. 이를 위해 W와 b를 구하는 것이다. W = 2, b = 1이라는 결론을 알고 있지만 컴퓨터가 계산하도록 만들어보자.

머신 러닝 대신 학교에서 배운 최소제곱법을 이용해 계산해본다. 최소제곱법은 회귀분석에서 미지의 상수를 구하는 방법인데, 기울기(W)와 절편(b)을 구하는 식은 다음과 같다.

$$W = \frac{\sum(x - mean(x))(y - mean(y))}{\sum(x - mean(x))^2}$$
$$b = mean(y) - mean(x) \times W$$

```python
# numpy를 임포트한다
import numpy as np

# x 값과 y 값
x = np.array( [ 1, 2, 3 ] )
y = np.array( [ 3, 5, 7 ] )

# numpy의 mean 함수를 사용해 x와 y의 평균값을 구한다
mx = np.mean( x )
my = np.mean( y )

# 기울기(W) 공식의 분모 부분을 계산한다
divisor = sum( [ ( mx - i )**2 for i in x ] )

# 기울기(W) 공식의 분자 부분을 계산한다
d = 0
for i in range( len(x) ):
  d += ( x[i] - mx ) * ( y[i] - my )
dividend = d
```

> 기울기(W) 공식의 분자 부분은 다음과 같이 한 줄로 바꿀 수 있다.
> dividend = sum([(xi-mx)*(yi-my) for xi, yi in zip(x, y)])

```python
# 기울기 W와 절편 b를 계산한다
W = dividend / divisor
b = my - (mx*W)

# 기울기와 절편을 출력한다
print( "기울기 W =", W )
print( "절편 b =", b )
```

간단한 프로그램이므로 결과는 직접 확인해보자.

가설 함수를 최소제곱법으로 구했지만, 변수가 많아지면 최소제곱법만으로는 구할 수 없다. 그러 므로 비용함수(cost function)라는 것이 필요하다. 비용함수는 예측한 값과 실제 결괏값의 차이를 돌려주는 함수다.

오차 = 실제값 − 예측값

다음은 앞서 구한 기울기 W와 절편 b를 갖고 구한 예측값과 실제값 y = [4, 7, 9]의 차이인 오 차를 보여준다.

```python
# numpy 라이브러리를 임포트한다
import numpy as np

# x 값과 y 값을 리스트로 저장한다. 오차를 만들기 위해 앞서 예제에서 사용한 y를 다른 값으로 바꿨다
x = np.array( [ 1, 2, 3 ] )
y = np.array( [ 4, 7, 9 ] )

# 앞서 구한 기울기 W, 절편 b를 설정한다
W = 2.0
b = 1.0

# x 값을 주고 예측값(y_hat)을 구한다. 그리고 오차를 구한다
for xi, yi in zip( x, y ):
    y_hat = W * xi + b
    # 실제값(y)과 예측값(y_hat)의 차이가 오차다
    err = yi - y_hat
    print( '%.f = %.f - %.f ' % ( err, yi, y_hat ) )
```

선형 회귀에서는 오차를 그대로 사용하는 대신에 평균제곱오차(Mean Squared Error, MSE)를 사용한다.

$$MSE = \frac{1}{n}\sum_{i=1}^{n}(y_i - \acute{y}_i)^2$$

이번에는 위의 예제를 바꿔 MSE 함수를 만들고 평균제곱오차를 구해보자.

```python
import numpy as np

# MSE 함수를 만든다. numpy를 이용해 연산한다
def mse( y, y_hat ):
    return ( ( y - y_hat ) ** 2 ).mean( )

# x 값과 실제값 y, 기울기 W와 절편 b를 설정한다
x = np.array( [ 1, 2, 3 ] )
y = np.array( [ 4, 7, 9 ] )
W = 2.0
b = 1.0

# 예측값을 저장할 빈 리스트를 만든다
y_hat = [ ]
```

```
# x 값을 식에 입력해 예측값을 구하고 리스트 y_hat에 추가한다
for xi, yi in zip( x, y ):
    y_hat.append( W * xi + b )

# mse 함수에 y와 y_hat을 줘서 평균제곱오차를 구한다
y_hat = np.array( y_hat )
mse_val = mse( y, y_hat )
print( 'MSE = %.f' % ( mse_val ) )
```

7.2.1 비용함수와 경사하강법

앞서 실제값과 예측값의 차이를 손실(loss)이라고 했으며, 이를 측정하는 함수가 손실함수라고 했다. 손실이 작다면 예측이 잘되고 있다는 의미다.

결국 통계학도 머신 러닝도 평균제곱오차 또는 비용함수(앞에서 설명했듯이 오차 = 비용이고, 이 비용을 줄이고자 만드는 것이 오차를 계산하는 함수인 비용함수다)를 최소가 되게 만드는 W와 b를 구하는 것이 목적이다.

머신 러닝에서 입력 데이터, 모델, 출력, 손실함수 구조는 다음과 같다.

▼ 그림 7-6 머신 러닝의 구조

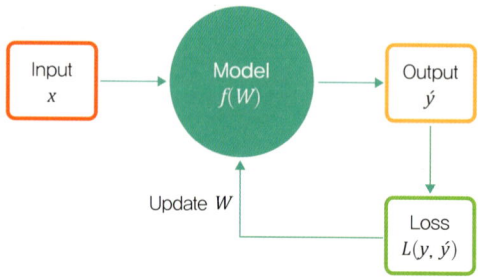

Input은 모델에 들어가는 입력, Output은 모델의 연산 결과(출력)다. 앞서 회귀 예에서 사용한 $y = Wx + b$가 모델에 해당하고, 평균제곱오차가 손실함수에 해당한다. 참고로 손실함수는 그 외에도 절대오차함수, 평균제곱오차함수, 크로스엔트로피 함수 등이 있다.

- 절대오차함수 $L = \frac{1}{n}\sum_{i=1}^{n}|\hat{y}_i - y|$
- 평균제곱오차함수 $L = \frac{1}{n}\sum_{i=1}^{n}(\hat{y}_i - y)^2$
- 크로스엔트로피 함수 $L = \frac{1}{n}\sum_{i=1}^{n}(-y_i \log \hat{y}_i - (1 - y_i)\log(1 - \hat{y}_i))$

손실함수는 곧 살펴볼 경사하강법을 이용해 새로운 가중치 W를 모델에 업데이트한다(update W). 가령 $W = 1$, $b = 0$일 때, 즉 $H(1, 0)$일 때 비용함수 $Cost(W, b)$는 다음과 같이 계산된다.

$$Cost(W, b) = \frac{1}{n}\sum(Wx + b - y)^2 = \frac{29}{3}$$

W와 b를 구할 때 경사하강법(gradient descent)(경사감소법이라고도 한다)을 이용한다. 수학 시간에 배운 미분을 이용한 접선 방정식을 기억한다면 경사하강법은 전혀 새로운 것이 아니다.

W와 비용함수, b와 비용함수 간의 관계를 그려보면 아래가 볼록한 이차함수 형태가 나타난다.

▼ 그림 7-7 W와 비용함수, b와 비용함수의 관계

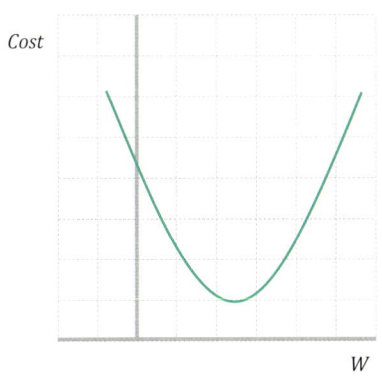
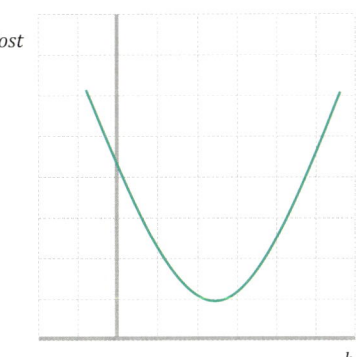

비용함수의 값이 최소가 되는 지점은 곡선의 가장 아랫부분이다. 이 지점의 값이 찾으려는 W와 b의 값이다. 곡선과 접하는 직선을 그어 직선의 기울기가 0, 즉 수평인 상태의 W와 b 값을 구하면 된다.

▼ 그림 7-8 w_1보다 w_2에서의 비용함수 값이 더 작다

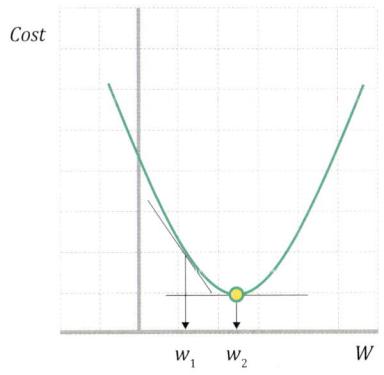

앞의 그림에서 w_1보다 w_2에서 접선이 수평이고 비용함수 값이 더 작다. 경사하강법은 접선

의 기울기인 경사를 줄여가면서 W와 b 값을 찾는 방법이다. 기울기를 계산하려면 비용함수 $Cost(W, b) = \frac{1}{n}\sum(Wx + b - y)^2$을 미분해야 한다. W와 b에 대해 미분해야 하는데 두 변수가 하나의 식에 섞여 있으므로, 먼저 b를 고정한 후 W의 기울기를 구하고, 다음으로 W를 고정한 후 b의 기울기를 구한다. 이렇게 미분할 변수 외에 나머지 변수는 상수로 취급하고 미분하는 것을 편미분이라고 한다.

비용함수에서 n은 데이터의 개수인데, 미분 시 변하는 것이 아니므로 $\frac{1}{n}$은 상수다. Σ 역시 합계를 나타내는 것이며, 둘 다 미분에서는 신경 쓸 필요가 없다. 따라서 미분할 내용은 $(Wx + b - y)^2$이다.

$$(Wx + b - y)^2 = (x^2W^2 + 2xbW - 2by - 2xyW + b^2 + y^2)$$

W에 대해 편미분하면 $2x^2W + 2xb - 0 - 2xy + 0 + 0$이다. 그리고 b에 대해 편미분하면 $0 + 2xW - 2y - 0 + 2b + 0$이다. 이제 편미분할 때 무시했던 $\frac{1}{n}$과 Σ를 다시 붙이면 다음과 같다.

$$W \text{ 기울기} = \frac{1}{n}\sum(2x^2W + 2xb - 2xy)$$

$$b \text{ 기울기} = \frac{1}{n}\sum(2xW - 2y + 2b)$$

마지막으로 W와 b를 변경하면서 반복해 계산하는데, 경사하강법 계산에서 비용함수 결과가 0이면 종료하고, 그렇지 않으면 W와 b를 업데이트해 값을 찾아내면 된다. 이러한 과정이 머신 러닝에서 가장 간단한 선형 회귀 알고리즘인 경사하강법이다.

경사하강법에는 학습률이라는 것이 있다. 그림 7-9와 같이 손실함수의 한 점에 접하는 직선을 손실함수의 좌우를 번갈아가면서 긋는다. 이때 적절하게 이동 거리를 주는데, 이런 이동 거리를 학습률이라고 한다.

▼ 그림 7-9 경사하강법으로 학습률만큼 이동해 최솟값을 찾아가는 과정

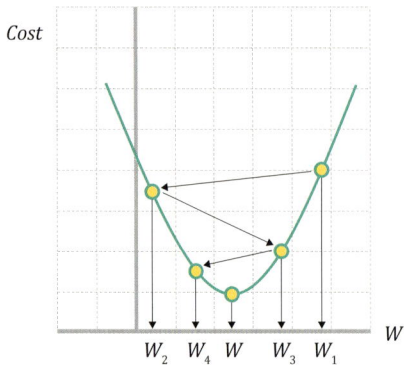

다음은 경사하강법을 이용해 W와 b를 구하는 간단한 예다(완벽한 선형 회귀 코드는 아니므로 데이터가 많아지면 오버플로(overflow) 에러가 발생할 수 있다).

```python
# 연산을 위한 numpy와 차트를 그리기 위한 matplotlib를 임포트한다
import numpy as np
import matplotlib.pyplot as plt

# 회귀분석할 데이터를 준비한다
x_data = np.array( [ 1., 2., 3., 4., 5., 6. ] )
y_data = np.array( [ 9., 12., 15., 18., 21., 24. ] )
# 회귀분석에 앞서 matplotlib를 이용해 x_data와 y_data의 산포도를 그려본다
plt.figure( figsize=( 8,5 ) ) # 그림의 크기
plt.scatter( x_data, y_data ) # 산포도를 만든다
plt.show( ) # 산포도를 화면에 그린다
```

결과

▼ 그림 7-10 x_data와 y_data의 산포도

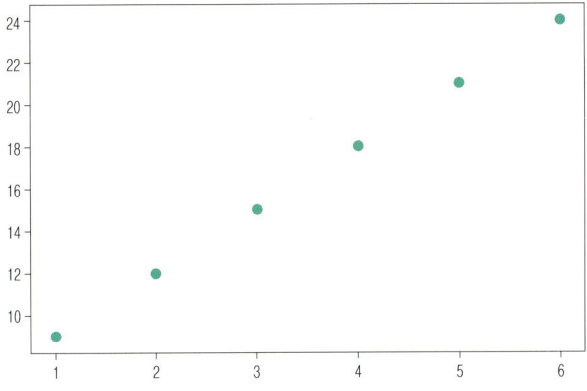

```python
# 이제 회귀분석을 할 차례인데, 아직 기울기 W와 절편 b를 모르므로 모두 0으로 설정한다
# 기울기 W와 절편 b의 값을 초기화한다
W = 0
b = 0

# 경사하강법을 위한 학습률을 정한다
lr = 0.05

# 반복해 비용이 최소가 되는 값을 찾는데, 몇 번을 반복할지 정한다
epochs = 1000
```

```python
# for 루프를 반복하는 동안 손실, 즉 오차값(실제값 - 예측값, 즉 y_data - y_hat)을 구하면서 미
분된 손실함수로 차분한 값을 구한다. 그리고 W와 b 값을 업데이트해 새로운 오차를 계산한다

# 경사하강법 시작
# epoch 수만큼 반복
for i in range( epochs ):

    # y를 구하는 식
    y_hat = W * x_data + b

    # 오차를 구하는 식
    error = y_data - y_hat

    # 오차함수를 W로 미분한 값
    W_diff = -( 1/len( x_data ) ) * sum( x_data * ( error ) )

    # 오차함수를 b로 미분한 값
    b_diff = -( 1/len( x_data ) ) * sum( error )

    # 학습률을 곱해 기존의 W 값 업데이트
    W = W - lr * W_diff

    # 학습률을 곱해 기존의 b 값 업데이트
    b = b - lr * b_diff

    # 100번 반복될 때마다 현재의 W 값, b 값 출력
    if i % 100 == 0:
        print( "epoch=%.f, 기울기=%.04f, 절편=%.04f" % ( i, W, b ) )
```

> **결과**
>
> epoch=0, 기울기=3.3250, 절편=0.8250
> epoch=100, 기울기=3.4651, 절편=4.0088
> epoch=200, 기울기=3.1860, 절편=5.2037
> epoch=300, 기울기=3.0744, 절편=5.6816
> epoch=400, 기울기=3.0297, 절편=5.8727
> epoch=500, 기울기=3.0119, 절편=5.9491
> epoch=600, 기울기=3.0048, 절편=5.9796
> epoch=700, 기울기=3.0019, 절편=5.9919
> epoch=800, 기울기=3.0008, 절편=5.9967
> epoch=900, 기울기=3.0003, 절편=5.9987

실행 결과를 보면, 반복이 늘어나면서 기울기와 절편이 3과 6에 수렴한다.

다음으로 회귀분석 결과와 실제 데이터 간의 관계를 차트로 나타내보자. 점은 실제 데이터 y_data이고, 선은 기울기와 절편으로 예측한 y_pred이다.

```
# 앞서 구한 기울기와 절편을 이용해 그래프 그리기
y_pred = W * x_data + b
plt.scatter( x_data, y_data )
plt.plot( [min(x_data), max(x_data)], [min(y_pred), max(y_pred)] )
plt.show( )
```

결과

▼ 그림 7-11 회귀분석의 결과

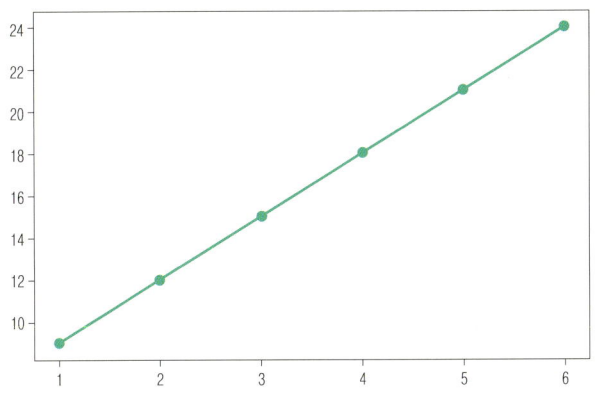

7.2.2 K-최근접 이웃 알고리즘

분류 알고리즘은 전체 데이터를 속성별로 분류하는 체계를 만들고 학습한 알고리즘에 따라 새로운 데이터를 분류한다. 대표적인 알고리즘으로 K-최근접 이웃(K-Nearest Neighbor, KNN)과 서포트 벡터 머신(Support Vector Machine, SVM)이 있다. 이 절에서는 머신 러닝 알고리즘에서 쉽다고 여겨지는 K-최근접 이웃 알고리즘을 알아본다.

K-최근접 이웃 알고리즘은 새로운 데이터가 들어오면 기존에 학습한 데이터들과 거리를 비교해 가장 가까운 K개의 데이터 부류로 새로운 데이터를 분류한다.

조류와 포유류를 분류하는 문제를 예로 들어보자. 동물원에 박쥐가 새로 들어왔고, 우리는 박쥐를 분류해야 한다(동물원의 동물들은 머신 러닝에서 훈련용 데이터다).

▼ 그림 7-12 박쥐는 포유류인가? 조류인가?

박쥐와 가까운 동물 세 종(K = 3)을 찾아보니 염소, 토끼, 벌새가 나온다. 그중 포유류는 두 종(염소와 토끼)이고, 조류는 한 종(벌새)이다. 그러므로 박쥐는 포유류로 분류한다.

즉, K-최근접 이웃의 알고리즘은 대략 다음과 같다.

1. 새로운 데이터와 기존 데이터 간의 거리를 계산한다.
2. 거리가 짧은 순서대로 정렬한다.
3. 정렬된 결과에서 K개를 가져온다.
4. K개 데이터의 종류를 확인한다.
5. 빈도수가 높은 부류가 새로운 데이터의 유형이다.

유클리드 거리

박쥐를 분류하려면 가장 먼저 거리를 계산해야 한다. 거리를 계산하는 방법으로는 유클리드 거리(Euclidean distance)를 많이 사용한다. 가령 좌표평면에서 두 점 (a_1, a_2)와 (b_1, b_2)의 거리를 구하려면 피타고라스의 정리를 이용한다.

▼ 그림 7-13 유클리드 거리는 피타고라스의 정리를 이용해 구한다

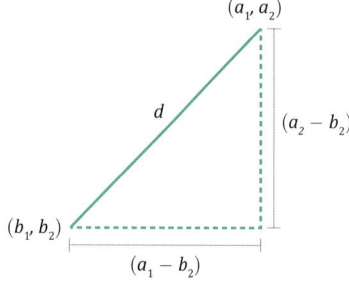

공식은 다음과 같다. 두 점의 수평거리($a_1 - b_1$)와 수직거리($a_2 - b_2$)를 이용해 제곱하고, 더하고, 제곱근을 취하면 거리(d)를 얻을 수 있다.

$$d = \sqrt{(a_1 - b_1)^2 + (a_1 - b_2)^2}$$

다음은 유클리드 거리를 파이썬 함수로 만든 것이다. euclidean_distance 함수는 두 개의 매개변수 pt1, pt2를 받고 루프 for i in range(len(pt1))이 수행되는 동안 공식 d에 따라 거리를 구한다.

```python
def euclidean_distance( pt1, pt2 ):
    distance = 0
    for i in range( len( pt1 ) ):
        distance += ( pt1[ i ] - pt2[ i ] )**2
    return distance ** 0.5
```

위의 euclidean_distance 함수는 math 라이브러리의 제곱근 함수 sqrt와 zip 함수를 이용해 간단히 만들 수 있다.

```python
import math

def euclidean_distance( pt1, pt2 ):
    return math.sqrt( sum( [ ( d1 - d2 )**2 for d1, d2 in zip( pt1, pt2 ) ] ) )

# 2차원 공간의 두 점 [5, 4], [1, 7]의 거리를 구하면 다음과 같다
print( euclidean_distance( [5, 4], [1, 7] ) )
```

박쥐를 분류하는 K-최근접 이웃 알고리즘

이제 박쥐를 분류하는 K-최근접 이웃 알고리즘을 파이썬으로 만들어보자. 다음은 동물원에 있는 동물의 특성을 조사해 만든 훈련용 데이터다. 데이터는 [특성 #1, 특성 #2, 분류] 형식이다. 분류에서 0은 포유류, 1은 조류다.

```python
zoo = [
    [ 2.78 , 2.55 , 0 ],
    [ 1.46 , 2.36 , 0 ],
    [ 3.39 , 4.40 , 0 ],
    [ 1.38 , 1.85 , 0 ],
    [ 3.06 , 3.00 , 0 ],
    [ 7.62 , 2.75 , 1 ],
    [ 5.33 , 2.08 , 1 ],
    [ 6.92 , 1.77 , 1 ],
```

```
    [ 8.67 ,-0.24 , 1 ],
    [ 7.67 , 3.50 , 1 ]
]
```

박쥐의 경우 특성 #1, 특성 #2를 알지만, 아직 분류는 모르므로 분류만 빼고 데이터를 만든다.

```
bat = [3, 4]
```

그리고 for 루프를 돌면서 박쥐와 기존 동물 간의 거리를 구한다. 구한 거리와 동물 정보는 distances 리스트에 추가한다. 거리만 저장하면 어느 동물과 가까운지 알 수 없으므로 동물과 거리를 같이 저장한다.

```
distances = [ ]
for animal in zoo:

    # 박쥐와 기존 동물 간의 거리를 구한다
    d = euclidean_distance( bat, animal )

    # 동물과 거리를 튜플로 묶어 distances 리스트에 같이 저장한다
    distances.append( ( animal, d ) )
```

이렇게 모든 거리를 구한 후 거리가 짧은 순서대로 정렬한다.

```
distances.sort( key=lambda tup: tup[ 1 ] )
```

가장 가까운 이웃 세 개만 고른다(k = 3). 따라서 k만큼만 출력한다.

```
k = 3
for i in range( k ):
    print( distances[ i ] )
```

출력하면 결과는 다음과 같다. ( ) 안에 [ ]는 동물을, 숫자는 박쥐와의 거리를 의미한다([ ] 안은 동물의 특성 #1, 특성 #2, 분류다).

> 결과
>
> ([3.39, 4.4, 0], 0.5586591089385372)
> ([3.06, 3.0, 0], 1.0017983829094554)
> ([2.78, 2.55, 0], 1.4665946952038251)

zoo 데이터를 만들 때 분류가 0이면 포유류, 1이면 조류라고 약속했다. 가장 가까운 동물 셋의 분류가 모두 0, 즉 포유류이므로 박쥐도 포유류일 가능성이 크다.

7.3 K-최근접 이웃 알고리즘을 이용한 회귀

K-최근접 이웃 알고리즘은 주로 분류나 회귀에 많이 사용한다. 즉, 예측에 이용된다.

예를 들어 K-최근접 이웃 알고리즘을 이용해 기말시험 결과를 예측해보자. 친구들과 같은 책을 이용해 같은 시간 동안 공부했을 경우, 친구들이 대부분 A 학점을 받았다면 나도 같은 학점을 받을 것으로 기대할 수 있다. 이것이 K-최근접 이웃 알고리즘을 이용한 분류다.

그런데 학점이 아닌 점수라면? 친구들이 평균적으로 91점을 받았다면 나의 점수도 비슷한 수준이라고 기대하는 것이 K-최근접 이웃 알고리즘을 이용한 회귀다.

이 절에서는 K-최근접 이웃 알고리즘을 이용해 S&P500지수가 다음 매매일에 상승할 것인지, 또는 하락할 것인지를 예측해볼 것이다. 따라서 내일의 주가지수가 오늘보다 높다면 주식을 사고, 반대로 오늘보다 낮다면 주식을 파는 전략을 사용할 것이다.

앞서 박쥐를 분류하는 예에서는 알고리즘에 대한 이해를 높이고자 직접 만든 코드를 사용했지만, 이번에는 파이썬으로 구현된 머신 러닝 오픈 소스 라이브러리인 Scikit-learn을 사용한다. 그리고 K-최근접 이웃 알고리즘을 구현한 KNeighborsClassifier를 사용할 것이다.

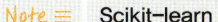

Scikit-learn

Scikit-learn은 2007년 구글 썸머오브코드(Google Summer of Code)에서 처음 발표됐다. 구글 썸머오브코드는 우수한 학생들이 오픈 소스 개발에 참여하도록 유도하고자 개최되는 오픈 소스 프로젝트 대회로, 학생들과 멘토들이 참가한다. 구글이 3개월간의 행사를 지원하고 우수 학생에게는 장학금을 수여한다.

▼ 그림 7-14 구글 썸머오브코드 홈페이지(https://summerofcode.withgoogle.com/)

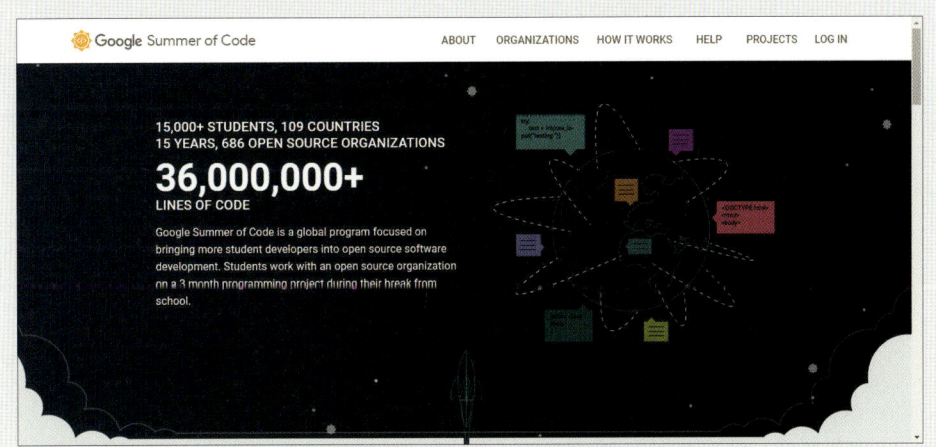

○ 계속

> 라이브러리의 기능은 크게 지도/비지도학습, 모델 선택 및 평가, 데이터 변환으로 구성돼 있다. 지도학습에는 서포트 벡터 머신, 나이브 베이즈(Naïve Bayes), 결정 트리(decision tree) 등이 있고, 비지도(자율)학습에는 군집화, 이상치 검출 등이 있다. 모델 선택 및 평가에는 교차검증(cross validation), 파이프라인(pipeline) 등이 있고, 데이터 변환에는 속성 추출(feature extraction), 전처리(preprocessing) 등이 있다.

K-최근접 이웃 알고리즘을 갖고 주가지수의 등락을 예측해볼 텐데, 주식이나 주가지수에서 시가, 고가, 저가, 종가를 갖고 시가와 종가의 차이, 고가와 저가의 차이를 계산함으로써, 몇 % 상승과 하락 정도까지는 아니지만 단순히 다음 거래일의 상승 또는 하락을 예측해보는 간단한 예다.

코드는 대략 다음과 같은 절차로 진행된다.

1. 라이브러리 임포트
2. 주가지수(S&P500) 데이터 가져오기
3. 예측변수 설정
4. 목표변수 설정
5. 데이터셋 분할
6. KNN 모델 설정
7. 모델을 바탕으로 전략 생성
8. 샤프비율 계산

7.3.1 라이브러리 임포트

예제에서 필요한 라이브러리 `numpy`, `matplotlib`, `pandas`를 임포트한다. 야후 파이낸스에서 S&P500지수를 가져오기 위해 `pandas_datareader` 라이브러리를 임포트한다. K-최근접 이웃 알고리즘을 위해 `sklearn.neighbors` 모듈에서 `KNeighborsClassifier` 클래스를 임포트한다. 또한, 모델을 평가하기 위해 `sklearn.metrics` 모듈에서 `accuracy_score`를 임포트한다.

```python
import numpy as np
import matplotlib.pyplot as plt
import pandas as pd
from pandas_datareader import data as web
from sklearn.neighbors import KNeighborsClassifier
from sklearn.metrics import accuracy_score
```

7.3.2 주가지수 데이터 가져오기

S&P500지수(티커는 'SPY')를 가져오자. web.DataReader를 사용해 주가지수 데이터를 가져온 후 데이터프레임인 df 변수에 저장한다. 혹시 이런저런 이유로 빠진 데이터가 있을 것을 대비해 미리 dropna( )를 사용해 제거한다. df[['Open', 'High', 'Low', 'Close']]를 사용해 주가지수 데이터 중 모델과 전략에 사용할 시가, 고가, 저가, 종가만 저장한다.

```
df = web.DataReader( 'SPY', data_source='yahoo', start='2015-01-01', end='2020-01-01' )
df = df[ [ 'Open', 'High', 'Low', 'Close' ] ]
```

또는 다음과 같이 가져옴과 동시에 시가, 고가, 저가, 종가만 저장하는 한 줄의 코드로 작성할 수 있다.

```
df = web.DataReader( 'SPY', data_source='yahoo', start='2016-01-01', end='2020-01-01' )
  [ [ 'Open', 'High', 'Low', 'Close' ] ]
```

좀 더 수정해서 DataReader( ) 함수에 전달하는 매개변수(symbol, source, start, end)도 분리해 다음과 같이 좀 더 보기 편하고 수정하기 쉬운 코드로 만들 수 있다.

```
symbol, source, start, end = 'SPY', 'yahoo', '2016-01-01', '2020-01-01'
df = web.DataReader( symbol, source, start, end )[ [ 'Open', 'High', 'Low', 'Close' ] ]
```

7.3.3 예측변수 설정

예측변수는 독립변수를 가리키며, 목표변수 값을 결정하는 데 사용된다. 시가에서 종가를 뺀 'Open-Close'와 고가에서 저가를 뺀 'High-Low'를 예측변수로 사용한다. '시가-종가'는 거래일을 대표하는 변동폭을, '고가-저가'는 거래일 하루 중 최대 변동폭을 의미하기도 한다.

시가(df.Open)에서 종가(df.Close)를 빼고(df.Open - df.Close) 데이터프레임 df에 'Open-Close'라는 새 컬럼을 만들어 저장한다. 고가와 저가도 마찬가지로 계산하고 'High-Low'라는 새 컬럼을 만들어 저장한다. 그리고 예측변수로서 X에 새로 만든 두 개의 컬럼 'Open-Close'와 'High-Low'를 저장한다

```
df = df.dropna( )
df[ 'Open-Close' ] = df.Open - df.Close
df[ 'High-Low' ] = df.High - df.Low
X = df[ [ 'Open-Close', 'High-Low'] ]
```

7.3.4 목표변수 설정

목표변수 Y는 종속변수로 예측변수에 의한 예측 대상이다. 이번 예제의 예측은 아주 단순하다. S&P500이 다음 거래일에 상승할 것인지, 하락할 것인지 여부다. 그러므로 상승 신호는 목표변수에 +1로 저장하고, 하락 신호는 -1로 저장한다. 따라서 과거 데이터를 갖고 상승과 하락을 +1과 -1로 해서 저장한다.

당일의 종가 df['Close']와 전 거래일 종가 df['Close'].shift(-1)을 비교해 당일 종가가 더 크다면 +1, 그렇지 않으면 -1을 변수 Y에 저장한다. 여기서 shift는 해당 데이터의 앞 또는 뒤로 지정한 만큼 떨어진 데이터를 가리킨다. df['Close']의 바로 직전 종가를 가리킨다면 df['Close'].shift(-1)이고, 바로 다음 종가를 가리킨다면 df['Close'].shift(+1)인 것이다.

```
Y = np.where( df[ 'Close' ].shift(-1) > df[ 'Close' ],+1,-1 )
```

numpy의 where 함수를 사용해 두 종가를 비교한 결과에 따라 값을 저장한다. where( ) 함수는 조건을 평가한 결과에 따라 참에 해당하는 값, 거짓에 해당하는 값을 돌려준다.

▼ 그림 7-15 np.where 함수

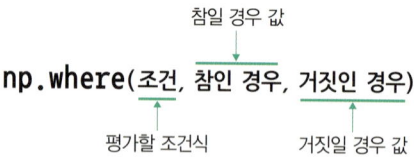

7.3.5 데이터셋 분할

전체 데이터셋을 훈련용 데이터와 검증용 데이터로 분할할 차례다. 훈련용 데이터는 모델을 학습하기 위한 것이며, 이를 이용해 모델을 만든다. 만들어진 모델의 성능을 평가할 때는 검증용 데이터를 사용한다. 보통 훈련용 데이터 개수와 검증용 데이터 개수는 전체 데이터셋에서 8:2 비율로 나눈다.

다음 코드에서 train_pct는 훈련용 데이터의 비중인데, 나머지 데이터(1-train_pct)는 자동으로 검증용 데이터가 될 것이다. 전체 데이터셋 df의 개수 len(df)에 train_pct를 곱해 정수 int로 만들면 훈련용 데이터셋의 개수 split이 된다.

```
train_pct = 0.7
split = int( train_pct*len( df ) )
```

예측변수 X와 목표변수 Y를 split만큼 가져와서 X_train과 Y_train에 저장한다.

```
X_train = X[ : split ]
Y_train = Y[ : split ]
```

나머지는 모두 검증용 데이터셋 X_test와 Y_test가 된다.

```
X_test = X[ split: ]
Y_test = Y[ split: ]
```

위의 코드는 간략하게 한 줄로 사용할 수 있다.

```
X_train, X_test, y_train, y_test = X[ :split ], X[ split: ], y[ :split ], y[ split: ]
```

=을 중심으로 오른쪽의 값을 순서에 맞게 왼쪽 변수로 할당하는 파이썬의 문법이다.

X[:split], X[split:], Y[:split],Y[split:] 코드는 리스트, 튜플, 문자열 같은 데이터 객체에서 범위를 지정하고 일부 데이터를 선택해 가져오는 방법 또는 표기법이다. 이를 슬라이싱(slicing) 또는 슬라이스(slice)라고 한다.

가령 D라는 객체가 있다면 다음과 같은 형식으로 사용할 수 있다.

$$D[\ start\ :\ end\ :\ step\ ]$$

- start: 슬라이싱 시작 위치
- end: 슬라이싱 종료 위치. end 직전까지 슬라이싱한다.
- step: 몇 개씩 끊어서 가져올 것인지를 지정한다.
- start, end, step 모두 양수와 음수를 가질 수 있다. 여기서 양수는 데이터의 정방향을 의미하고, 음수는 반대 방향을 의미한다.

▼ 그림 7-16 양수 인덱스와 음수 인덱스

| 0 | 1 | 2 | 3 | 4 | 양수의 경우

('a', 'b', 'c', 'd', 'e')

| -5 | -4 | -3 | -2 | -1 | 음수의 경우

따라서 split 값이 10이라면 슬라이싱의 결과는 다음과 같다.

- X[:split]은 X의 0~9번 인덱스까지의 데이터
- X[split:]은 X의 9번부터 마지막 인덱스까지의 데이터
- Y[:split]은 Y의 0~9번 인덱스까지의 데이터
- Y[split:]은 Y의 9번부터 마지막 인덱스까지의 데이터

7.3.6 KNN 모델 설정

이제 모델을 만들 차례다.

새 데이터가 들어오면 가장 가까운 이웃의 개수(K)를 지정한다. KNeighborsClassifier 함수에서 n_neighbors 매개변수는 가장 가까운 이웃의 개수(K)를 의미한다. 가장 가까운 이웃의 개수(K)에 따라 결과가 달라지며, fit 함수를 사용해 훈련용 데이터를 적합시켜 모델을 훈련한다.

```
knn = KNeighborsClassifier( n_neighbors = 15 )
knn.fit( X_train, Y_train )
```

모델의 훈련 후 성능을 알아보기 위해 accuaracy_score 함수를 사용한다. 모델 knn에 훈련용 데이터 X_train을 주고 예측하도록 한 뒤 정답에 해당하는 데이터 Y_train과 비교해 훈련의 정확성을 측정한다.

```
accuracy_train = accuracy_score( Y_train, knn.predict( X_train ) )
```

같은 방법으로 검증용 데이터 X_test를 사용해 예측하고, 검증용 정답 데이터인 Y_test와 비교해 정확성을 측정한다.

```
accuracy_test = accuracy_score( Y_test, knn.predict( X_test ) )
print( 'Train data Accuracy: %.2f' % accuracy_train )
print( 'Test  data Accuracy: %.2f' % accuracy_test )
```

즉, fit 함수에 훈련용 데이터와 정답 X_train 및 Y_train을 입력해 적합화하고, predict 함수에 샘플을 넣은 후 예측값을 확인하는 것이다.

7.3.7 모델을 바탕으로 전략 실행

전략은 단순하다. predict 함수는 매수 신호 +1과 매도 신호 −1을 만든다. 한 주를 사고 한 주를 파는 매매 수량이기도 하다. 따라서 S&P500의 수익률에 다음 거래일의 신호를 곱하면 예측한 신호에 따라 매매를 한 수익률이 된다. 실무상 이렇게 되지는 않지만, 예시로서 S&P500의 전일 일간수익률이 0.2%이고 당일 매수 신호가 +1일 때 이를 곱해 당일의 수익률을 0.2로 보자는 것이다. 반대로 매도 신호 −1을 곱하면 당일에 0.2% 손실이 발생한 것이다.

예측 신호를 만들어 데이터프레임 df에 'Signal' 컬럼을 만들고 +1 또는 −1을 저장한다.

```
df[ 'Signal' ] = knn.predict( X )
```

전 기간에 걸쳐 S&P500의 일간수익률(로그수익률)을 구한다. 그리고 검증 기간의 데이터 df[split:]에서 S&P500의 일간수익률 df[split:]['SPY_Returns']를 누적해 누적수익률을 구하고 Cum_SPY_Returns에 저장한다.

```
df[ 'SPY_Returns' ] = np.log( df[ 'Close']/df[ 'Close' ].shift(1) )
Cum_SPY_Returns = df[ split: ][ 'SPY_Returns' ].cumsum( )*100
```

S&P500의 일간수익률에 매매 신호를 곱해 전략의 일간수익률을 계산한다. 이때 당일 수익률에 다음 매매일의 신호 df['Signal'].shift(1)을 곱하는 것이다. 그리고 마찬가지로 검증 기간 동안의 누적수익률을 계산해 Cum_STR_Returns에 저장한다.

```
df[ 'STR_Returns' ] = df[ 'SPY_Returns' ]*df[ 'Signal' ].shift(1)
Cum_STR_Returns = df[ split: ][ 'STR_Returns' ].cumsum( )*100
```

이렇게 구한 두 개의 누적수익률(S&P500과 전략)을 다음과 같이 차트로 그린다.

```
plt.figure( figsize=( 10,5 ) )
plt.plot( Cum_SPY_Returns, color='r', label='SPY Returns' )
plt.plot( Cum_STR_Returns, color='g', label='Strategy Returns' )
plt.legend( )
plt.show( )
```

결과

▼ 그림 7-17 전략 실행 결과 예

7.3.8 샤프비율 계산

샤프비율(Sharpe ratio)은 위험 한 단위를 부담하는 대신 얻게 되는 수익을 말한다. 여기서는 S&P500에 대비한 전략의 샤프비율을 구하는데, (전략누적수익률 − 지수누적수익률)을 위험지표 인 전략누적수익률의 표준편차로 나누고 나서 평균해 계산한다.

```
# 전략누적수익률의 표준편차를 계산한다
Std = Cum_STR_Returns.std( )

# 전략의 샤프비율을 구하고 출력한다
Sharpe = ( Cum_STR_Returns - Cum_SPY_Returns )/Std
Sharpe = Sharpe.mean( )
print( 'Sharpe ratio: %.2f' % Sharpe )
```

7.4 로지스틱 회귀

이번에는 로지스틱 회귀(logistic regression)를 사용한 간단한 매매 전략을 만들어보자.

로지스틱 회귀는 데이터가 어떤 범주에 속할 확률을 0에서 1 사이의 값으로 예측하고 그 확률에 따라 가능성이 더 높은 범주에 속하는 것으로 분류해주는 지도학습 알고리즘이다. 수신한 메일이 스팸메일일 확률이 50% 이상이면 스팸메일함으로 보내고, 그렇지 않으면 받은 편지함으로 보내는 것이 대표적인 예다.

로지스틱 회귀는 선형 회귀(linear regression)와 비슷하다. 선형 회귀를 통계가 아닌 머신 러닝 방식으로 다시 풀면, 독립변수에 가중치를 곱한 합계를 바탕으로 종속변수 값을 예측하는 것이다.

$$y = Wx + b$$

위 식과 같은 단순선형 회귀에서 x라는 독립변수에 W라는 가중치와 b라는 편차를 더해 예측값인 종속변수 y를 구하는 것이다. 종속변수가 여러 개인 다중선형 회귀에서는 다음과 같이 쓸 수 있다.

$$y = W_1x_1 + W_2x_2 + W_3x_3 + \cdots + W_{n-1}x_{n-1} + W_nx_n + b$$

회귀분석의 목적은 W와 b를 구하는 것이다. 로지스틱 함수는 입력 변수의 가중치 합을 계산한다는 점에서는 같지만, 비선형함수인 시그모이드(sigmoid)라는 함수를 통해 결과를 얻어낸다. 시그모이드 함수는 0~1 사이의 값을 갖는 지수함수의 역함수다.

▼ 그림 7-18 시그모이드 함수

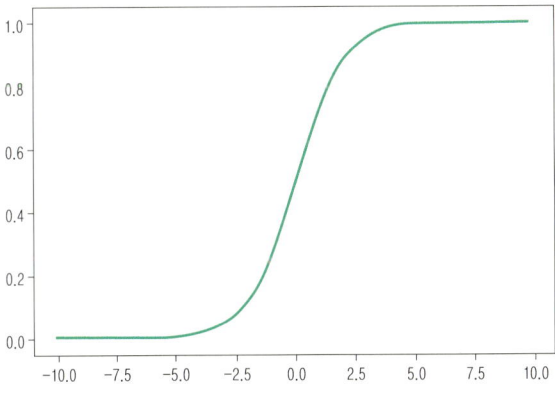

시그모이드 함수 결괏값이 0.5 이상이면 결과를 1로, 그 이하이면 0 또는 음수 값으로 분류한다. 위와 같은 시그모이드 함수를 차트로 그려보자.

```python
# 필요한 라이브러리를 임포트한다
import matplotlib.pyplot as plt
import numpy as np
import math

# 시그모이드 함수를 sigmoid 이름으로 정의한다
def sigmoid( x ):
  v = [ ]
  for item in x:
    v.append( 1 / (1 + math.exp ( -item ) ) )
  return v

# 시그모이드 함수의 매개변수 x에 전달할 값을 만든다
# numpy의 arange( ) 함수를 (시작 값, 끝 값, 증분) 형식으로 지정한다
# -10에서 +10까지 0.2 간격을 가진 배열을 만든다
x = np.arange( -10., 10., 0.2 )
sig = sigmoid( x )

# 시그모이드 함수의 결과를 라인 차트로 그린다
plt.plot( x, sig )
plt.show( )
```

로지스틱 회귀를 이용한 매매 전략은 매우 간단하다. 내일의 종가가 오늘보다 높다면 매수(+1)하고, 반대라면 매도(-1)할 것이다. 시그모이드 함수의 결괏값이 0.7이라면 내일의 종가가 오늘보다 높을 확률을 70%로 보고 +1, 즉 매수로 분류한다. 반대로 0.5 이하라면 -1, 즉 매도로 처리한다. 이처럼 결과가 연속적인 숫자가 아닌 매도 또는 매수라는 범주 또는 클래스로 나오는 것이 로지스틱 회귀다.

예제는 대략 다음과 같은 절차로 진행된다.

1. 라이브러리 임포트
2. 데이터 가져오기
3. 예측변수/독립변수 설정
4. 목표변수/종속변수 설정
5. 데이터셋 분할

6. 로지스틱 회귀 모델 설정 및 훈련
7. 클래스 확률 예측
8. 모델 평가
9. 매매 전략

7.4.1 라이브러리 임포트

가장 먼저 라이브러리를 임포트한다. 연산과 데이터 저장을 위한 numpy와 pandas 라이브러리, 주가 데이터를 가져오기 위한 pandas_datareader 라이브러리, 차트를 그리는 matplotlib 라이브러리를 임포트한다.

```python
# numpy, pandas 등 필요한 라이브러리를 임포트한다
import numpy as np
import pandas as pd
from pandas_datareader import data as web
import matplotlib.pyplot as plt

# 머신 러닝 라이브러리 Scikit-learn을 임포트한다
from sklearn.linear_model import LogisticRegression
from sklearn import metrics
from sklearn.model_selection import cross_val_score
```

7.4.2 데이터 가져오기

DataReader 함수를 이용해 주가 데이터를 가져온다. 데이터소스, 종목 심볼, 조회 시작일, 조회 마지막일을 미리 준비해 가져오되 주가 데이터 중에서는 'Open', 'High', 'Low', 'Close'만 가져온다. 그리고 혹시 누락 데이터가 있을지 모르므로 누락 데이터가 있는 부분(일자별 자료이므로 해당 일자)을 제거한다.

파이썬은 여러 변수에 값을 할당하는 식을 한 줄로 처리할 수 있다. A, B = 3, 4라고 하면 A 변수에 3을, B 변수에 4를 할당하는 것이다. 이는 다음 식과 같다.

$$A = 3$$
$$B = 4$$

```
symbol, source, start, end = 'SPY', 'yahoo', '2016-01-01', '2020-01-01'
df = web.DataReader( symbol, source, start, end)[ [ 'Open', 'High', 'Low', 'Close' ] ]
df = df.dropna( )
```

7.4.3 예측변수/독립변수 설정

예측을 위한 지표로 이동평균, 이동상관계수, (전일 시가-당일 시가), (전일 시가-당일 종가), 그리고 시가, 고가, 저가, 종가를 사용한다.

이동평균, 이동상관계수, (전일 시가-당일 시가), (전일 시가-당일 종가), 시가, 고가, 저가, 종가가 독립변수들이며, 이들이 종속변수 y인 매수/매도의 확률을 결정하는 변수다.

종속변수에 영향을 주는 요인은 이외에도 이동평균, RSI 등이 있으며, 본인이 판단해 유용한 기술적 지표 등을 추가할 수도 있다.

```
# 종가의 10일 이동평균을 구하고 MA10이라는 컬럼을 만들어 저장한다
df[ 'MA10' ] = df[ 'Close' ].rolling( window=10 ).mean( )

# 종가의 10일 이동상관계수를 구하고 Corr 컬럼을 만들어 저장한다
df[ 'Corr' ] = df[ 'Close' ].rolling( window=10 ).corr( df[ 'MA10'] )
```

시가에서 하루 뒤의 종가를 빼서 OpenClose 컬럼에 저장한다. df['Close'].shift(1)은 종가 컬럼을 가리키는데, 하루 다음으로 이동해(shift(1)해) 위치한 종가를 가리킨다. df['Close']가 오늘이라면 df['Close'].shift(1)은 다음 날의 종가를 의미하는 것이다. OpenOpen 컬럼도 마찬가지인데, 당일의 시가에서 다음 날의 시가를 뺀 값이다.

```
df[ 'OpenClose' ] = df[ 'Open' ] - df[ 'Close' ].shift(1)
df[ 'OpenOpen' ] = df[ 'Open' ] - df[ 'Open' ].shift(1)
```

연산 결과 혹시 생길지 모르는 결측치를 한 번 더 삭제한다.

```
df = df.dropna( )
```

예측변수, 즉 독립변수를 'Open', 'High', 'Low', 'Close', 'MA10', 'Corr', 'OpenClose', 'OpenOpen'으로 지정해 X에 저장한다.

```
X = df[ [ 'Open', 'High', 'Low', 'Close', 'MA10', 'Corr', 'OpenClose', 'OpenOpen' ] ]
```

7.4.4 목표변수/종속변수 설정

오늘의 종가가 전일 종가보다 크다면 매수(+1)하고, 그렇지 않다면 매도(-1)한다. 목표변수는 매수/매도 신호를 보여준다. numpy의 where 함수는 조건식의 결과에 따라 True 파트의 값이나 False 파트의 값을 돌려준다.

어제의 종가 df['Close'].shift(-1)이 오늘의 종가 df['Close']보다 크다면, 즉 어제보다 주가가 하락 마감했다면 1, 그렇지 않으면 -1을 y 변수에 저장한다.

```
y = np.where( df[ 'Close' ].shift(-1) > df[ 'Close' ], 1, -1 )
```

7.4.5 데이터셋 분할

앞서 K-최근접 이웃 알고리즘의 회귀 예에서 말한 바와 같이 전체 데이터 중 일부를 훈련용 데이터로 사용하고, 나머지를 모델 검증용 데이터로 사용한다. 따라서 전체 데이터의 80%는 훈련용으로 저장하고, 나머지는 검증용으로 저장한다.

```
# 훈련용 데이터셋 비중을 80%로 정한다
train_pct = 0.8

# 전체 데이터셋의 크기 len(df)에 훈련용 데이터셋 비중 train_pct를 곱한다. 개수는 정숫값이므로
int 함수로 정숫값으로 만든다
split = int( train_pct * len(df) )

# 훈련용 예측 데이터는 X_train으로, 훈련용 목표 데이터는 X_test로, 검증용 예측 데이터는 y_train
으로, 검증용 목표 데이터는 y_test로 저장한다
X_train, X_test, y_train, y_test = X[:split], X[split:], y[:split], y[split:]
```

7.4.6 로지스틱 회귀 모델의 설정 및 훈련

앞서 임포트한 Scikit-learn 라이브러리의 로지스틱 함수 LogisticRegression을 실행해 모델을 만든다. 그리고 fit 함수를 이용해 훈련용 예측 데이터와 목표 데이터를 적합시킨다. 즉, 이는 모델을 만드는 과정이다.

```python
model = LogisticRegression( )
model = model.fit( X_train, y_train )

# 회귀계수는 model.coef_에 저장된다. 다음과 같이 계수를 확인한다
pd.DataFrame( zip( X.columns, np.transpose( model.coef_ ) ) )
```

7.4.7 클래스 확률 예측

검증용 데이터셋을 사용해 클래스별 확률을 구한다. 확률이므로 각 클래스의 확률을 더하면 1.0이 된다.

predict_proba 함수는 각 샘플에 대해 어느 클래스에 속할 확률을 0에서 1 사이의 값으로 돌려준다.

predict 함수는 새로운 속성들을 넣었을 때 그 클래스에 속하는지 속하지 않는지를 나타내는 1 또는 0으로 구성된 벡터를 반환해준다. 여기서 predict 함수를 사용해 클래스의 레이블(정답에 해당하는 부분, 즉 매수 또는 매도)을 예측한다.

```python
# 검증용 데이터를 사용해 확률값을 구한다
probability = model.predict_proba( X_test )
print( probability )
```

predict_proba 함수는 [prob1 prob2]와 같은 형식으로 샘플 X_test가 '매수' 또는 '매도' 클래스 레이블에 속할 확률을 보여준다. 따라서 두 개의 확률값인 prob1과 prob2의 합은 1이다.

```python
# 검증용 데이터를 사용해 예측을 한다
predicted = model.predict( X_test )
print( predicted )
```

predict 함수는 predict_proba 함수의 결과를 1과 −1로 표시한 것이다. 여기서 predict_proba 함수의 결과([prob1 prob2])에서 prob1>prob2이면 −1, 그렇지 않으면 1로 표시한 것이다.

7.4.8 모델 평가

모델의 성능을 평가하려면 데이터를 학습 세트와 평가 세트로 분리하고, 학습 세트로 모델을 만들고, 평가 세트로 그 모델의 정확도를 확인하는 절차를 거친다. 오차행렬(confusion matrix)은 실제 검증용으로 따로 떼어놓은 검증용 데이터셋 y_test와 앞서 구한 예측값을 비교해 모델의 성능을 표시하는 데 사용된다. metrics.classification_report는 precision, recall, f1-score, support와 같은 성능지표 보고서를 만들어준다.

예측과 실제를 긍정과 부정으로 나누고 실제 결과와 예측 결과가 얼마나 부합하는지를 다음과 같이 전개해볼 수 있다.

▼ 표 7-1 실제 결과와 예측 결과

		예측	
		Positive	Negative
실제	Positive	True Positive	False Negative
	Negative	False Positive	True Negative

True Positive는 실제로 Positive인데 Positive라고 예측한 경우다. True Negative는 실제로 Negative인데 Negative라고 예측한 경우다. 그러나 False Positive처럼 실제로 Negative인데 Positive라고 예측한 경우가 있을 수 있다. 이를 1종 오류(Type I error)라고 한다. 또 False Negative는 실제로 Positive인 정답을 Negative라고 예측한 것이다. 이를 2종 오류(Type II error)라고 한다.

1종 오류(False Positive)의 예로는 죄가 없는 사람에게 유죄 판결을 내린 경우, 스팸이 아닌 메일이 스팸박스로 보내진 경우 등이 있다. 2종 오류(False Negative)의 예로는 암 환자를 건강(음성)하다고 판별하는 경우가 있으며, 이는 치료 시기를 놓치게 하므로 매우 치명적이다.

정확도(accuracy)는 정확히 예측한 Positive와 Negative(즉, True Positive와 True Negative)의 비율을 의미한다. 그러나 실제 데이터에 Negative 비율이 너무 높아서 희박한 가능성으로 발생할 상황을 제대로 분류하지 못하는 경우가 생길 수 있다. 가령 여름인데, 눈이 내릴지 여부를 예측한다면 100% 가까운 정확도가 나올 것이다(True Nagative가 나올 것이다). 이를 정확도의 역설이라고 한다.

$$\frac{True\ Positive + True\ Negative}{True\ Positive + False\ Negative + False\ Positive + True\ Negative}$$

재현율(recall)은 실제로 정답이 *True*인 것들 중에서 분류기가 *True*로 예측한 비율이다. *True*가 발생하는 확률이 적을 때 사용하면 좋다.

$$\frac{True\ Positive}{True\ Positive + False\ Negative}$$

정밀도(precision)는 비가 올 것이라고 예측한 날 중에서 실제로 비가 내린 날의 비율을 구한다.

$$\frac{True\ Positive}{True\ Positive + False\ Positive}$$

재현율과 정밀도는 서로 반대 개념의 지표이며, 정밀도의 단점은 재현율의 장점이기도 하다. F1 스코어(F1 score)는 재현율과 정밀도의 조화평균이다.

$$2 \times \frac{Precision \times Recall}{Precision + Recall}$$

조화평균을 쓰는 이유는 재현율과 정밀도 중 하나가 0에 가깝게 낮을 때 지표에 그것이 잘 반영되도록 하기 위함이다. 재현율과 정밀도가 극단적인 예를 살펴보자. 재현율과 정밀도가 각각 0.9와 0.1이라고 하면, 이 둘의 산술평균은 (0.9 + 0.1) / 2 = 0.5이다. 두 성능지표를 종합해서 대푯값으로 삼고 보면 절반을 맞힌 것처럼 보인다. 그러나 조화평균인 F1 스코어는 2 × (0.9 × 0.1) / (0.9 + 0.1) = 0.18이다. 산술평균과 비교해 현격한 차이를 볼 수 있다.

```
print( metrics.confusion_matrix( y_test, predicted ) )
```

결과
[[3 82]
 [3 110]]

confusion_matrix 함수는 앞서 다룬 오차행렬을 보여준다. 결과에서 행은 실제값이고 열은 예측값이며, 그 안의 숫자는 True Positive, False Negative, False Positive, True Negative에 해당하는 개수다.

그리고 classification_report 함수는 앞서 설명한 성능지표를 보여준다.

```
print( metrics.classification_report( y_test, predicted ) )
```

결과
[[3 82]
 [3 110]]

	precision	recall	f1-score	support
-1	0.50	0.04	0.07	85
1	0.57	0.97	0.72	113
accuracy			0.57	198
macro avg	0.54	0.50	0.39	198
weighted avg	0.54	0.57	0.44	198

score 함수는 모델의 학습 데이터셋 또는 평가 세트의 정확도를 보여주는 백분율 지표다. 다음 결과의 경우 대략 56% 정확하다는 의미다.

```
print( model.score( X_test,y_test ) )
```

결과
0.5622895622895623

7.4.9 매매 전략

매매 신호를 예측하고 검증용 데이터셋의 누적수익률을 계산한다. 그리고 모델이 검증용 데이터셋을 갖고 만든 매매 신호에 따라 수행한 전략의 누적수익률을 계산한다. 이번 예의 예측 목표는 주가의 상승 또는 하락이다. 예측값은 상승이나 하락을 의미하는 +1 또는 -1로 구성돼 있다.

```
# 예측값을 'Signal' 컬럼에 저장한다
df[ 'Signal' ] = model.predict( X )

# S&P500지수의 일간수익률을 계산해 'SPY_returns' 컬럼에 저장한다
df[ 'SPY_returns' ] = np.log( df[ 'Close' ] / df[ 'Close' ].shift(1) )

# S&P500지수의 누적 일간수익률을 구한다
Cumulative_SPY_returns = np.cumsum( df[ split: ][ 'SPY_returns'] )
```

전략의 일간수익률을 구해 'STR_returns' 컬럼에 저장한다. 'Signal' 컬럼에는 +1 또는 -1이 저장돼 있는데, S&P500지수의 일간수익률인 df['SPY_returns'] 값과 곱해 수익률을 만든다. +1과 곱해지면 일간수익률 한 단위만큼 매수한 것이고, -1과 곱해지면 일간수익률 한 단위만큼 매도한 것이다.

```python
df[ 'STR_returns' ] = df[ 'SPY_returns' ] * df[ 'Signal' ].shift(1)

# 전략의 누적 일간수익률을 구한다
Cumulative_STR_returns = np.cumsum( df[ split: ][ 'STR_returns' ] )
```

다음은 두 누적 일간수익률을 라인 차트(line chart)로 만드는 부분이다.

```python
# 차트의 크기를 정한다
plt.figure( figsize = ( 10, 5 ) )

# S&P500지수의 누적 일간수익률을 붉은 선으로 그린다. 그리고 범례에 'SPY Returns'라고 표시한다
plt.plot( Cumulative_SPY_returns, color='r', label = 'SPY Returns' )

# 전략의 누적 일간수익률을 파란 선으로 그린다. 그리고 범례에 'Strategy Returns'라고 표시한다
plt.plot( Cumulative_STR_returns, color='b', label = 'Strategy Returns' )

# 범례를 만든다
plt.legend( )

# 차트를 그린다
plt.show( )
```

결과

▼ 그림 7-19 완성된 전략과 S&P500지수의 누적 일간수익률

8장

Yahoo_fin 패키지를 사용해 재무 데이터 가져오기

8.1 설치 및 업그레이드
8.2 stock_info 모듈
8.3 재무 성보 가셔오기(Yahoo_fin 패키지)
8.4 재무제표 다루기

Yahoo_fin은 시가총액, 배당수익률, 종목에 대한 최신 정보를 제공하는 파이썬 3(Python 3) 패키지다. 그 외에도 재무상태표, 손익계산서, 현금흐름표 등을 제공하며, 현재 거래일에 실시간 주가, 과거 주가, 암호화 화폐 데이터, 거래 상위 종목, 상승/하락 종목 등을 얻을 수 있는 기능이 포함돼 있다.

Yahoo_fin은 매우 심플하게도 stock_info와 options라는 두 개의 모듈로 구성된다.

8.1 설치 및 업그레이드

Yahoo_fin 패키지는 pip 명령으로 설치하거나 업그레이드할 수 있다.

```
pip install yahoo_fin
pip install yahoo_fin -upgrade
```

Yahoo_fin을 사용하려면 다음 패키지가 필요하다.

```
ftplib
io
pandas
requests
requests_html
```

또한, Yahoo_fin 패키지의 일부 함수는 requests_html 패키지가 필요하다. 이 패키지는 아나콘다(Anaconda)에도 빠져 있으므로 직접 설치해야 한다.

```
pip install requests.html
```

그러나 주피터 노트북이나 이 책에서 사용하는 구글 리서치 코랩(Google research colab)의 경우 매직 명령어(!)를 사용해 위 패키지들을 설치할 수 있다. 단, 구글 리서치 코랩은 본인의 하드웨어가 아닌 온라인 환경에서 실행되는 것이므로 직접 지원하지 않는 패키지의 경우 매 세션(연결)마다 설치해야 한다.

```
!pip install yahoo_fin
```

```
!pip install requests_html
```

▼ 그림 8-1 매직 명령어를 사용해 패키지를 설치한다

8.2 stock_info 모듈

PORTFOLIO WITH PYTHON

앞서 말했듯이 Yahoo_fin 패키지는 간단하게 stock_info와 options라는 두 개의 모듈로 구성돼 있으므로 배우기가 수월하다. stock_info는 다음과 같은 함수를 제공한다. stock_info 모듈은 야후 파이낸스에서 주식과 관련된 정보를 제공한다.

get_analysts_info
get_balance_sheet
get_cash_flow
get_data
get_day_gainers
get_day_losers
get_day_most_active
get_holders
get_income_statement
get_live_price
get_quote_table
get_top_crypto

```
get_stats
get_stats_valuation
tickers_dow
tickers_nasdaq
tickers_other
tickers_sp500
```

options는 다음과 같은 함수를 제공한다.

```
get_calls
get_expiration_dates
get_options_chain
get_puts
```

책의 목적을 고려할 때 옵션 같은 파생상품은 필요하지 않으므로, 여기서는 stock_info 모듈의 함수만 알아본다.

8.2.1 패키지 임포트

패키지는 다음과 같이 전체를 임포트하거나

```python
from yahoo_fin.stock_info import *
```

다음과 같이 si라는 이름으로 줄여서 사용할 수 있다.

```python
import yahoo_fin.stock_info as si
```

또는 필요한 함수(예를 들어 다음과 같이 get_analysts_info 함수)만 지정해 임포트할 수도 있다.

```python
from yahoo_fin.stock_info import get_analysts_info
```

8장의 실습을 진행하기 위해 전체를 임포트하자.

8.2.2 get_analysts_info(ticker)

get_analysts_info( ) 함수는 야후 파이낸스의 Analysts 페이지를 가져온다. 다음은 넷플릭스의 분석 정보를 가져온 것이다(예: https://finance.yahoo.com/quote/NFLX/analysts?p=NFLX).

```
get_analysts_info( 'nflx' )
```

> 결과

```
{'EPS Revisions':          EPS Revisions  ...  Next Year (2021)
0       Up Last 7 Days  ...               1.0
1      Up Last 30 Days  ...               7.0
2     Down Last 7 Days  ...               NaN
3    Down Last 30 Days  ...               NaN

[4 rows x 5 columns], 'EPS Trend':          EPS Trend  ...  Next Year (2021)
0    Current Estimate  ...               9.03
1          7 Days Ago  ...               9.02
2         30 Days Ago  ...               8.82
3         60 Days Ago  ...               8.80
4         90 Days Ago  ...               8.80

[5 rows x 5 columns], 'Earnings Estimate':    Earnings Estimate  ...  Next Year (2021)
0     No. of Analysts  ...              40.00
1        Avg. Estimate ...               9.03
2         Low Estimate ...               8.22
3        High Estimate ...              10.63
4         Year Ago EPS ...               6.27

[5 rows x 5 columns], 'Earnings History':    Earnings History 12/30/2019 3/30/2020 6/29/2020 9/29/2020
0            EPS Est.       0.53       1.65      1.81      2.14
1          EPS Actual        1.3       1.57      1.59      1.74
2          Difference       0.77      -0.08     -0.22      -0.4
3          Surprise %    145.30%     -4.80%   -12.20%   -18.70%, 'Growth Estimates':
    Growth Estimates      NFLX  Industry  Sector(s)  S&P 500
0        Current Qtr.    6.20%       NaN        NaN      NaN
1           Next Qtr.   32.50%       NaN        NaN      NaN
2        Current Year   51.80%       NaN        NaN      NaN
3           Next Year   44.00%       NaN        NaN      NaN
4  Next 5 Years (per annum)  40.95%   NaN       NaN      NaN
5  Past 5 Years (per annum)  76.94%   NaN       NaN      NaN, 'Revenue Estimate':     Revenue Estimate  ...  Next Year (2021)
```

```
0            No. of Analysts  ...        39
1             Avg. Estimate  ...     29.45B
2              Low Estimate  ...     27.88B
3             High Estimate  ...     30.71B
4             Year Ago Sales  ...     24.95B
5       Sales Growth (year/est)  ...   18.00%

[6 rows x 5 columns]}
```

8.2.3 get_balance_sheet(ticker)

get_balance_sheet( ) 함수는 재무상태표를 가져온다. 다음은 넷플릭스의 재무상태표를 가져온 것이다(예: https://finance.yahoo.com/quote/NFLX/balance-sheet?p=NFLX).

get_balance_sheet('nflx')

결과

endDate Breakdown	2019-12-31	2018-12-31	2017-12-31	2016-12-31
intangibleAssets	1.470335e+10	1.495114e+10	1.037106e+10	7.274501e+09
totalLiab	2.639356e+10	2.073564e+10	1.543079e+10	1.090681e+10
totalStockholderEquity	7.582157e+09	5.238765e+09	3.581956e+09	2.679800e+09
otherCurrentLiab	5.338306e+09	5.442461e+09	4.791663e+09	4.076183e+09
totalAssets	3.397571e+10	2.597440e+10	1.901274e+10	1.358661e+10
commonStock	2.793929e+09	2.315988e+09	1.871396e+09	1.599762e+09
(…)				

8.2.4 get_cash_flow(ticker)

get_cash_flow( ) 함수는 현금흐름표를 가져온다. 다음은 넷플릭스의 현금흐름표를 가져온 것이다(예: https://finance.yahoo.com/quote/NFLX/cash-flow?p=NFLX).

get_cash_flow('nflx')

결과

endDate Breakdown	2019-12-31	2018-12-31	2017-12-31	2016-12-31
changeToLiabilities	2.599090e+08	3.414750e+08	2.525330e+08	1.289980e+08
totalCashflowsFromInvestingActivities	-3.870640e+08	-3.391200e+08	3.432900e+07	4.976500e+07
netBorrowings	4.469306e+09	3.961852e+09	3.020510e+09	1.000000e+09
totalCashFromFinancingActivities	4.505662e+09	4.048527e+09	3.076990e+09	1.091630e+09
changeToOperatingActivities	-2.168660e+08	-4.770800e+07	-1.935560e+08	6.338200e+07
issuanceOfStock	7.249000e+07	1.245020e+08	8.837800e+07	3.697900e+07

(…)

8.2.5 get_data( )

get_data( ) 함수는 과거 주가 데이터를 일간, 주간, 월간으로 가져온다. 다음은 함수에 전달할 매개변수다.

get_data(ticker, start_date = None, end_date = None, index_as_date = True, interval = "1d")

- ticker: 종목 티커
- start_date: 시작일
- end_date: 마지막일
- index_as_date: 기본값은 True이다. index_as_date = True이면 날짜는 인덱스로 사용한다.
- interval: 기본값은 "1d"(일간)이다. 그 외 "1wk"(주간), "1mo"(월간)를 사용할 수 있다.

다음은 특정 회사의 주가 데이터를 다양하게 가져오는 사용 예다.

```
# 마이크로소프트의 주가 데이터를 가져온다
msft_data = get_data( 'msft' )
# 마이크로소프트의 2020년 1월 1일 이후 주가를 가져온다
from1999 = get_data( 'msft', start_date = '01/01/2020' )
# 마이크로소프트의 2020년 1월 1일에서 1월 10일 사이의 주가를 가져온다
few_days = get_data( 'msft', start_date = '01/01/2020', end_date = '01/10/2020' )
# 마이크로소프트의 주간 데이터를 가져온다
weekly_data = get_data( "msft", interval = "1wk" )
# 마이크로소프트의 월간 데이터를 가져온다
monthly_data = get_data( "msft", interval = "1mo" )
```

다음은 다섯 개 종목의 주가를 한 번에 가져오는 예다.

```python
# 'amzn', 'ba', 'msft', 'aapl', 'goog' ticket
sp = [ 'amzn', 'ba', 'msft', 'aapl', 'goog' ]

# 2020년 4월의 각 종목 주가를 가져온다
# 다음 코드는 { } 사이에서 루프를 반복하므로
# 루프의 결과인 {키:값}과 같은 딕셔너리 데이터형을 받는다
price_data = { ticker : si.get_data( ticker, start_date = "04/01/2020", end_date = "04/30/2020" ) for ticker in sp }

# 앞의 코드는 딕셔너리 데이터형인데, 분석상의 편의를 위해
# 다음과 같이 reduce( ) 함수와 lambda 함수를 조합해
# 데이터프레임으로 변환한다
from functools import reduce

combined = reduce( lambda x,y: x.append(y), price_data.values( ) )
combined.head( )
```

결과

	open	high	low	close	adjclose	volume	ticker
2020-04-01	1932.96	1944.95	1893.00	1907.69	1907.69	4121900	AMZN
2020-04-02	1901.64	1927.53	1890.00	1918.82	1918.82	4336000	AMZN
2020-04-03	1911.15	1926.32	1889.15	1906.58	1906.58	3609900	AMZN
2020-04-06	1936.00	1998.52	1930.02	1997.58	1997.58	5773200	AMZN
2020-04-07	2017.10	2035.71	1997.61	2011.59	2011.59	5114000	AMZN

```python
combined.tail( )
```

결과

	open	high	low	close	adjclose	volume	ticker
2020-04-23	1271.55	1293.31	1265.67	1276.31	1276.31	1566200	GOOG
2020-04-24	1261.17	1280.40	1249.44	1279.31	1279.31	1640400	GOOG
2020-04-27	1296.00	1296.15	1269.00	1275.88	1275.88	1600600	GOOG
2020-04-28	1287.93	1288.05	1232.19	1233.67	1233.67	2951300	GOOG
2020-04-29	1341.45	1359.98	1325.33	1341.47	1341.47	3793600	GOOG

8.2.6 get_day_gainers( )

해당 매매일 상위 100개의 상승 종목을 가져온다(예: https://finance.yahoo.com/gainers).

```
get_day_gainers( )
```

결과

```
    Symbol                            Name  Price (Intraday)  Change  ... PE Ratio(TTM)
0     RAMP           LiveRamp Holdings, Inc.           48.17    9.42  ...           NaN
1      PDD                    Pinduoduo Inc.           68.70    8.70  ...           NaN
2    CUKPF         Carnival Corporation & Plc           11.94    1.44  ...          4.39
3     SPLK                       Splunk Inc.          184.26   20.81  ...           NaN
4     COTY                         Coty Inc.            3.75    0.42  ...           NaN
..     ...                               ...             ...     ...  ...           ...
95    MRVL      Marvell Technology Group Ltd.           30.13    1.03  ...         12.88
96    DISH           DISH Network Corporation           29.56    1.00  ...         14.41
97     MTD  Mettler-Toledo International Inc.          748.31   25.31  ...         33.81
98    TECD              Tech Data Corporation          132.24    4.47  ...         12.88
99      CB                      Chubb Limited          117.00    3.92  ...         14.58
```

8.2.7 get_day_losers( )

해당 매매일 상위 100개의 하락 종목을 가져온다(예: https://finance.yahoo.com/losers).

```
get_day_losers( )
```

결과는 8.2.6절에서 다룬 get_day_gainers( )의 결과와 비슷하다. 직접 확인해보자(이후에도 앞의 결과와 비슷한 경우 생략하고 넘어간다).

8.2.8 get_day_most_active( )

해당 매매일 상위 100개의 거래 종목을 가져온다(예: finance.yahoo.com/most active).

```
get_day_most_active( )
```

8.2.9 get_holders(ticker)

야후 파이낸스의 Holders(주요 주주) 섹션을 가져온다. 다음은 넷플릭스의 예다(예: https://finance.yahoo.com/quote/NFLX/holders?p=NFLX).

get_holders('nflx')

> 결과

```
  {'Direct Holders (Forms 3 and 4)': Holder   Shares    ...   % Out       Value
0  Capital Research Global Investors         37911773   ...   8.62%  14235870761
1  Vanguard Group Inc. (The)                 34119980   ...   7.76%  12812052490
2  Blackrock Inc.                            28400154   ...   6.46%  10664257827
3  FMR LLC                                   22359484   ...   5.08%   8395986242
4  Price (T.Rowe) Associates Inc             20513786   ...   4.66%   7702926643
5  State Street Corporation                  16347763   ...   3.72%   6138585006
6  Capital International Investors           13695433   ...   3.11%   5142635091
7  Capital World Investors                   12412957   ...   2.82%   4661065353
8  Jennison Associates LLC                    8950493   ...   2.04%   3360910121
9  Baillie Gifford and Company                8012300   ...   1.82%   3008618650
[10 rows x 5 columns],

  'Major Holders':  1.62%    % of Shares Held by All Insider
0                  83.49%    % of Shares Held by Institutions
1                  84.86%    % of Float Held by Institutions
2                    1975    Number of Institutions Holding Shares,

   'Top Institutional Holders':Holder       Shares    ...   % Out       Value
0  Growth Fund Of America Inc              28784744   ...   6.54%   9313879616
1  Vanguard Total Stock Market Index Fund  12347098   ...   2.81%   3995150499
2  Vanguard 500 Index Fund                  8755704   ...   1.99%   2833083143
3  Fidelity Contrafund Inc                  7764807   ...   1.77%   2679557247
4  Amcap Fund                               6435588   ...   1.46%   2082363209
5  SPDR S&P 500 ETF Trust                   5062514   ...   1.15%   1747022956
6  Investment Company Of America            4595319   ...   1.04%   1486907368
7  Capital World Growth and Income Fund     4570372   ...   1.04%   1478835268
8  Fundamental Investors Inc                4441091   ...   1.01%   1437003814
9  Invesco ETF Tr-Invesco QQQ Tr, Series 1 ETF 4279894 ...  0.97%   1476948620
[10 rows x 5 columns]}
```

8.2.10 get_live_price(ticker)

종목의 실시간 호가 정보를 가져온다.

```
get_live_price( 'nflx' )
```

> **결과**
> 485.0

8.2.11 get_quote_table(ticker, dict_result = True)

야후 파이낸스의 호가 정보 테이블을 가져온다. 다음은 함수에 전달할 매개변수다.

- ticker: 종목 티커
- dict_result: 기본값은 True이다. True이면 딕셔너리를 돌려주고, 그렇지 않으면 데이터프레임을 돌려준다.

다음은 애플의 호가 정보를 가져온 예다(예: https://finance.yahoo.com/quote/AAPL?p=AAPL).

```
get_quote_table( 'aapl' )
```

> **결과**
> {'1y Target Est': 308.91,
> '52 Week Range': '170.27 - 327.85',
> 'Ask': '319.00 x 1100',
> 'Avg. Volume': 51660098.0,
> 'Beta (5Y Monthly)': 1.17,
> 'Bid': '318.91 x 900',
> "Day's Range": '315.37 - 319.23',
> 'EPS (TTM)': 12.73,
> 'Earnings Date': 'Jul 28, 2020 - Aug 03, 2020',
> 'Ex-Dividend Date': 'May 08, 2020',
> 'Forward Dividend & Yield': '3.28 (1.04%)',
> 'Market Cap': '1.382T',
> 'Open': 315.77,
> 'PE Ratio (TTM)': 25.05,
> 'Previous Close': 316.85,
> 'Quote Price': 318.8900146484375,
> 'Volume': 20450754.0}

8.2.12 get_top_crypto( )

몇몇 국가에서 전자화폐 도입을 준비하고 있을 만큼 암호화 화폐는 우리 생활과 많이 밀접해지고 있다.

▼ 그림 8-2 야후 파이낸스의 암호화 화폐 페이지(https://finance.yahoo.com/cryptocurrencies)

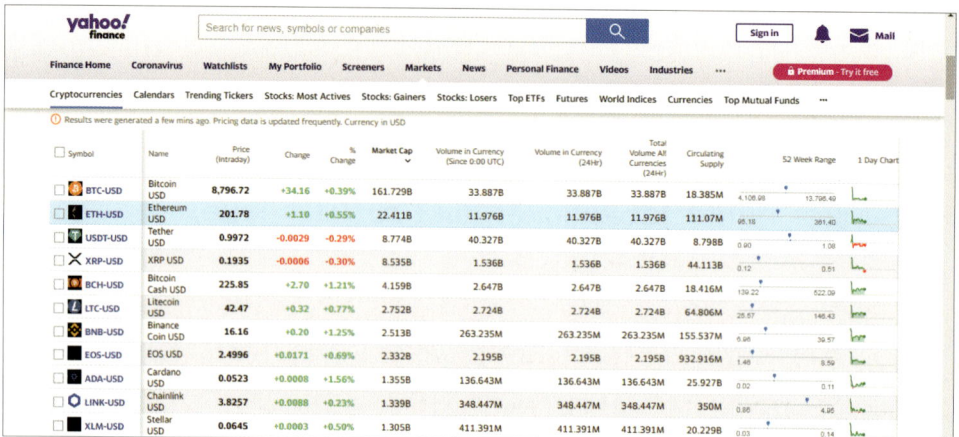

get_top_crypto 함수는 암호화 화폐 데이터를 가져온다.

```
get_top_crypto( )
```

결과

	Symbol	Name	Price (Intraday)	Change	% Change	Market Cap	Volume in Currency (Since 0:00 UTC)	Volume in Currency (24Hr)	Total Volume All Currencies (24Hr)	Circulating Supply
0	BTC-USD	Bitcoin USD	16423.29	32.8	0.2	3.04461E+11	35522000000	35522000000	35522000000	18538000
1	ETH-USD	Ethereum USD	463.21	-1.53	-0.33	52529000000	12908000000	12908000000	12908000000	113403000
2	USDT-USD	Tether USD	1.0009	0.0003	0.03	17714000000	44235000000	44235000000	44235000000	17697000000
3	XRP-USD	XRP USD	0.257	0.0011	0.43	11644000000	2443000000	2443000000	2443000000	45312000000
4	LINK-USD	Chainlink USD	12.78	0.27	2.19	5002000000	1401000000	1401000000	1401000000	391510000
..	...	...	...	...	...	...	...	...	...	...
95	ZEN-USD	Horizen USD	6.082038	0.034566	0.57	63023000	2910000	2910000	2910000	10362000
96	MAID-USD	MaidSafeCoin USD	0.1391	0.0007	0.49	62940000	3.64817E+14	3.64817E+14	3.64817E+14	452552000
97	XDC-USD	XinFinNetwork USD	0.0052	0	0.88	62920000	2260000	2260000	2260000	12198000000
98	JUL-USD	Joule USD	0.0608	0.0004	0.71	61402000	0	0	0	1010000000
99	MWC-USD	MimbleWimbleCoin USD	5.624031	0.12909	2.35	59980000	7.85842E+14	7.85842E+14	7.85842E+14	10665000

8.2.13 get_stats(ticker)

종목의 통계 정보를 가져온다. 다음은 넷플릭스의 통계 정보다(예: finance.yahoo.com/quote/NFLX/key-statistics?p=NFLX).

```
get_stats( 'nflx' )
```

결과

	Attribute	Value
0	Beta (5Y Monthly)	1.02
1	52-Week Change 3	69.45%
2	S&P500 52-Week Change 3	15.37%
3	52 Week High 3	575.37
4	52 Week Low 3	283.22
..	....	...
45	Total Debt/Equity (mrq)	175.52
46	Current Ratio (mrq)	1.24
47	Book Value Per Share (mrq)	23.39
48	Operating Cash Flow (ttm)	1.1B
49	Levered Free Cash Flow (ttm)	12.12B

8.2.14 get_stats_valuation(ticker)

종목의 통계 정보 중 'Valuation Measures' 정보를 가져온다. 다음은 넷플릭스의 valuation 정보다(예: finance.yahoo.com/quote/NFLX/key-statistics?p=NFLX).

```
get_stats_valuation( 'nflx' )
```

결과

	Unnamed: 0	As of Date: 11/11/2020Current	9/30/2020	6/30/2020	3/31/2020
0	Market Cap (intraday) 5	212.17B	220.91B	200.68B	165.14B
1	Enterprise Value 3	219.82B	229.55B	210.20B	174.88B
2	Trailing P/E	77.58	84.46	92.11	90.92
3	Forward P/E 1	55.25	57.47	71.94	62.5
4	PEG Ratio (5 yr expected) 1	2.07	2.18	3.02	2.75
5	Price/Sales (ttm)	9.14	10	9.61	8.42
6	Price/Book (mrq)	20.53	23.67	23.86	21.78

7	Enterprise Value/Revenue 3	9.23	35.67	34.19	30.32
8	Enterprise Value/EBITDA 6	15.19	56.3	52.66	50.08

8.2.15 종목 티커 관련 함수

다음은 특정 시장이나 지수에 소속된 종목을 돌려주는 함수다.

```
# tickers_dow( ): 다우존스(Dow Jones) 구성 종목 티커를 가져온다
tickers = tickers_dow( )

# tickers_nasdaq( ): 나스닥(NASDAQ) 구성 종목 티커를 가져온다
tickers = tickers_nasdaq( )

# tickers_other( ): 기타 종목을 돌려준다
tickers = tickers_other( )

# tickers_sp500( ): S&P500 구성 종목을 돌려준다
tickers = tickers_sp500( )
```

8.3 재무 정보 가져오기(Yahoo_fin 패키지)

앞 절에서는 Yahoo_fin 패키지의 stock_info 모듈 함수를 소개했다. 이 절에서는 소개한 함수들을 이용해 재무비율과 재무제표 등과 같은 재무 정보를 실제로 가져와 살펴본다.

8.3.1 패키지 임포트

가장 먼저 할 일은 yahoo_fin에서 stock_info 모듈을 임포트하는 것이다. 이 모듈과 함께 pandas 패키지도 필요하다.

```python
import yahoo_fin.stock_info as si
import pandas as pd
```

8.3.2 재무비율 구하기: 주가수익률 비율

주가수익률(Price-to-Earnings, PER)은 여러 가지 방법으로 구할 수 있는데, 다음은 get_quote_table 메서드를 이용한 방법이다. get_quote_table 메서드는 다음과 같이 여러 정보가 담긴 딕셔너리를 돌려준다.

```
{'1y Target Est': 308.91,
 '52 Week Range': '170.27 - 327.85',
 'Ask': '319.00 x 1100',
 'Avg. Volume': 51660098.0,
 'Beta (5Y Monthly)': 1.17,
 'Bid': '318.91 x 900',
 "Day's Range": '315.37 - 319.23',
 'EPS (TTM)': 12.73,
 'Earnings Date': 'Jul 28, 2020 - Aug 03, 2020',
 'Ex-Dividend Date': 'May 08, 2020',
 'Forward Dividend & Yield': '3.28 (1.04%)',
 'Market Cap': '1.382T',
 'Open': 315.77,
 'PE Ratio (TTM)': 25.05,
 'Previous Close': 316.85,
 'Quote Price': 318.8900146484375,
 'Volume': 20450754.0}
```

딕셔너리의 여러 키 중에서 "PE Ratio (TTM)"을 사용해 값을 얻을 수 있다. 다음은 애플의 경우다.

```
quote = si.get_quote_table( "aapl" )
quote[ "PE Ratio (TTM)" ]
```

PER을 구하는 또 다른 방법은 get_stats_valuation 메서드를 이용하는 것이다. get_stats_valuation 메서드가 돌려주는 결과는 야후 파이낸스 종목 통계 섹션의 내용이다. 다음은 애플의 경우다.

```
val = si.get_stats_valuation( "aapl" )
val
```

결과

		As of Date:					
	Unnamed: 0	Current	3/31/2020	12/31/2019	9/30/2019	6/30/2019	3/31/2019
0	Market Cap (intraday) 5	1.37T	1.10T	1.29T	995.15B	910.64B	895.67B
1	Enterprise Value 3	1.39T	1.10T	1.30T	1.01T	943.18B	923.97B

2	Trailing P/E	24.77	20.02	24.70	19.01	16.58	15.57
3	Forward P/E 1	26.74	19.65	22.17	17.27	15.97	16.58
4	PEG Ratio (5 yr expected) 1	2.22	1.58	2.03	2.04	1.45	1.82
5	Price/Sales (ttm)	5.32	4.34	5.25	4.09	3.68	3.56
6	Price/Book (mrq)	17.51	12.28	14.23	10.32	8.47	7.42
7	Enterprise Value/Revenue 3	5.18	18.88	14.11	15.76	17.53	15.93
8	Enterprise Value/EBITDA 6	16.93	66.00	43.87	50.16	60.04	51.78

```
# 데이터프레임에서 두 개의 열만 가져온다
val = val.iloc[ :,:2 ]

# 컬럼의 이름을 지정한다
val.columns = [ "Attribute", "Recent" ]
val
```

결과

```
                         Attribute    Recent
0              Market Cap (intraday) 5   1.37T
1                Enterprise Value 3      1.39T
2                       Trailing P/E     24.77
3                      Forward P/E 1     26.74
4          PEG Ratio (5 yr expected) 1    2.22
5                   Price/Sales (ttm)     5.32
6                    Price/Book (mrq)    17.51
7         Enterprise Value/Revenue 3      5.18
8          Enterprise Value/EBITDA 6     16.93
```

이제 P/E 비율을 추출하면 다음과 같다. Attribute 컬럼에서 "Trailing P/E"가 있는 행을 찾는다([val.Attribute.str.contains("Trailing P/E")]). 그리고 첫 번째 컬럼 값을 가져온다 (iloc[0, 1]).

```
val[ val.Attribute.str.contains( "Trailing P/E" ) ].iloc[ 0, 1 ]
```

결과

```
'36.19'
```

주가매출액(Price-to-Sales, PSR) 비율 역시 마찬가지 방법으로 "Price/Sales"를 찾아 첫 번째 컬럼의 값을 가져온다.

```python
val[ val.Attribute.str.contains( "Price/Sales" ) ].iloc[ 0, 1 ]
```

결과

'7.58'

8.3.3 한 번에 여러 종목의 재무비율 구하기

종목 리스트를 만들거나 종목 티커 관련 함수를 이용해 여러 종목의 재무비율을 구할 수 있다. 다음은 여러 종목의 PE, PB, PS 비율을 구하는 예다.

```python
# 종목 valuation 테이블에서 최신 데이터 컬럼만 가져온다
# get_stats_valuation( )은 데이터프레임을 돌려주는데,
# 첫 두 개의 컬럼만 가져온다
dow_stats = { } # 가져온 데이터를 담기 위한 빈 딕셔너리 준비
for ticker in [ 'amzn', 'ba', 'msft', 'aapl', 'goog' ]:
    temp = si.get_stats_valuation( ticker )
    temp = temp.iloc[ :,:2 ]
    temp.columns = [ "Attribute", "Recent" ]
    
    # 딕셔너리에 담기
    dow_stats[ticker] = temp

# 여러 종목의 데이터를 하나의 데이터프레임으로 합친다
combined_stats = pd.concat( dow_stats )
combined_stats = combined_stats.reset_index( )
del combined_stats[ "level_1" ]

# 컬럼명을 바꾼다
combined_stats.columns = [ "Ticker", "Attribute", "Recent" ]
val
```

그 결과 combined_stats는 다음과 같다.

결과

	Ticker	Attribute	Recent
0	amzn	Market Cap (intraday) 5	1.22T
1	amzn	Enterprise Value 3	1.23T
2	amzn	Trailing P/E	116.90
3	amzn	Forward P/E 1	98.04

4	amzn	PEG Ratio (5 yr expected) 1	2.28
5	amzn	Price/Sales (ttm)	4.17
6	amzn	Price/Book (mrq)	18.70
7	amzn	Enterprise Value/Revenue 3	4.17
8	amzn	Enterprise Value/EBITDA 6	33.47
9	ba	Market Cap (intraday) 5	78.44B
10	ba	Enterprise Value 3	101.84B

이제 각각의 재무비율을 앞서 살펴본 방법대로 뽑아내면 된다.

```
# 주가수익률(P/E) 비율
combined_stats[ combined_stats.Attribute.str.contains( "Trailing P/E" ) ]

# 주가매출액(Price-to-Sales) 비율
combined_stats[ combined_stats.Attribute.str.contains( "Price/Sales" ) ]

# 주가순자산(Price/Book) 비율
combined_stats[ combined_stats.Attribute.str.contains( "Price/Book" ) ]

# 주가이익성장배율(Price/Earnings-to-Growth) 비율
combined_stats[ combined_stats.Attribute.str.contains( "PEG" ) ]

# Forward P/E 비율
combined_stats[ combined_stats.Attribute.str.contains( "Forward P/E" ) ]
```

8.3.4 여러 종목의 기타 통계 구하기

야후 파이낸스 종목 통계 섹션에는 'Valuation Measures' 테이블이 있는데, get_stats 함수를 이용하면 기타 통계 정보(자기자본이익률(Return On Equity, ROE), 총자산이익률(Return On Assets, ROA), 영업이익률(profit margin))를 구할 수 있다.

```
# 앞서 살펴본 방법과 마찬가지로 리스트에 조회할 종목을 담고,
# 리스트를 반복하면서 get_stats( ) 함수를 호출한다
dow_extra_stats = { } # 빈 딕셔너리를 준비한다
for ticker in [ 'amzn', 'ba', 'msft', 'aapl', 'goog' ]:
    dow_extra_stats[ ticker ] = si.get_stats( ticker )    # 결과는 딕셔너리에 담는다

# 데이터프레임으로 합친다
combined_extra_stats = pd.concat( dow_extra_stats )
```

```python
# 인덱스를 새로 고친다
combined_extra_stats = combined_extra_stats.reset_index()
del combined_extra_stats["level_1"]

# 컬럼명을 다시 지정한다
combined_extra_stats.columns = ["ticker", "Attribute", "Value"]
val
```

그 결과 combined_extra_stats는 다음과 같다.

> 결과

	ticker	Attribute	Value
0	amzn	Beta (5Y Monthly)	1.35
1	amzn	52-Week Change 3	32.70%
2	amzn	S&P500 52-Week Change 3	5.46%
3	amzn	52 Week High 3	2525.45
4	amzn	52 Week Low 3	1626.03
...	...	...	...
245	goog	Total Debt/Equity (mrq)	8.25
246	goog	Current Ratio (mrq)	3.66
247	goog	Book Value Per Share (mrq)	297.76
248	goog	Operating Cash Flow (ttm)	53.97B
249	goog	Levered Free Cash Flow (ttm)	21.93B

위 데이터프레임에서 다음과 같이 필요한 항목을 추출할 수 있다.

```python
# 자기자본이익률(ROE)
combined_extra_stats[ combined_extra_stats.Attribute.str.contains( "Return on Equity" ) ]

# 총자산이익률(ROA)
combined_extra_stats[ combined_extra_stats.Attribute.str.contains( "Return on Assets" ) ]

# 이익률(profit margin)
combined_extra_stats[ combined_extra_stats.Attribute.str.contains( "Profit Margin" ) ]
```

> 결과

자기자본이익률(ROE)

	ticker	Attribute	Value
33	amzn	Return on Equity (ttm)	24.95%
83	ba	Return on Equity (ttm)	NaN
133	msft	Return on Equity (ttm)	41.40%
183	aapl	Return on Equity (ttm)	73.69%

	ticker	Attribute	Value
233	goog	Return on Equity (ttm)	17.51%

총자산이익률(ROA)

	ticker	Attribute	Value
32	amzn	Return on Assets (ttm)	5.17%
82	ba	Return on Assets (ttm)	-2.92%
132	msft	Return on Assets (ttm)	12.10%
182	aapl	Return on Assets (ttm)	12.51%
232	goog	Return on Assets (ttm)	7.74%

이익률(profit margin)

	ticker	Attribute	Value
30	amzn	Profit Margin	4.99%
80	ba	Profit Margin	-7.34%
130	msft	Profit Margin	32.28%
180	aapl	Profit Margin	20.91%
230	goog	Profit Margin	20.80%

8.4 재무제표 다루기

앞에서 재무제표를 가져오는 예를 다뤘다. 이 절에서는 세 재무제표(재무상태표, 손익계산서, 현금흐름표)의 특정 계정과목과 여러 기업의 재무제표를 조회하는 방법을 살펴본다.

8.4.1 재무상태표 다루기

get_balance_sheet 메서드를 사용해 재무상태표(balance sheets)를 구할 수 있는데, 이로써 유동현금, 자산, 부채 등을 알 수 있다.

다음은 애플의 재무상태표를 구하고 특정 계정과목을 추출하는 예다.

```
# 애플의 재무상태표를 구해 sheet에 저장한다
sheet = si.get_balance_sheet( "aapl" )

# 현금(cash on hand)
sheet[ sheet.index == "cash" ]
```

```python
# 자본(Stockholders' equity)
sheet[ sheet.index == "totalStockholderEquity" ]

# 총자산(Total Assets)
sheet[ sheet.index == "totalAssets" ]
```

이번에는 여러 종목의 재무상태표를 구하고 계정과목을 추출하는 예다. 앞서 구한 종목들(['amzn', 'ba', 'msft', 'aapl', 'goog'])의 재무상태표를 다음과 같이 얻을 수 있다.

```python
# 재무상태표 구하기
balance_sheets = { }
for ticker in [ 'amzn', 'ba', 'msft', 'aapl', 'goog' ]:
    balance_sheets[ ticker ] = si.get_balance_sheet( ticker )
balance_sheets[ 'aapl' ]
```

다음은 앞서 구한 재무상태표 중에서 애플의 경우다.

결과

endDate Breakdown	2020-09-26	2019-09-28	2018-09-29	2017-09-30
totalLiab	258549000000	248028000000	258578000000	241272000000
totalStockholderEquity	65339000000	90488000000	107147000000	134047000000
otherCurrentLiab	47867000000	43242000000	39293000000	38099000000
totalAssets	323888000000	338516000000	365725000000	375319000000
commonStock	50779000000	45174000000	40201000000	35867000000
otherCurrentAssets	11264000000	12352000000	12087000000	13936000000
retainedEarnings	14966000000	45898000000	70400000000	98330000000
otherLiab	46108000000	50503000000	48914000000	43251000000
treasuryStock	-406000000	-584000000	-3454000000	-150000000
otherAssets	33952000000	32978000000	22283000000	18177000000
cash	38016000000	48844000000	25913000000	20289000000
totalCurrentLiabilities	105392000000	105718000000	115929000000	100814000000
shortLongTermDebt	8773000000	10260000000	8784000000	6496000000
otherStockholderEquity	-406000000	-584000000	-3454000000	-150000000
propertyPlantEquipment	45336000000	37378000000	41304000000	33783000000
totalCurrentAssets	143713000000	162819000000	131339000000	128645000000
longTermInvestments	100887000000	105341000000	170799000000	194714000000
netTangibleAssets	65339000000	90488000000	107147000000	134047000000
shortTermInvestments	52927000000	51713000000	40388000000	53892000000
netReceivables	37445000000	45804000000	48995000000	35673000000
longTermDebt	98667000000	91807000000	93735000000	97207000000
inventory	4061000000	4106000000	3956000000	4855000000
accountsPayable	42296000000	46236000000	55888000000	44242000000

다음 코드는 각 종목의 재무상태표를 묶어서 최근 데이터를 보여준다.

```
# 재무상태표의 최근 두 개 연도 데이터를 recent_sheets에 저장한다
recent_sheets = { ticker : sheet.iloc[ :,:2 ] for ticker, sheet in balance_sheets.items( ) }
```

결과는 recent_sheets에 저장된다. recent_sheets는 종목 티커를 키로 하고 재무상태표를 값으로 하는 딕셔너리다.

다음은 앞서 구한 재무상태표에서 최근 두 개 연도 데이터만 가져와 만든 recent_sheets의 모습이다.

recent_sheets

결과

```
{'aapl': endDate                2020-09-26      2019-09-28
 Breakdown
 totalLiab                    258549000000    248028000000
 totalStockholderEquity        65339000000     90488000000
 ...중략...
 longTermDebt                  98667000000     91807000000
 inventory                      4061000000      4106000000
 accountsPayable               42296000000     46236000000,
 ...중략...
 'msft': endDate                2020-06-30      2019-06-30
 Breakdown
 intangibleAssets               7038000000      7750000000
 totalLiab                    183007000000    184226000000
 totalStockholderEquity       118304000000    102330000000
 ...중략...
 longTermDebt                  59578000000     66662000000
 inventory                      1895000000      2063000000
 accountsPayable               12530000000      9382000000}
```

애플의 재무상태표를 얻으려면 애플의 종목 티커인 'aapl'을 키로 넘겨준다.

```
recent_sheets[ 'aapl' ]
```

여기서 한 걸음 더 나아가, 애플의 재무상태표에서 현금(cash) 항목의 값을 얻으려면 recent_sheets['aapl']의 인덱스가 'cash'인 것을 찾으면 된다.

```
recent_sheets[ 'aapl' ][ recent_sheets[ 'aapl' ].index=='cash' ]
```

> 결과

endDate	2020-09-26	2019-09-28
Breakdown		
cash	38016000000	48844000000

8.4.2 손익계산서 다루기

손익계산서(income statements)는 `get_income_statement` 메서드를 사용해 얻을 수 있다.

```
income = si.get_income_statement( "aapl" )
income
```

> 결과

endDate	2020-09-26	2019-09-28	2018-09-29	2017-09-30
Breakdown				
researchDevelopment	18752000000	16217000000	14236000000	11581000000
effectOfAccountingCharges	None	None	None	None
incomeBeforeTax	67091000000	65737000000	72903000000	64089000000
minorityInterest	None	None	None	None
netIncome	57411000000	55256000000	59531000000	48351000000
sellingGeneralAdministrative	19916000000	18245000000	16705000000	15261000000
grossProfit	104956000000	98392000000	101839000000	88186000000
ebit	66288000000	63930000000	70898000000	61344000000
operatingIncome	66288000000	63930000000	70898000000	61344000000
otherOperatingExpenses	None	None	None	None
interestExpense	-2873000000	-3576000000	-3240000000	-2323000000
extraordinaryItems	None	None	None	None
nonRecurring	None	None	None	None
otherItems	None	None	None	None
incomeTaxExpense	9680000000	10481000000	13372000000	15738000000
totalRevenue	274515000000	260174000000	265595000000	229234000000
totalOperatingExpenses	208227000000	196244000000	194697000000	167890000000
costOfRevenue	169559000000	161782000000	163756000000	141048000000
totalOtherIncomeExpenseNet	803000000	1807000000	2005000000	2745000000
discontinuedOperations	None	None	None	None
netIncomeFromContinuingOps	57411000000	55256000000	59531000000	48351000000
netIncomeApplicableToCommonShares	57411000000	55256000000	59531000000	48351000000

손익계산서의 매출액(total revenue), 매출총이익(gross profit) 같은 항목은 다음과 같이 얻는다.

```
# 매출액
income[ income.index == "totalRevenue" ]
```

> 결과

```
endDate         2020-09-26      2019-09-28      2018-09-29      2017-09-30
Breakdown
totalRevenue    274515000000    260174000000    265595000000    229234000000
```

```
# 매출총이익
income[ income.index == "grossProfit" ]
```

> 결과

```
endDate         2020-09-26      2019-09-28      2018-09-29      2017-09-30
Breakdown
grossProfit     104956000000    98392000000     101839000000    88186000000
```

여러 종목의 손익계산서 구하기

재무상태표와 마찬가지로 여러 종목의 손익계산서를 구해 하나로 합칠 수 있다. 방법은 재무상태표와 동일하다. 다만 get_income_statement( ) 함수를 사용한다는 점만 다를 뿐이다.

```
income_statements = { }
for ticker in [ 'amzn', 'ba', 'msft', 'aapl', 'goog' ]:
    income_statements[ ticker ] = si.get_income_statement( ticker )
```

이렇게 하나로 합쳐진 각 종목의 손익계산서에서 필요한 종목과 필요한 계정만 조회할 수 있다. 다음은 재무상태표와 마찬가지로 최근 두 개 연도의 정보만 모으는 코드다.

```
recent_income_statements = { ticker : sheet.iloc[ :,:2 ] for ticker,sheet in income_statements.items( ) }
```

다음은 합쳐진 손익계산서 중에서 애플의 순수입(netIncome)을 구하는 코드다.

```
recent_income_statements[ 'aapl' ][ recent_income_statements[ 'aapl' ].index=='netIncome' ]
```

결과

```
endDate                    2020-09-26         2019-09-28
Breakdown
netIncome                  57411000000        55256000000
```

8.4.3 현금흐름표

현금흐름표(cash flow statements)는 get_cash_flow 메서드를 사용해 구한다. 다음은 애플의 현금흐름표를 구하는 예다. 재무상태표 및 손익계산서와 마찬가지로 여러 종목의 현금흐름표를 얻고 최근 연도 데이터만 모을 것이다. 그리고 그중에서 어느 한 기업의 특정 현금흐름표 항목을 조회할 것이다.

기본적으로 어느 한 종목의 현금흐름표를 얻으려면 코드는 다음과 같다.

```python
flow = si.get_cash_flow( "aapl" )
flow.items
```

결과

```
<bound method DataFrame.items of endDate    2020-09-26  ...     2017-09-30
Breakdown                                              ...
investments                              5335000000  ...   -33542000000
changeToLiabilities                     -1981000000  ...     8373000000
totalCashflowsFromInvestingActivities   -4289000000  ...   -46446000000
netBorrowings                            2499000000  ...    29014000000
totalCashFromFinancingActivities       -86820000000  ...   -17974000000
changeToOperatingActivities               881000000  ...    -8480000000
issuanceOfStock                           880000000  ...      555000000
netIncome                               57411000000  ...    48351000000
changeInCash                           -10435000000  ...     -195000000
repurchaseOfStock                      -75992000000  ...   -34774000000
totalCashFromOperatingActivities        80674000000  ...    64225000000
depreciation                            11056000000  ...    10157000000
otherCashflowsFromInvestingActivities    -791000000  ...     -124000000
dividendsPaid                          -14081000000  ...   -12769000000
changeToInventory                        -127000000  ...    -2723000000
changeToAccountReceivables               6917000000  ...    -2093000000
otherCashflowsFromFinancingActivities    -126000000  ...     -105000000
changeToNetincome                        6517000000  ...    10640000000
```

```
capitalExpenditures              -7309000000  ... -12451000000
[19 rows x 4 columns]>
```

여러 종목(여기서는 ['amzn', 'ba', 'msft', 'aapl', 'goog'])의 경우 다음과 같이 구할 수 있다.

```
cash_flows = { }
for ticker in [ 'amzn', 'ba', 'msft', 'aapl', 'goog' ]:
    cash_flows[ ticker ] = si.get_cash_flow( ticker )
```

그리고 여러 종목의 현금흐름표에서 최근 두 개 연도의 데이터를 다음과 같이 묶을 수 있다.

```
recent_cash_flows = { ticker : flow.iloc[ :,:2 ] for ticker,flow in cash_flows.items( ) }
```

예를 들어, 현금흐름표에서 아마존(amzn)의 감가상각액 데이터를 구하려면 코드는 다음과 같다.

```
recent_cash_flows[ 'amzn' ][ recent_cash_flows[ 'amzn' ].index=='depreciation' ]
```

결과

```
endDate        2019-12-31    2018-12-31
Breakdown
depreciation   21789000000   15341000000
```

부록

파이썬 라이브러리 삼총사

A.1 수학 및 과학 연산, NumPy와 SciPy
A.2 미술 담당, Matplotlib
A.3 네이터 담당, Pandas

파이썬에서 가장 많이 사용하는 NumPy, Matplotlib, Pandas를 소개하고, 각 사용법을 간단히 알아본다.

A.1 수학 및 과학 연산, NumPy와 SciPy

파이썬은 행렬이나 배열에 대한 수학 연산을 제공하지 않는다. 따라서 과학적 프로그래밍을 위한 라이브러리인 NumPy와 SciPy가 필요하다.

NumPy는 행렬이나 배열 연산과 관련된 기능을 쉽고 빠르게 처리할 수 있어 수학 및 과학 연산에 많이 애용되는 대표적인 파이썬 라이브러리다. SciPy는 NumPy를 기반으로 만들어졌으며, 적분 및 미분 방정식과 포트폴리오 최적화를 위해 꼭 필요한 optimize 모듈 등 다양한 고급 수학 함수들을 제공한다.

NumPy는 1995년, SciPy는 2001년 무렵에 공개됐는데, 모두 트래비스 올리펀트(Travis Oliphant)가 개발을 주도했다. 올리펀트라는 이름이 다소 생소할 수도 있는데, 그는 미국의 데이터 사이언티스트이자 파이썬계에서 유명한 아나콘다(Anaconda)의 창립자다.

NumPy를 사용하려면 다른 라이브러리와 마찬가지로 먼저 임포트해야 한다.

```python
import numpy as np
```

A.1.1 배열과 행렬 만들기

배열과 행렬을 만드는 여러 가지 방법이 있지만, 그중 대표적인 몇 가지를 간단히 살펴보면 다음과 같다.

리스트를 먼저 만들고 array 함수를 사용해 배열을 만든다.

```python
vec = [ 1, 2, 3, 4 ] # 네 개의 원소를 가진 리스트 vec를 만든다
vecA = np.array( vec ) # 리스트를 배열로 바꾼다
print( vecA )
```

결과

[1 2 3 4]

array 함수로 행렬도 만들 수 있다. [[ ],[ ]] 형태로 다소 복잡해 보이지만, 안쪽의 [ ]가 행을 의미한다. [1,2,3]과 [4,5,6]은 행이다. 그리고 열은 콤마로 구분된다.

```python
vecB = np.array( [ [1, 2, 3], [4, 5, 6] ] ) # array( ) 함수에 직접 리스트를 입력한다
print( vecB )
```

결과

[[1 2 3]
 [4 5 6]]

zeros 함수는 행렬의 구성 요소가 모두 0인 행렬을 만들어준다. 따라서 행렬의 차원만 지정하면 된다.

```python
zeros = np.zeros( ( 2, 2 ) ) # 원소가 모두 0인 2x2 행렬을 만든다
print( zeros )
```

결과

[[0. 0.]
 [0. 0.]]

ones 함수는 행렬의 구성 요소가 모두 1인 단위행렬을 만든다. zeros와 마찬가지로 행렬의 차원만 지정하면 된다.

```python
ones = np.ones( ( 2, 3 ) ) # 원소가 모두 1인 2x3 행렬을 만든다
print( ones )
```

결과

[[1. 1. 1.]
 [1. 1. 1.]]

full 함수는 지정한 행렬의 차원으로 지정한 값을 채운다.

```python
fives = np.full( (2, 3), 5 ) # 원소가 모두 5인 2x3 행렬을 만든다
print( fives )
```

> 결과
```
[[5 5 5]
 [5 5 5]]
```

eye 함수는 지정한 크기의 항등행렬(대각행렬)을 만든다.

```python
eye = np.eye( 3 )   # 대각선상의 원소가 모두 1인 3x3 행렬을 만든다
print( eye )
```

> 결과
```
[[1. 0. 0.]
 [0. 1. 0.]
 [0. 0. 1.]]
```

앞서 array 함수로 배열을 만들었는데, 이 배열의 차원을 reshape 함수로 바꾸면 행렬을 만들 수 있다.

```python
reshape = np.array( range(20) ).reshape( (4, 5) )   # 20개의 리스트를 만들어 4x5의 2차원 행렬을 만든다
print( reshape )
```

> 결과
```
[[ 0  1  2  3  4]
 [ 5  6  7  8  9]
 [10 11 12 13 14]
 [15 16 17 18 19]]
```

A.1.2 배열과 행렬의 속성

배열과 행렬의 속성에 관련된 함수로 dtype, shape, ndim 등이 있다. dtype은 데이터 타입, shape는 행과 열의 개수, ndim은 차원을 돌려준다.

```python
print( vecA.dtype )   # 데이터 타입. int64는 저장된 데이터의 타입이다
print( vecA.shape )   # 행과 열의 개수. (4,)는 네 개의 원소를 가진 배열임을 의미한다
print( vecA.ndim )    # 차원. 1을 돌려준다. 즉, 1차원 배열임을 알 수 있다
```

> 결과

```
int64
(4,)
1
```

```python
print( vecB.dtype )   # 데이터 타입. int64는 저장된 데이터의 타입이다
print( vecB.shape )   # 행과 열의 개수. (2, 3)은 2행 3열이라는 의미다
print( vecB.ndim )    # 차원을 돌려준다. 2는 2차원 배열임을 의미한다
```

> 결과

```
int64
(2, 3)
2
```

A.1.3 연산

NumPy는 배열이나 행렬의 연산이 무척 빠르다. 그 이유는 다음과 같다. 순수한 파이썬 코드로 작성할 경우 연산을 위해 반복문을 여러 개 사용해야 하는데, 반복문을 사용하면 코드 길이도 늘어나고 직관적이지 못하며 속도도 느려진다. 그러나 NumPy는 연산을 위한 반복문이 필요 없으며 수학적 연산 표기처럼 직관적으로 표현할 수 있기 때문이다.

```python
print( vecA*2+1 )     # 2를 곱한 후 1을 더하는 연산
print( vecA+vecA )    # 두 array 객체 더하기
print( vecA-vecA )    # 두 array 객체 빼기
print( 1/vecA )
print( vecA**2 )
print( vecA%2 )
print( np.dot( vecA.T, vecA ) )   # 벡터와 행렬의 내적 계산은 dot 함수를 사용한다
```

> 결과

```
[3 5 7 9]
[2 4 6 8]
[0 0 0 0]
[1.  0.5  0.33333333  0.25]
[1  4  9 16]
[1 0 1 0]
30
```

A.1.4 인덱싱/슬라이싱

파이썬 리스트의 인덱스가 0부터 시작하는 것과 마찬가지로 NumPy도 파이썬 방식을 따르며, 인덱스는 [ ] 안에 표시한다. [ ]를 사용해 배열이나 행렬의 원소에 접근한다.

```
print( vecA[0], vecA[1], vecA[2], vecA[3] )     # 배열의 각 인덱스 값을 출력한다
print( vecB[0,0], vecB[0,1], vecB[0,2] )        # 2차원 배열이라면 행과 열 인덱스로 출력한다
print( vecB[1,0], vecB[1,1], vecB[1,2] )
```

결과

```
1 2 3 4
1 2 3
4 5 6
```

NumPy 배열에서 인덱스에 −를 사용하는 것은 (파이썬의 리스트와 마찬가지로) 역방향을 의미한다. 가령 19, 29, 39, 49라는 네 원소를 가진 array를 만들었다면, 순방향 인덱스는 데이터의 순서대로 0, 1, 2, 3이다. 그리고 역방향 인덱스 역시 데이터의 순서대로 −4, −3, −2, −1이다. 즉, 0과 −4, 1과 −3, 2와 −2, 3과 −1은 모두 같은 데이터를 가리키는 인덱스다.

▼ 그림 A-1 순방향 인덱스와 역방향 인덱스

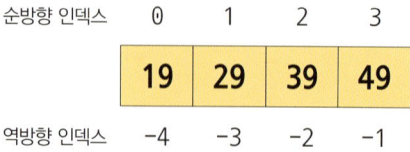

```
import numpy as np

vec = np.array( [ 19, 29, 39, 49 ] )
vec[ -4 ]
```

결과

```
19
```

```
vec[ -3 ]
```

결과

```
29
```

```
vec[-2]
```

> 결과

```
39
```

```
vec[-1]
```

> 결과

```
49
```

인덱스를 벗어난 값을 지정하면 에러가 발생한다.

```
vec[ -5 ]
```

> 결과

```
Traceback (most recent call last ):
  File "<stdin>", line 1, in <module>
IndexError: index -5 is out of bounds for axis 0 with size 4
```

다음은 동일한 데이터를 가리키는 순방향과 역방향 인덱스를 사용한 예다.

```
print( vecA[0], vecA[-4] )
print( vecA[1], vecA[-3] )
print( vecA[2], vecA[-2] )
print( vecA[3], vecA[-1] )
```

> 결과

```
1 1
2 2
3 3
4 4
```

한 개가 아닌 여러 개의 값을 가져오려면 콜론(:)을 사용해 범위를 [첫 인덱스 : 마지막 인덱스] 형식으로 지정한다. 이때 마지막 인덱스까지가 아니라 마지막 인덱스의 직전 인덱스가 가리키는 값까지만 가져오는 것에 주의한다.

▼ 그림 A-2 마지막 인덱스 3은 주의해야 한다

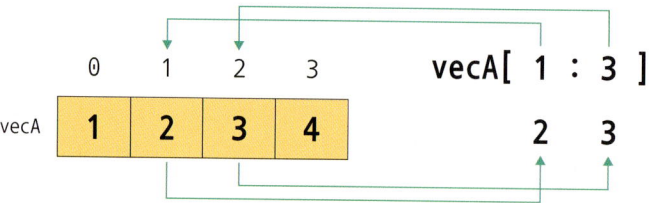

```
print( vecA[1:3] )  # 인덱스 1부터 인덱스 3 직전, 즉 인덱스 1과 2가 가리키는 값을 가져온다
```

결과
```
[2 3]
```

A.1.5 난수 만들기

파이썬의 기본 라이브러리인 random으로도 난수를 만들 수 있지만, NumPy도 random 모듈을 통해 여러 난수 관련 함수를 제공한다.

- **random.seed**: 난수에 필요한 시드 값을 설정한다.

```
np.random.seed( 0 )
print( np.random.rand( 2, 3 ) )
```

결과
```
[[0.5488135  0.71518937 0.60276338]
 [0.54488318 0.4236548  0.64589411]]
```

- **random.rand**: 난수 배열을 생성한다.

```
print( np.random.rand( 5 ) )
print( np.random.rand( 2, 3 ) )
```

결과
```
[0.43758721 0.891773   0.96366276 0.38344152 0.79172504]
[[0.52889492 0.56804456 0.92559664]
 [0.07103606 0.0871293  0.0202184 ]]
```

- **random.choice**: 1차원 배열에 임의의 샘플을 생성한다.

```
# np.arange(5)에서 샘플 세 개를 추출한 1차원 배열
print( np.random.choice( 5, 3 ) )
# np.arange(10)에서 샘플을 추출해 (2, 3)의 2차원 배열 생성
print( np.random.choice( 10, ( 2, 3 ) ))
```

> 결과
>
> [3 0 2]
> [[3 8 1]
> [3 3 3]]

- **random.randint**: 시작 값 ≤ 임의의 난수 < 끝 값, 즉 시작 값을 포함하고 끝 값을 포함하지 않는 정수 난수를 생성한다.

```
print( np.random.randint( 2, size=5 ) )   # 0≤난수<2
print( np.random.randint( 2, 4, size=5 ) ) # 2≤난수<4
print( np.random.randint( 1, 5, size=( 2, 3 ) ) ) # 1≤난수<5
```

> 결과
>
> [0 1 0 1 1]
> [3 3 2 3 2]
> [[1 4 4]
> [3 4 3]]

- **random.randn**: 표준정규분포(standard normal distribution)를 따르는 난수를 생성한다.

```
# randn 함수는 임의의 표준정규분포 데이터를 만든다
rnd_num = np.random.randn( 4, 4 )
print( rnd_num )
print( rnd_num>0 ) # 생성한 난수 중 0 이상인 값만 출력
print( (rnd_num>0 ).sum( ) ) # 0 이상인 난수 값의 합계를 출력
print( rnd_num.mean( ), rnd_num.std( ), rnd_num.var( ) ) # 난수의 평균, 표준편차, 분산 출력
```

> 결과
>
> [[2.26975462 -1.45436567 0.04575852 -0.18718385]
> [1.53277921 1.46935877 0.15494743 0.37816252]
> [-0.88778575 -1.98079647 -0.34791215 0.15634897]
> [1.23029068 1.20237985 -0.38732682 -0.30230275]]
> [[True False True False]

```
 [ True  True  True  True]
 [False False False  True]
 [ True  True False False]]
9
0.1807566944796825 1.1043867052451626 1.2196699947222656
```

A.2 미술 담당, Matplotlib

Matplotlib는 데이터 시각화(data visualization) 도구다. 데이터 시각화란 데이터 분석 결과를 차트나 도표로 그려서 효과적으로 전달하는 것을 말한다.

2002년 미국의 신경생물학자인 존 헌터(John D. Hunter)가 개발한 Matplotlib는 파이썬의 배열을 이용해 2D 도표를 그린다.

Matplotlib는 몇 가지 간단한 명령만으로 도표를 그릴 수 있으며, 제한적이지만 3D 그래픽도 가능하다. 여기서는 라인 차트나 막대 차트 등 자주 사용하는 차트만 다뤄본다.

> **쉬어가는 코너 Matplotlib**
>
> Matplotlib 이전에는 Matlab으로 각종 도표를 만들었다. 존 헌터 역시 시카고 대학 신경생물학 박사후 과정에서 Matlab을 사용하다가 그 효용에 만족하지 못해 Matplotlib를 만들기 시작했다고 한다.
>
> 존 헌터는 안타깝게도 44세가 되던 2012년에 아내와 세 딸 라헬, 아바, 클라라를 남겨두고 대장암으로 세상을 떠났다.
>
> ▼ 그림 A-3 존 헌터 부고 기사

A.2.1 차트 도해

식빵을 사면 식빵이 담긴 비닐봉지를 묶어주는 플라스틱 재질의 '작은 물건' 하나를 볼 수 있다. 많은 사람이 이것을 사용해왔지만, 이 물건의 정확한 명칭을 아는 사람은 별로 없다.

▼ 그림 A-4 이 물건의 이름은 대체 무엇일까?

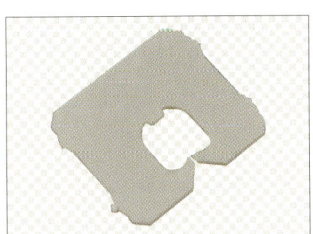

이와 같이 사소한 물건이라도 사람이 접하는 대부분의 사물에는 이름이 있다. 무심코 넘기는 차트 한 장에도 여러 가지 요소가 있는데, Matplotlib를 다루려면 차트 요소들의 이름을 알아둬야 한다.

다음은 Matplotlib 공식 문서에서 제공하는 차트 도해에 해당하는 그림으로, Matplotlib를 이용해 만들어둔 것이다.

▼ 그림 A-5 차트 각 부분 용어(matplotlib.org/3.1.1/gallery/showcase/anatomy.html)

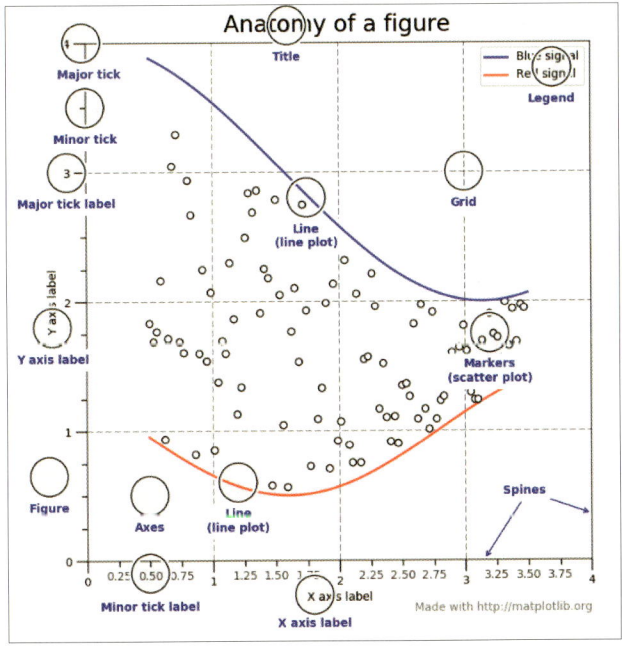

주요한 요소들만 보면, 차트의 전체 영역은 우리가 차트라고 부르는 요소들을 모두 모아둔 그림판에 해당한다. 따라서 이를 figure라고 한다.

흔히 선형 차트, 라인 차트라고 부르는 것은 line plot이라고 하며, 분산형 차트는 scatter plot이라고 한다. plot은 '그림을 그린다'는 의미인데, figure가 전체인 것과 달리 plot은 figure의 일부분이다.

가로축과 세로축은 axis, 축의 이름은 label, 축의 눈금은 tick, 차트의 제목은 title, 범례는 legend이다.

A.2.2 라인 차트

가장 기본적인 차트인 라인 차트를 만드는 간단한 예제를 살펴보자.

예제는 matplotlib를 임포트하는 것으로 시작한다. 그리고 차트에 그릴 데이터를 만든 후 plot( ) 함수에 데이터를 전달하고 show( ) 함수로 차트를 그린다.

```python
# Matplotlib의 matplotlib.pyplot을 plt로 임포트한다
import matplotlib.pyplot as plt

# X축과 Y축에 그릴 데이터를 만든다
y = [ 1, 4, 9, 16, 25, 36, 49, 64 ]
x = [ 1, 16, 30, 42, 55, 68, 77, 88 ]

# plot( ) 함수에 변수를 줘서 라인 차트를 만든다
plt.plot( x, y )

# X축과 Y축의 이름(xlabel, ylabel), 차트의 제목(title)을 지정한다
plt.xlabel( 'X' )
plt.ylabel( 'Y' )
plt.title( 'Line plot using X and Y' )

# 차트를 화면에 그린다
plt.show( )
```

결과

▼ 그림 A-6 라인 차트

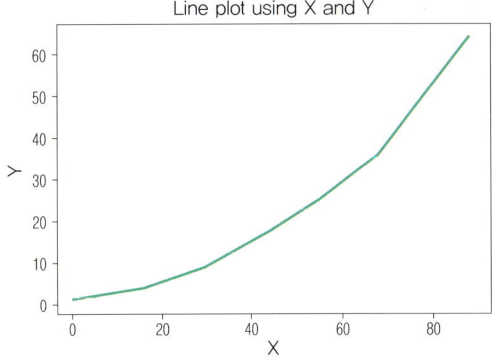

이 긴단한 차트에 라인(시리즈)을 하나 더 추가하려면 plot( ) 함수를 한 번 더 실행하면 된다. 다음은 시리즈가 두 개인 라인 차트를 그리는 코드다.

```python
import matplotlib.pyplot as plt

y = [ 1, 4, 9, 16, 25, 36, 49, 64 ]

# x1과 x2 두 개의 리스트를 차트에 추가하기 위해 데이터를 입력한다
x1 = [ 1, 16, 30, 42, 55, 68, 77, 88 ]
x2 = [ 1, 6, 12, 18, 28, 40, 53, 65 ]

# plot( ) 함수를 사용해 차트에 두 개의 시리즈를 추가한다
plt.plot( x1, y )
plt.plot( x2, y )

# x와 y, 각 축의 제목을 입력한다
plt.xlabel( 'Xn' )
plt.ylabel( 'Y' )
plt.title( 'Line plot using Xn and Y' )
plt.show( )
```

결과

▼ 그림 A-7 두 개의 시리즈를 가진 라인 차트

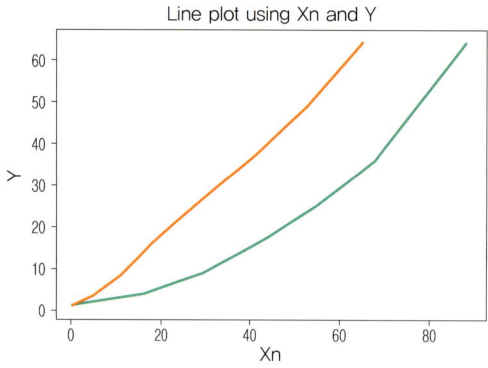

앞의 두 차트는 선으로만 구성됐는데, 선의 색상/스타일(실선이나 점선), 연결점(marker)(선의 중간을 이어주는 기호) 등을 정할 수 있다. 다음은 자주 사용하는 선의 색상/스타일, 마커, 연결점을 정리한 것이다.

▼ 표 A-1 선의 색상/스타일, 마커, 연결점

색상	색상 설명	선 종류	선 종류 설명	연결점	연결점 설명
R	Red	─	Solid line	+	+
G	Green	───	Dashed line	.	Dot
B	Blue	:::::	Dotted line	O	Circle
C	Cyan	-.-.-.	Dash dotted line	*	*
M	Magenta	None	No line	P	Pentagon
Y	Yellow			S	Square
K	Black			X	X
W	White			D	Diamond
				H	Hexagon
				^	Triangle

plot( ) 함수에 축의 값 외에 marker, linestyle, color, label 매개변수를 사용해 위에서 설명한 연결점, 선의 색상/종류, 레이블을 지정할 수 있다. 다음과 같은 형태로 사용하면 된다.

```
plt.plot( x, y, marker='o', linestyle='--', color='r', label='x' )
```

그리고 차트에 범례를 표시할 수 있는데, plot( ) 함수에 label 매개변수를 지정하고 legend( ) 함수를 사용해 범례의 위치(위/아래, 왼쪽/오른쪽)를 지정할 수 있다.

```
plt.legend( loc='upper left' )
```

이어서 차트에 가로세로 구분선을 추가할 수 있다.

```
plt.grid( True, color='gray', linestyle='--' )
```

앞의 차트에 선의 스타일/색상, 연결점, 범례, 구분선을 지정해 차트를 그려보자.

```
import matplotlib.pyplot as plt

y = [ 1, 4, 9, 16, 25, 36, 49, 64 ]
x1 = [ 1, 16, 30, 42, 55, 68, 77, 88 ]
x2 = [ 1, 6, 12, 18, 28, 40, 53, 65 ]

plt.plot( x1, y, marker='o', linestyle='--', color='r', label='x1' )
plt.plot( x2, y, marker='*', linestyle='-', color='g', label='x2' )
plt.xlabel( 'Xn' )
plt.ylabel( 'Y' )
plt.title( 'Line plot using Xn and Y' )
plt.legend( loc='upper left' )
plt.grid( True, color='gray', linestyle='--' )
plt.show( )
```

결과

▼ 그림 A-8 스타일을 지정한 라인 차트

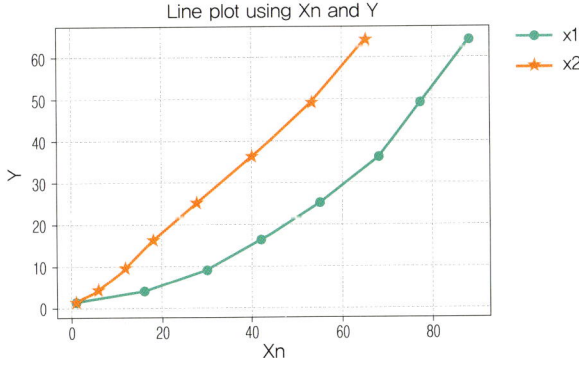

A.2.3 분산형 차트

분산형 차트는 데이터의 집합이나 쌍을 비교해 데이터 간의 관계를 표시하는 차트다.

50개의 난수를 만들어 분산형 차트를 그려보자. 분산형 차트는 scatter( ) 함수로 그릴 수 있고, 점의 색상(color)이나 크기(s) 등을 지정할 수도 있다.

```python
import matplotlib.pyplot as plt
import numpy as np

x = np.random.randn( 1, 50 )
y = np.random.randn( 1, 50 )

plt.scatter( x, y, color='orange', s=30 )
plt.show( )
```

결과

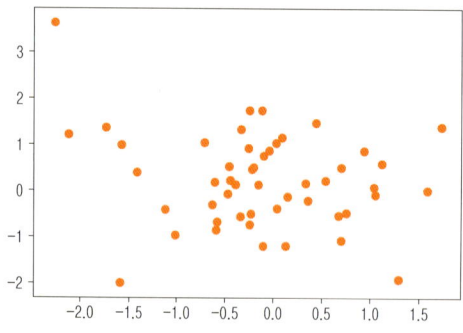

▼ 그림 A-9 분산형 차트

앞에서는 계속 차트를 하나만 그려왔는데, 이번에는 하나의 차트 영역에 두 개의 차트를 그려보자. 차트 영역에 두 개 이상의 차트를 그리려면 figure라는 새로운 객체가 필요하다.

```python
fig = plt.figure( )
```

figure 객체에 add_subplot( ) 함수를 사용해 차트 위치를 지정할 수 있다. add_subplot( ) 함수에 들어간 숫자는 행과 열, 그림의 위치를 의미한다. 가령 121은 첫 번째 위치에 들어간다는 의미이고, 122는 1행 2열의 차트 영역 중 두 번째 위치에 들어간다는 의미다.

```python
sp1 = fig.add_subplot( 121 )
sp2 = fig.add_subplot( 122 )
```

> 결과

▼ 그림 A-10 하위 차트

add_subplot(121)   add_subplot(122)

```python
import matplotlib.pyplot as plt
import numpy as np

# figure 객체를 생성한다
fig = plt.figure( )

# 왼쪽 차트(라인 차트)를 그린다
sp1 = fig.add_subplot( 121 )
x = [ 1, 16, 30, 42, 55, 68, 77, 88 ]
y = [ 1, 4, 9, 16, 25, 36, 49, 64 ]
plt.plot( x, y )
sp1.grid( True )

# 오른쪽 차트(분산형 차트)를 그린다
sp2 = fig.add_subplot( 122 )
x = np.random.randn( 1, 50 )
y = np.random.randn( 1, 50 )
plt.scatter( x, y, color='orange', s=30 )
sp2.grid( True )

plt.show( )
```

> 결과

▼ 그림 A-11 하나의 영역에 두 개의 차트 그리기

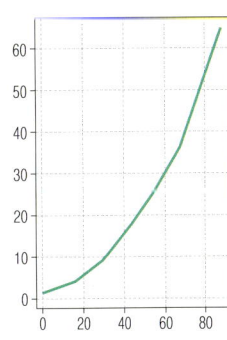 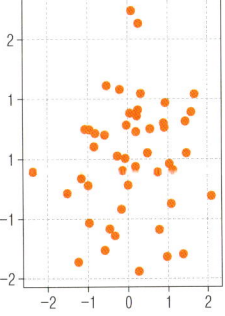

A.2.4 히스토그램

히스토그램은 빈도 데이터를 보여주는 세로 막대형 차트다. hist( ) 함수에 데이터를 넘겨주면 히스토그램을 자동으로 그려준다.

```
plt.hist( x, bins=20 )
```

bins 매개변수에 계급의 수를 지정할 수 있다.

```python
import matplotlib.pyplot as plt
import numpy as np

mean = 2.0
std  = 3.0
nums = 1000
x = np.random.normal( mean, std, nums )
plt.hist( x )

plt.show( )
```

결과

▼ 그림 A-12 히스토그램 예(코드를 실행할 때마다 결과가 달라진다)

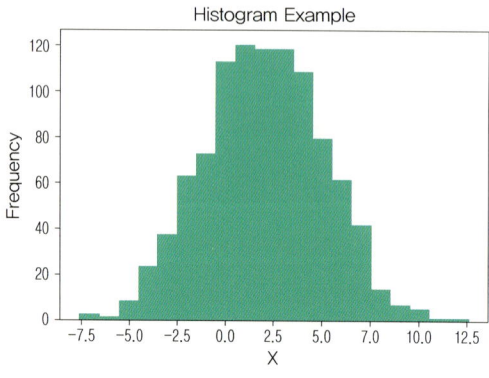

차트를 그리는 방법을 살펴보면, 차트 종류에 따라 사용하는 함수만 다르고 차트 제목, 축의 레이블, 범례 등은 공통으로 사용할 수 있다. 엑셀의 차트에 익숙하다면, 파이썬에서 차트를 그리는 것이 불편하고 어렵게 느껴질 수도 있다. 그러나 Matplotlib는 파이썬이 현재와 같은 인기를 얻기 전부터 존재했고 차트를 구현하는 좋은 방법이었다. 차트를 그리는 방법 역시 엑셀에 비할 바는 아니지만, 프로그래밍 언어치고는 간단한 편이라 인기도 많다. 일단 숙달되고 나면, 엑셀 차트를 이용할 때보다 더 빠르게 정밀한 차트를 만들 수 있을 것이다.

A.3 데이터 담당, Pandas

Pandas는 미국의 프로그래머이자 사업가인 웨스 맥키니(Wes McKinney)가 개발하고 공개한 파이썬의 데이터 분석 라이브러리다. Pandas는 마치 실무에서 사용되는 엑셀 같은 역할을 한다. 배열이나 행렬을 이용한 데이터를 처리할 때 Pandas만큼 편리하고 강력한 라이브러리는 모든 언어를 통틀어 찾아보기 힘들다.

▼ 그림 A-13 웨스 맥키니(wesmckinney.com/)

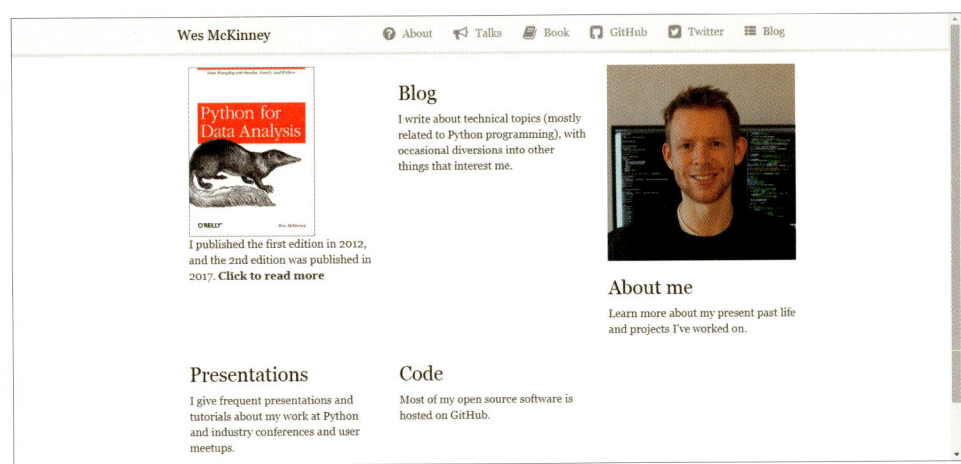

웨스 맥키니는 2007년 MIT 수학 학부 과정을 마친 뒤 코네티컷주 그리니치의 AQR 캐피털 매니지먼트에서 계량분석 업무를 수행했다. 그가 Pandas를 개발하게 된 이유는 거추장스러운 데이터 분석 툴에 실망했기 때문인 것으로 알려져 있다.

AQR 동료와 함께 창업한 데이터패드(DataPad)는 2014년 클라우데라(Cloudera)에 인수됐다. 그 후 아파치 소프트웨어 재단(Apache Software Foundation)의 아파치 애로우와 아파치 파켓 프로젝트를 위한 프로젝트 관리 위원회(Project Management Committees for the Apache Arrow and Apache Parquet projects)에 참여하면서 빅데이터 기술에 관여하게 됐다. 현재 웨스 맥키니는 파이썬과 R을 위한 데이터 사이언스 툴을 개발하는 비영리 단체 우르사 랩(Ursa Labs)의 이사다.

Pandas의 백미는 데이터프레임이므로 데이터프레임을 중심으로 빠르게 알아보자.

A.3.1 데이터프레임

Pandas의 기본은 데이터프레임(Dataframe)이다. 데이터프레임은 행과 열로 이뤄진 행렬 또는 엑셀의 스프레드시트 같은 것이다. 데이터프레임의 열은 variable(변수), 행은 observation(관측치)이라고 한다. 1+1 같은 스칼라 연산처럼 (벡터화) 연산이 가능하다.

▼ 그림 A-14 데이터프레임 구조

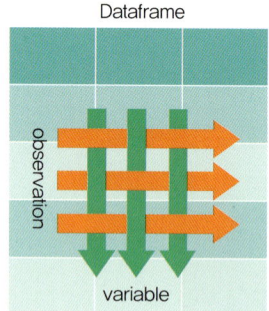

Pandas를 사용하려면 우선 Pandas 라이브러리를 다음과 같이 임포트한다.

```
import pandas as pd
```

A.3.2 데이터프레임 만들기: DataFrame

DataFrame( ) 함수로 데이터프레임을 직접 만들 수 있다. 다음과 같이 인덱스가 1, 2, 3이고 컬럼(즉, variable)의 이름이 a, b, c인 데이터프레임을 만들려면 어떻게 해야 할까?

▼ 그림 A-15 세 개의 컬럼을 가진 데이터프레임

	a	b	c
1	40	50	60
2	70	80	90
3	10	20	30

코드로는 다음과 같다.

```
df1 = pd.DataFrame( {
    "a":[ 40, 70, 10 ],
```

```python
    "b":[ 50, 80, 20 ],
    "c":[ 60, 90, 30 ] },
    index=[ 1, 2, 3] )
print( df1 )
```

> 결과

```
    a   b   c
1  40  50  60
2  70  80  90
3  10  20  30
```

또는 다음과 같이 컬럼명을 columns 매개변수에 전달해 만든다.

```python
df2 = pd.DataFrame( [
    [ 41, 51, 61 ],
    [ 71, 81, 91 ],
    [ 11, 21, 31 ] ],
    index=[ 1, 2, 3 ],
    columns=[ 'a', 'b', 'c' ] )
print( df2 )
```

> 결과

```
    a   b   c
1  41  51  61
2  71  81  91
3  11  21  31
```

A.3.3 데이터프레임 합치기: concat과 merge

앞서 df1과 df2라는 두 개의 데이터프레임을 만들었다. concat( ) 함수를 사용하면 하나의 데이터프레임으로 합쳐 df3를 만들 수 있다.

```python
df3 = pd.concat( [ df1, df2 ], axis = 0 )
```

concat( ) 함수에는 대상이 될 데이터프레임 외에 axis 매개변수가 있다. axis의 기본값은 0인데, 이는 행 방향(시각적으로 말하자면 세로 방향)으로 합치는 것이다.

▼ 그림 A-16 concat( ) 함수 개념도

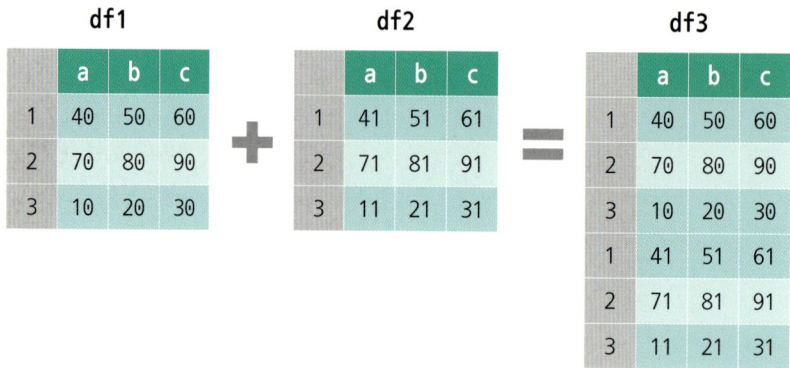

그러나 axis 매개변수를 1로 하면 열 방향(시각적으로 가로 방향)으로 합칠 수 있다.

```
pd.concat( [ df1, df2 ], axis = 1 )
```

▼ 그림 A-17 axis = 1인 경우 concat( ) 함수의 결과

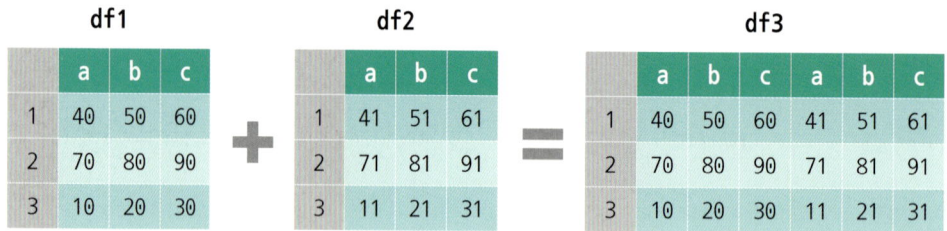

concat( ) 함수와 비슷한 merge( ) 함수는 데이터프레임 간 키(key)를 기준으로 병합할 때 사용한다.

```
pd.merge( df_left, df_right, how='inner', on=None )
```

merge 함수는 두 데이터프레임의 키를 어떻게 사용하는지에 따라 how 매개변수를 지정하며, 그에 따라 결과가 달라진다.

잠시 df1, df2, df3를 사용한 예를 멈추고, 다음과 같이 데이터프레임의 병합을 이해하고자 두 개의 간단한 프레임인 leftDF와 rightDF를 만들어본다(df1, df2, df3를 사용한 예는 A.3.4절 '인덱스 새로 만들기: reset_index'에서 다시 사용할 것이다).

```
import pandas as pd
```

```python
leftDF = pd.DataFrame( { 'key': [ 'A', 'B', 'C', 'D' ], 'value': [ 1,2,3,4 ] } )
rightDF = pd.DataFrame( { 'key': [ 'B', 'D', 'E', 'F' ], 'value': [ 5,6,7,8 ] } )

print( leftDF )
print( rightDF )
```

결과

```
  key  value
0   A      1
1   B      2
2   C      3
3   D      4
  key  value
0   B      5
1   D      6
2   E      7
3   F      8
```

두 개의 데이터프레임은 두 개의 열과 네 개의 행을 갖고 있다. 두 개의 데이터프레임에서 key 값이 같은 행(key 값이 B와 D인 행)만 모아서 합쳐보자. 이것을 INNER JOIN이라고 한다(즉, 교집합을 만드는 것이다).

▼ 그림 A-18 두 데이터프레임의 INNER JOIN

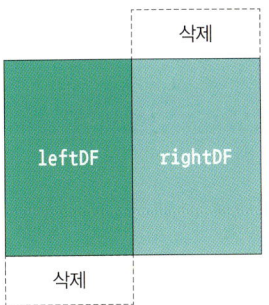

이를 위해 how 매개변수를 'inner'라고 지정한다.

```
pd.merge( leftDF, rightDF, on='key', how='inner' )
```

또는

```
leftDF.merge( rightDF, on='key' )
leftDF.merge( rightDF, on='key', how='inner' )
```

결과

(value 열 이름이 중복돼 자동으로 value_x와 value_y로 변경된 점에 유의)

	key	value_x	value_y
0	B	2	5
1	D	4	6

이번에는 leftDF 데이터프레임을 기준으로 합치는 것이다. 이때 how 매개변수를 'left'로 지정해 보자. 이를 LEFT OUTER JOIN 또는 LEFT JOIN이라고 한다. leftDF 데이터프레임의 key 값 중 A와 C가 rightDF 데이터프레임에 없다는 점을 유의하면서 결과를 살펴보자.

▼ 그림 A-19 두 데이터프레임의 LEFT JOIN

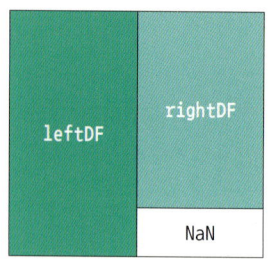

```
pd.merge( leftDF, rightDF, on='key', how='left' )
```

> 또는
>
> ```
> leftDF.merge( rightDF, on='key', how='left' )
> ```

결과

(value 열 이름이 중복돼 자동으로 value_x와 value_y로 변경된 점에 유의)

	key	value_x	value_y
0	A	1	NaN
1	B	2	5.0
2	C	3	NaN
3	D	4	6.0

rightDF 데이터프레임의 key는 A와 C가 없으므로 데이터가 존재하지 않는다는 의미로 NaN으로 표시된다.

이번에는 반대로 rightDF 데이터프레임을 기준으로 합쳐보자. 이때 how 매개변수를 'right'로 지정한다. 이를 RIGHT OUTER JOIN 또는 RIGHT JOIN이라고 한다.

▼ 그림 A-20 두 데이터프레임의 RIGHT JOIN

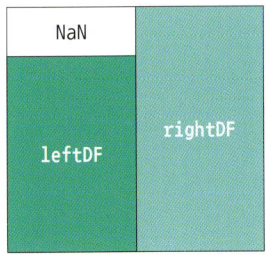

```
pd.merge( leftDF, rightDF, on='key', how='right' )
```

또는

```
leftDF.merge( rightDF, on='key', how='right' )
```

결과

(value 열 이름이 중복돼 자동으로 value_x와 value_y로 변경된 점에 유의)

```
    key   value_x   value_y
0   B     2.0       5
1   D     4.0       6
2   E     NaN       7
3   F     NaN       8
```

rightDF 데이터프레임의 key 값 중 E와 F는 leftDF 프레임에 존재하지 않는다. 따라서 rightDF 데이터프레임의 key 기준으로 합치므로 존재하지 않는 key의 value는 NaN으로 처리된다.

마지막으로 두 데이터프레임의 key를 모두 모아 두 데이터프레임을 합치는 경우다. 이때 how 매개 변수를 'outer'로 지정한다. 이를 FULL OUTER JOIN 또는 OUTER JOIN이라고 한다.

▼ 그림 A-21 두 데이터프레임의 OUTER JOIN

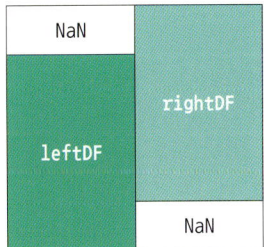

> pd.merge(leftDF, rightDF, on='key', how='outer')
>
> 또는
>
> leftDF.merge(rightDF, on='key', how='outer')

결과

(value 열 이름이 중복돼 자동으로 value_x와 value_y로 변경된 점에 유의)

```
   key  value_x  value_y
0   A      1.0      NaN
1   B      2.0      5.0
2   C      3.0      NaN
3   D      4.0      6.0
4   E      NaN      7.0
5   F      NaN      8.0
```

결과를 보면 두 데이터프레임의 key 값이 모두 포함돼 있으며, 해당하는 key 값이 없는 경우 value는 NaN으로 표시된다.

A.3.4 인덱스 새로 만들기: reset_index

df1, df2, df3를 사용하는 예로 돌아와서 동일한 인덱스를 가진 df1과 df2를 합치다 보니 인덱스가 1, 2, 3, 1, 2, 3과 같이 반복된다. 따라서 reset_index( ) 함수를 사용해 인덱스를 새로 매길 수 있다.

```
df3 = df3.reset_index( )
print( df3 )
```

인덱스를 새로 만들었으므로 새 인덱스는 0, 1, ⋯, 4, 5가 됐다. 그러나 기존의 인덱스는 사라지지 않고 index라는 컬럼으로 바뀌었다.

결과

```
   index   a   b   c
0      1  40  50  60
1      2  70  80  90
2      3  10  20  30
3      1  41  51  61
4      2  71  81  91
5      3  11  21  31
```

A.3.5 데이터프레임 컬럼 삭제: drop

drop 함수를 사용해 불필요한 컬럼을 삭제할 수 있다. index라는 컬럼으로 바뀐 기존의 인덱스를 삭제해보자.

```python
df3 = df3.drop( columns=[ 'index' ] )
print( df3 )
```

결과

```
    a   b   c
0  40  50  60
1  70  80  90
2  10  20  30
3  41  51  61
4  71  81  91
5  11  21  31
```

A.3.6 컬럼을 행으로 모으기: melt

df3 데이터프레임은 세 개의 컬럼으로 구성돼 있는데, melt( ) 함수를 사용해 (variable, value)의 형태로 분해하고 df4를 만들어보자.

```python
df4 = pd.melt( df3 )
print( df4 )
```

결과

```
   variable  value
0         a     40
1         a     70
2         a     10
..      ...    ...
15        c     61
16        c     91
17        c     31
```

A.3.7 정렬하기: sort_values

앞서 만든 df4의 컬럼 중 value 컬럼을 오름차순으로 정렬한다.

df4.sort_values('value')

> 결과

	variable	value
12	c	10
5	a	11
13	c	20
...	...	...
10	b	81
8	b	90
16	c	91

반대로 내림차순으로 정렬하려면 ascending 매개변수를 False로 지정하면 된다.

df4.sort_values('value', ascending=False)

> 결과

	variable	value
16	c	91
13	c	90
10	b	81
...	...	...
8	b	20
5	a	11
2	a	10

A.3.8 쿼리하기: query

데이터프레임의 특정 컬럼에 대한 쿼리를 수행할 수도 있다. df4의 value 컬럼에서 50보다 큰 값을 가진 행만 가져오거나 출력하려면 query 함수에 조건을 지정하면 된다.

df4.query('value>50')

> 참고
>
> 또는
>
> df4[df4.value>50]

결과

```
    variable  value
1         a     70
4         a     71
7         b     80
9         b     51
10        b     81
12        c     60
13        c     90
15        c     61
16        c     91
```

함수의 결과에 바로 함수를 연결해(이를 체이닝(chaining)이라고 한다) 쿼리한 결과를 다시 쿼리할 수 있다. 위의 결과에서 variable이 b인 결과를 얻고 싶다면 다음과 같이 할 수 있다.

df4.query('value>50').query('variable=="b"')

결과

```
    variable  value
7         b     80
9         b     51
10        b     81
```

A.3.9 데이터프레임 컬럼명 바꾸기: rename

rename( ) 함수를 사용해 컬럼의 이름을 바꿀 수 있다. 다음은 variable을 var로, value를 val로 바꾼다.

```
df4.rename( columns={ 'variable':'var', 'value':'val' } )
```

> 결과
>
> ```
>     var    val
> 0    a     40
> 1    a     70
> 2    a     10
> ...  ...   ...
> ```

A.3.10 중복된 데이터 지우기: drop_duplicates

특정 컬럼 속 데이터가 중복돼 있고, 중복되지 않은 데이터만 필요하다면 drop_duplicates 함수를 사용한다.

```
df4[ 'variable' ].drop_duplicates( )
```

> 참고
>
> 또는
>
> ```
> df4[ 'variable' ].drop_duplicates( )
> ```

> 결과
>
> ```
> 0     a
> 6     b
> 12    c
> ```

A.3.11 데이터프레임 앞부분, 뒷부분 살짝 보기: head, tail

head와 tail 함수를 사용해 데이터프레임의 앞부분이나 뒷부분을 필요한 만큼 볼 수 있다. 앞에서부터 다섯 개 데이터만(또는 뒤에서부터 다섯 개 데이터만) 보고 싶다면 다음과 같이 해당 함수를 활용한다.

df4.head(5)

> 결과

	variable	value
0	a	40
1	a	70
2	a	10
3	a	41
4	a	71

df4.tail(5)

> 결과

	variable	value
13	c	90
14	c	30
15	c	61
16	c	91
17	c	31

참고문헌

1) 3팩터 모델의 한국시장 분석, 김동영, Quantitative Issue(삼성증권), 2018

2) A Byte of Python, Swaroop C H, python.swaroopch.com

3) A step-by-step guide to the black-litterman model, Thomas M. Idzorek, 2004

4) Adaptive Portfolio Asset Allocation Optimization with Deep Learning, Samer Obeidat, Daniel Shapiro, Mathieu Lemay, Mary Kate MacPherson, Miodrag Bolic, international Journal on Advance in Intelligent Systems(Vol. 11 p25-34), 2018

5) An investigation into the Black-Litterman model, Martin Felix Jørgensen, Graduate Diploma in Business Administration in Finance(Copenhagen Business School), 2016

6) Black-Litterman Model: Practical Asset Allocation Model Beyond Traditional Mean-Variance, Shuhrat Abdumuminov & David Emanuel Esteky, Bachelor thesis in Mathematics / Applied Mathematics, 2016

7) Black-Litterman 모델 개요 및 제약, 김훈길, Asset Allocation Issue(하나금융투자), 2016

8) Black-Litterman 모형을 이용한 외화자산 최적배분방법 및 시사점, 안성봉, 임형렬, 외환국제금융 리뷰, 2006

9) BL모형의 이론적 취약성에 대한 점검, 김훈길, Asset Allocation Issue(하나금융투자), 2016

10) Determinants of Portfolio Performance, Gary P. BrinsonCFAL, Randolph HoodGilbert L. Beebower, Financial Analysts Journal 01 Jan 1995 Volume 51 Issue 1

11) Fama-French 3 팩터 모델, 김동영/원동은, Back to Basic(삼성증권), 2018

12) Growth, Income & Diversify, 오현석, 김범준, 백유빈, 삼성증권 2020자산배분전략, 2019

13) Integrated Equity Solutions, Joseph Chi and Jed Fogdall, Dimensional Research, 2013

14) Manipulating and analyzing data with pandas, Céline Comte, Python Academy, 2020

15) Matplotlib, John Hunter, Darren Dale, Eric Firing, Michael Droettboom and the matplotlib, matplotlib.org, 2017

16) Periodization in the History of Statistics, Jae Keun Jo, The Korean Communications in Statistics Vol. 11 No. 1, 2004

17) Portfolio Optimization- An Evaluation of the Black-Litterman Approach, Erik Nordin, Master of Science in Applied Economics & Finance, 2012

18) Python for Finance Cookbook, Eryk Lewinson, Packt Publishing, 2020

19) Scipy Lecture Notes, Gaël Varoquaux, Emmanuelle Gouillart, Olaf Vahtras, Pierre de Buyl, www.scipy-lectures.org, 2020

20) Super intelligent financial services, Leila Fourie and Thomas Kenneth Bennett, Journal of Payments Strategy & Systems Volume 13 Number 2 2019

21) Teaching Note on Black-Litterman Model, Zhi Da and Ravi Jagannathan, 2005

22) The Black Litterman Asset Allocation Model, Sebastian Olsson & Viktor Trollsten, Master of Science Thesis in Economics, 2018

23) The Black-Litterman Model in Detail, Jay Walters, Boston University - Metropolitan College - Department of Computer Science, 2014

24) The Black-Litterman Model: A Consistent Estimation of the Parameter Tau, Erindi Allaj, Financial Markets and Portfolio Management, 2013

25) The Factor Tau in the Black-Litterman Model, Jay Walters, Boston University - Metropolitan College - Department of Computer Science, 2010

26) 고등어와 주식, 권오상, 미래의 창, 2015

27) 국민연금의 전략적자산배분시 Shortfall Risk 척도 및 목표수익률 설정 방식의 개선방안 연구, 오세경, 이정우, 증권학회, 2015

28) 금융경제학 사용설명서, 이찬근, 부키, 2012

29) 딥러닝과 자산배분, 박재위, 김성환, 자산배분 Inside(신한금융투자), 2018

30) 머신 러닝(Machine Learning)-나무를 심어 숲을 키우는 법, 염동찬, The Quant(이베스트투자증권), 2016

31) 머신러닝 롱숏모델: 로봇이 주식을 고를 수 있을까, 강봉주, Bonjour Quant(메리츠증권금융), 2016

32) 머신러닝 팩터모델, 한국투자증권, 계량분석월보(한국투자증권), 2019

33) 머신러닝(Machine Learning)과 금융업 적용 사례, KB금융지주 경영연구소, KB지식비타민(15-87호), 2015

34) 머신러닝, 기계가 학습을 시작하다, 정홍식, 최석원, 최주홍, Value & Growth(이베스트투자증권), 2016

35) 머신러닝과 금융: 머신러닝 기반 신용평가모형, 권황현, 산은조사월보 제7771호, 2020

36) 머신러닝을 이용한 Evolved 섹터 ETF, 설태현, cross Border(DB금융투자), 2018

37) 베이지안 통계의 역사와 미래에 대한 조망, 이재용, 이경재, 이영선, 서울대학교 통계학과, 2014

38) 역발상투자, 데이비드 드레먼 지음/김홍식 번역, 흐름출판, 2009

39) 위험 기회 미래가 공존하는 리스크, 피터 번스타인 지음/안진환 번역, 한국경제신문, 2008

40) 인공지능-머신러닝 거시경제를 예측하다, 정원일, 김호정, 유안타증권, 2019

41) 처음 만나는 금융공학, 이진재, 진경철, 에이콘, 2016

42) 추세추종과 블랙리터만 모형의 랑데뷰, 강현기, Asset Story(DB금융투자), 2018

43) 키움 글로벌 자산배분형 로보어드바이저 알고리즘 설명서, 키움증권, 2016

44) 파생금융 사용설명서, 권오상, 부키, 2013

45) 한국 주식시장에서 3요인 모형을 이용한 주식수익률의 고유변동성과 기대수익률 간의 관계, 김태혁, 변영태, 한국증권학회지 제40권 제3호, 2011

46) 현대재무관리, 박정식, 박종원, 조재호, 다산출판사, 2011

찾아보기

C

coefficient of determination 074

Colab Notebooks 025

cov 함수 115

D~E

dot product 180

ETF 164

F

format 052

fv 함수 044

G~M

Google Colaboratory 020

import 039

Jupyter Notebook 021

KNeighborsClassifier 256

matrix 클래스 103

N

np.maximum.accumulate 함수 089

numpy.random.randn 함수 110

P

pandas_datareader 256

pip 027

pip3 027

Q~R

Quandl 027

RVAR 139

S

Scikit-learn 255

scipy.optimize.minimize 함수 154

T~Z

type( ) 함수 115

WACC 064

zip( ) 함수 061

ㄱ

결정계수 074

경기방어주 142

골드만삭스 207

공매도 117

구글 드라이브 020, 025

구글 코랩 020

기대효용 123

기댓값 100

깃허브 146

ㄴ

내부수익률 049
내재수익률 178
내재초과균형수익률 179
내적곱 함수 180

ㄷ

단축키 026
대출포트폴리오 127
대푯값 066
데이터 객체 029
데이터 라이브러리 224
데이터프레임 145
딥러닝 020

ㄹ~ㅁ

리밸런싱 080
마운트 147
머신 러닝 020
모멘텀 188
목적함수 154, 199
미래가치 042

ㅂ

배당성장 모델 153
베이즈 이론 173
베이즈 정리 169

베터먼트 207
벤치마크 165
분류 알고리즘 251
분산 효과 116
불편추정량 071

ㅅ

샤프비율 161
성과평가 084
셀 025
수정주가 112
순현재가치 049
시간 가치 042
시그모이드 263
시장균형 150

ㅇ

암호화 화폐 274
야후 파이낸스 112
연간수익률 113
연속복리 043
오일러상수 046
외부 명령 027
요구수익률 153
위험보상 151
위험보상비율 139
위험조정지표 082
위험프리미엄 124
위험 한 단위당 수익률 139

위험회피도 123
유클리드 거리 252
인라인 for 루프 102
임포트 039

포트폴리오 공분산 106
포트폴리오 분리 정리 129
포트폴리오 비주얼라이저 091
포트폴리오 효과 116
피어슨 상관계수 074

ㅈ

자기자본비용 153
자본배분선 128
자본비용 051
자산 클래스 082
자연상수 046
접점포트폴리오 138
제약식 156
제약조건 156
조화평균 270
종목 선택 능력 083
주피터 노트북 021

ㅎ

하락위험 086
할인율 042
항등행렬 195
현금흐름 042
현재가치 042
회귀분석 118

ㅊ

차입포트폴리오 127
초과성과 084
최적화 함수 199

ㅌ~ㅍ

투자기회집합 099
편차 제곱합 066
평균–분산 기준 057
포트폴리오 결합선 121